ICEBOUND

地平线系列

ANDREA PITZER

ICEBOUND

未曾抵达的彼岸

［美］安德里亚·匹策尔 著

江民彬 张鑫竹 译

Simplified Chinese Translation Copyright © 2022

By The Commercial Press, Ltd.

ICEBOUND: Shipwrecked at the Edge of the World

By Andrea Pitzer

Original English Language Edition Copyright © 2021

All Rights Reserved.

Published by arrangement with the original publisher, Scribner, a Division of Simon & Schuster, Inc.

中文版经斯克里布纳（Scribner）出版社授权

根据斯克里布纳出版社 2021 年精装本译出

关于本书的赞誉

"最了不起的生存故事之一。在安德里亚·匹策尔的书中,那些为了活着而迎接的各种挑战令人难以置信。"

《最后的呼吸》和《年轻的华盛顿》的作者
——彼得·斯塔克

"我发现这个故事是如此的惊心动魄,令人着迷,以至于我根本无法放下。"

《1919》和《不可能的救援》的作者
——马丁·W. 桑德勒

"她是一位优秀的历史学家和一位出色的作家。她讲述了一个关于探索、冒险和悲剧的史诗般的故事。"

《丝绸之路:世界的新历史》的作者
——彼得·弗兰克潘

"这本书采用系统的研究和优雅的叙述,让读者对未知领地这个词有了新的理解。"

《毒疫》和《工厂人》的作者
——贝丝·梅西

"这本书让人爱不释手。在生动、快节奏的、精心研究的章节中,匹策尔带我们进入了沙克尔顿时代之前的极地探险世界。她的叙述重生了威廉·巴伦支被人们遗忘的寻找东北通道的探险活动。"

《最冷的坩埚》的作者
——迈克尔·F. 罗宾逊

"这本书让人得以一窥人类勇气的真实本质,且是一本你会除了喘息之外,不会想放下的一本书。"

《更荒凉的时代》的作者
——威廉·E. 格拉斯利

"为威廉·巴伦支完成了探险家无法完成的事情——从北极和几个世纪流传的圣徒传记中挖掘出了他的精彩人生。在匹策尔窥视镜中出现的巴伦支与真实的巴伦支非常接近,他胆大,技术高超。"

《北极地区最伟大的表演》的作者
——P. J. 卡佩罗蒂

"书里描述的情节迷人、怪异、但非常真实。一个个对生命的描述情节把我拉入到一个似乎既是梦想又是噩梦的世界,引人入胜。"

《欢迎来到这该死的冰块》的作者
——布莱尔·布拉弗曼

"一个引人入胜的故事,涵盖了危险、沉船和失败,但也是充满高尚的道德和伟大的英雄主义。巴伦支的队伍中,虽然有些人没能挺过来,但其余那么多人能够活下来,已是非常了不起的了。"

《吃靴子的人》的作者
——安东尼·勃兰特

"这是一部令人着迷的作品。匹策尔熟练地将读者带入类似从科幻小说中借鉴而来的陌生的、令人不安的风景中。对于今天的读者来说,这些磨难几乎是不可想象。"

《神经部落》的作者
——史蒂夫·西尔伯曼

献给乔（Joe）

目 录

开放的极地海   1

远离地图的边缘   29

北极里的死亡   67

进发极地   97

荒岛幸存   127

安全屋   149

新地岛之王   173

午夜的太阳与虚假的黎明   181

脱　险   201

步履蹒跚的回家路   227

写在最后：新地岛的海岸   267

致　谢   277

尾　注   283

关于作者   287

图目录

16 世纪 90 年代的荷兰共和国	8
1594 年第一次航行（从阿姆斯特丹到基利金岛航段）	33
1594 年第一次航行（从基利金岛到新地岛航段）	37
1594 年第一次航行（从新地岛到基利金岛航段）	49
1595 年第二次航行（重返瓦伊加奇海峡）	75
1596 年第三次航行（探索斯匹次卑尔根）	105
1596 年第三次航行（从阿姆斯特丹到冰港航段）	114
1596 年第三次航行（前往冰港之路）	119
1597 年第三次航行（返航回家）	214
1597 年第三次航行（从新地岛到基利金岛航段）	244
1597 年第三次航行（从基利金岛到科拉航段）	255

开放的极地海

1　　1594年，正值西班牙围攻荷兰这场血腥战争的第三个十年头，荷兰航海家威廉·巴伦支（William Barents）准备驶离已知世界的边缘。他将在春天向距离俄罗斯大陆数百千米远的新地岛（Nova Zembla）出发。同时，他还打算沿着其海岸线尽可能地向北探险。

　　此次探险的每一个环节都是由金钱驱使着。钱既是该次探险的手段，又是该次探险的使命——投资者期待发现一条可以通向中国的北方航线。当然，此次探险也有可能回答关于地球的一些基本问题。新地岛究竟是一个可以让船只环行的小岛并作为荷兰的"新大陆"？还只是极地大陆的一部分并阻碍了前往东北方向的航道？前者意味着可能会与远东进行有利可图的贸易；后者意味着可能拥有待发现的广阔土地。

2

　　在可查的历史记录中，没有任何船只曾驶过新地岛的北端，甚至根本没有超过欧洲大陆的最北端。此次探险的一半任务是在已知或未知的水域上绘制领土。威廉·巴伦支打算带领他的小舰队接受这一挑战，并驶入未知水域。与此同时，另外两支舰队则驶向新地岛的南端。先前的探索者曾尝试探索靠近南端的航道，但是最终都在离中国很远的地方失败了。

当时，巴伦支的祖国——荷兰共和国刚度过其十周岁的生日。在接下来的一个世纪里，它将成为世界上主要的经济和海事强国，并在造船方面超越其他国家，同时伦勃朗（Rembrandt）和维米尔（Vermeer）的超凡艺术也在这个时期出现。香料贸易和奴隶制之花结出的果实，将支撑着这个国家在试图打败西班牙的看似永无止境的战争中，度过一个又一个十年。艺术、战争、奴隶和香料的结合将把这个年轻的小共和国变成了一个可以和地球上任何一个国家匹敌的强大国家。在这出戏中，威廉·巴伦支将会扮演一个角色，但当下他还在为自己的第一次北极航行做着准备。而此时他的国家也是一块白板。这个国家的罪孽和成就还未曾被书写。

在此之前，关于威廉·巴伦支的历史记录也是寥寥无几。他于十六世纪中叶左右出生在荷兰北部。第一次北极航行离家时的他可能已经四十多岁了，但他的具体出生年份不详。此外，他接受过航海训练，并且从童年开始就一直迷恋着地图直到中年。"我从年轻时起就一直有这样的兴趣"他自己写道，"用我所有的本领在地图上描绘我所漫游的土地和航行的水域。"他最著名的画像显示他的发际线靠后，头发乌黑，肩膀倾斜，鼻子像凿子。鉴于这幅画是在巴伦支去世三个世纪后创作的，因此航海史学家迪德里·克怀德曼（Diederick Wildeman）提出，历史上任何与巴伦支的联系都值得怀疑。

巴伦支没有贵族血统，但从他的文字中可以明显看出他还是接受过教育的。在他为北极做准备之前，他很可能已经航行过西欧的所有海岸，包括从波罗的海到葡萄牙的所有海岸。当战争导致大多数荷兰船员远离西班牙和摩洛哥之间的直布罗陀海峡时，巴伦支却率先在该地区绘制了地图。他与有影响力的传教士兼地理学家皮特鲁斯·普兰修斯（Petrus Plancius）共同撰写的《地中海新描述和地图集》（*New Description and Atlas of the Mediterranean Sea*）很快就会付梓。[①] 然而当他航行在阿姆斯特丹长长的运河上时，他前往地中海的航程都被抛在了脑后，因为他再也不会在西班牙海域展开风帆，也不会再看到意大利的海岸。

如果他国家的未来还没有被书写，那么他可以去创造，但是小到港口，大到城市，甚至国家层面，没有人会知道在他死后的数个世纪里，他的名字将一直被铭记。他的名字将遍布在他的祖国、加利福尼亚、保加利亚和巴什科尔托斯坦的无数城镇的街道上，甚至世界最北端的一个小镇的酒吧里。

但此时的他还名不见经传，只是一个受雇于别人的领航员，进行别人想好的并可以得到富人财力支持的商业探险。当他站在码头上等待即将开始漫长而痛苦的跋涉且直至不朽时，他离名声依旧太远。历史甚至都不曾记录过他的船名。

・・・・・

荷兰和西班牙之间的战争开始于巴伦支的青年时期，直至他生命的结束也没有停止。1567 年，西班牙对低地国家（旧时对荷兰、比利时和卢森堡等国家的称呼——译者注）宣示主权激起了当地无数的叛乱。西班牙曾派第三任阿尔瓦（Alva）公爵带着一万人的军队到荷兰维持秩序。那年9月，此前曾为西班牙打过仗，并被封为骑士的埃格蒙特（Egmont）伯爵被捕。他因不愿惩罚自己的国民而获叛国罪，于次年6月被斩首。

与此同时，西班牙军队以罗马天主教会的名义摧毁了荷兰港口城市安特卫普（Antwerp）并且包围了更北边的哈勒姆（Haarlem），然后在一些被当地人称为"西班牙之怒"（Spanish Fury）的大屠杀中杀害了约2000名荷兰反抗军。在东部城市聚特芬（Zutphen），荷兰反抗军劫掠教堂，杀害神父。当西班牙在深冬收复该镇时，又对当地荷兰反抗军进行了报复。通过在冰封的湖面上开洞并将人塞入其中，又溺死了约500名荷兰反抗军。

1576年，这些暴行促使荷兰的十七个省都短暂地联合起来反对西班牙。荷兰联军并没有将他们的统治者驱逐出低地国家，然而西班牙在打击反抗军方面同样失利。1581年，荷兰人放弃了对西班牙国王的效忠，在《誓绝法案》中表示，他们拒绝"被西班牙人奴役化"，并将"追求在我们看来最有可能确保我们由来已久的自由和特权的方法"。

同年，一个独立共和国宣告建立。这位富有的奥兰治王子威廉，长期以来一直扮演着起义军精神领袖的角色，然而并无实权。三年后，他被刺杀而亡。

反抗军在面对专制而提出关于人类自由的简洁宣言，比美国的《独立宣言》还早了近两百年，然而并没有受到其所针对君主的欢迎。安特卫普成为了反抗军占领区的实际首都。随后西班牙对安特卫普发动了一年多的围攻，包围了安特卫普，并阻断了通往安特卫普城门的河流。最终，各省联盟于1585年缴械投降。

根据投降条款，新教徒有四年的宽裕时间进行搬迁。安特卫普7.6万人口中的一半很快就逃了出来。大部分都逃到了荷兰的阿姆斯特丹。②

在双方冲突的其他地方，另有数万名宗教难民逃往其他国家或迁往低地国家内与其信仰一致的城镇。此外，还有大量的塞法迪犹太人（Sephardic Jews）从葡萄牙涌入，寻求摆脱西班牙统治的宗教自由，进一步影响了西班牙统治的北方。这些变化将使文化和宗教的差异具体化，并在地区之间形成隔阂，同时塑造了对不同国家的身份认同。

荷兰叛乱是欧洲第一次反抗君主制的现代革命，也是第一次拒绝君主制本身。荷兰人的抵抗让邻国和相关皇室感到不安。它将成为未来三个世纪全球各地起义的榜样和灵感。此时的荷兰人民依然是对城市和省份有着强烈的身份认同，但大约150万荷兰居民已经获得了民族独立的立足点。③

荷兰人用了将近一个世纪的时间稳固它并将国土一分为二。威廉·巴伦支的成年生活都是在动荡或战争里走过的。由于这些事件远超过他的控制，因此当他驶入北极时，他将作为新荷兰国的先驱而航行。

······

船队就这么形成了，也有了资金的支持。长达数月的路线规划、筹措船只、召集船员和装备船只的过程也已经完成。航海者们当时能够依靠的背景知识只有阿姆斯特丹地理学家们普遍接受且非常古老的认知,即北极会是暖和的。虽然人和整艘船都曾被冰层吞噬过,但地图绘制者们依然坚称,在每年冬天冻裂船舵和压碎船体的冰冻物之外,极地地区隐藏着可以航行的水域,甚至是一片开阔的海域。

千百年以来,北极可通航对探险家门意味着无数的可能性,让他们为之躁动不已。希腊人曾描述过一个"有北风吹过的地方"的岛屿,那里气候温和。岛上的人们一年收获两次庄稼。[④]1527年,一位商人在写给英格兰国王亨利八世的信中提到"向北航行穿过北极"将被证明比任何已知去往印度的路线都要短。还有一种说法是,航行的前段将是艰险的,但如果有坚固的船只,探险队就可以冲破欧洲北部的冰山,然后发现世界之巅的圣地。

1594年5月,当威廉·巴伦支为他的第一次北极航行收拾行李时,"温暖的北极"这个概念虽不是他自己提出的,但他只是作为仅有的几个有机会去论证其概念正确性的航海家之一接受了这个概念,并梦想着去往北方的海路。这个概念已经困扰了制图师两千年。其他早期的探险队则是向高纬度地区出发,沿着挪威至俄罗斯的海岸线,与当地人建立联系,或者只是带来进入未知世界的潜在航路的新喜讯。但到目前为止,还没有一个人找到通往远方世界的北方通道。巴伦支意欲成为第一人。

阿姆斯特丹港位于被称为须德海(Zuiderzee)的浅水湾南端的一个半岛后面。须德海入口外。一连串的岛屿组成了与海岸线平行的岛链,将该海湾屏蔽在北海之外在海湾里面。无数的城镇和码头承载着一个正在崛起国家的繁忙业务。它们有着防御工事和护城河的保护。其中阿姆斯特丹则是被层层保护的。

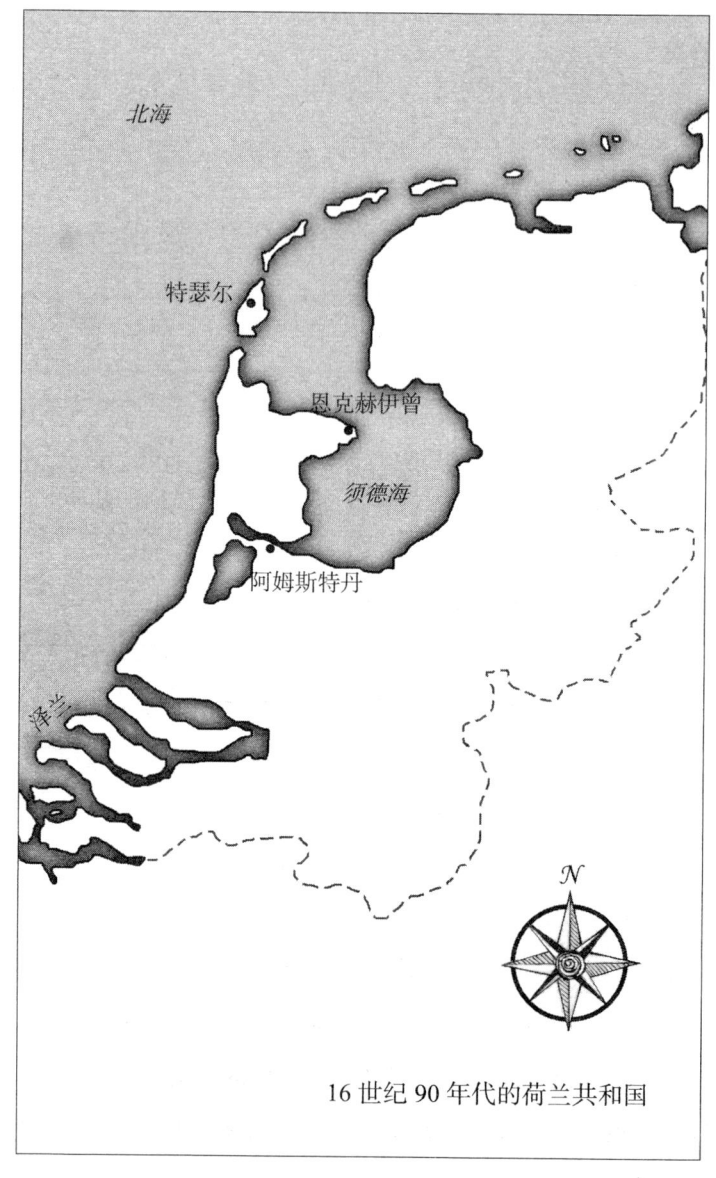

16世纪90年代的荷兰共和国

注：本书所有地图均为原书插附地图。

在战时的喧嚣中,港口里静静地漂浮着一艘船。它只有三根桅杆,从船头到船尾虽不足一百英尺,却可以运载货物。但在这次旅行中,运载货物不是这艘船的主要任务,而且巴伦支的才能还没有得到最大的施展。但是作为领航员的他将掌控自己的旅程,并指引船只去探索地图上没有标绘的世界。抱着存在着一条穿越北极高纬度地区,通往远东帝国通道的想法,威廉·巴伦支随时准备冒着船只、船员和自己的生命危险来证明它的存在。

巴伦支出发的时候,荷兰正值灾难性的变化。动荡充斥着生活的每一个角落。暴力和兴起的事业正在逐渐地改变国家的身份、宗教、政府、工业、科学和艺术等各个方面,没有任何的特例。即使最微小的存在也受到野蛮改革的影响。在这个新兴的世界里,每一个元素都在变化。

当荷兰人主导欧洲造船业的时候,巴伦支就已经开始了探索。虽然工艺在不断发展,但当时的造船仍然是手工项目。每艘船都是手工制作,几乎没有图纸或书面说明。造船者首先将一组木块排成一排,在上面设置船的脊梁——龙骨。在与龙骨垂直的方向上,弧形的箍上被称为船肋的船板直到填满整个船体框架的笼子。在船肋就位后,开始安装与吃水线平行的船板,并在船体内设置L形的龙筋来支撑和约束船体。甲板、龙骨、肋骨都还是手工切割成型的。它们通过锤入的榫钉连接起来,然后切割并与外部甲板找齐。甲板可以铺设一层或多层,并把船分成几层。包括从船最底层的货舱,到放着枪炮和船员睡觉的中间舱,再到开放式的上层甲板。船的封顶则标志着内部装饰的完成。这里的"顶"并不是指船顶,而是指沿着船舷铺设的甲板。

荷兰人刚刚改进了福禄特（Fluyt）船——一种用于贸易而非战争的梨形底船——去掉了武器装备和所需的军事人员。福禄特船的载货量是传统商船的两倍，而造价只有其他船只的一半。由于缺乏书面说明，这也意味着设计上的创新不能迅速被其他国家仿制，致使荷兰人一度处于巨大的优势。

但除了设计上的创新外，荷兰人最大的进步是减少了准备用于造船的木材和所需的时间。巴伦支启航的那一年，第一台具有专利权且由风车驱动的木锯投入使用。浮动铣床利用风力往复拉动大型锯片，在精度提高的同时，生产力也有着指数倍的增长。十几年后，阿姆斯特丹港对面的整个北部地区将变成一个巨大的工业盆地。有二十家船厂在运作，还有更多的船厂在建设中。⑤

巴伦支的探险队，无权享有最为先进或者最为时髦的工艺。当然，最先进的设计也没有什么必要。相反，他准备采用一艘稍旧的中等规模的船只进行航行。这艘船最大化的利用不是在货运量上而是在舷窗和大炮上，以备与敌舰之间的战斗。

然而，变革正在悄然进行中。第一艘专门用于货运而非战斗的福禄特船即将诞生。⑥凭借其造船业在灵活性、速度和经济性方面的优势，新的荷兰共和国发现自己已处于一个完美的位置，以巩固其作为海上帝国的地位。

船员们已经为其他三艘船做好了出发准备。由于新的荷兰当时还只是一个由多省份组成的松散联盟，国家还在形成之中，因此以个别城镇为单位，支持新项目发挥了核心作用。阿姆斯特丹以南的泽兰省（Zeeland），将派出"天鹅号"（荷兰语：Zwaan；英语：Swan）。距离阿姆斯特丹不到三十英里的祖德兹河畔的另一座城市恩克赫伊曾（Enkhuizen）将派出"水星号"（荷兰语：Mercurius；英语：Mercury）。而除了一艘全尺寸的船只外，阿姆斯特丹还将派出一艘更为小型的船只，帮助探索海岸线。

然而关于最佳航行路线的问题，从一开始就有争议。巴伦支和皮特鲁斯·普兰修斯定下了高纬度的北方航线方案，并把自己的声誉押在了高纬度北方航线上。

这种大胆想法与他们新兴国家的雄心相匹配。任何通往东方的可靠海路，都将会携带大量货物和资金进入北海港口。这会使荷兰人能够在全球范围内亮相，并与现有的欧洲强国一争高下。来自荷兰的探险家们，梦想着从阿姆斯特丹向北驶过斯堪的纳维亚半岛，然后再驶到亚洲，攀登世界之巅。他们希望到达中国王朝（China）或是契丹国（Cathay）。几个世纪前，马可波罗的游记中就曾提到过，并认为其位于中国本土的北方地区。欧洲人对这一地区知之甚少，直到多年以后，他们才意识到这两个王国其实是同一个（中国在英语中以前分为 China 和 Cathay。China 一词源于梵语的 Cina；Cathay 一词来源于马可波罗的游记。中国的北方以前是由辽、金组成，南方则由南宋组成。一般认为北方地区为 Cathay，南方地区为 China。到了元代，西方人认为这是在同一个大汗统治下的两个国家——译者注）。

同时，大海对每个人都意味着危险。作为一个拥有数百英里海岸线的领土，荷兰在 1594 年时，还没有建立正式的国家海军。早在与西班牙的战争中，一群被剥夺了权利的当地贵族和海盗组成的武装被称为"海上乞丐"。他们骚扰船只并洗劫西班牙船上的货物。荷兰奥兰治王朝的国王威廉给予他们这种海盗行为的特许权。在英格兰女王伊丽莎白一世的庇护下,他们一度将英格兰作为行动基地。伊丽莎白一世是个并不喜爱西班牙的新教统治者。

但后来,英格兰对"海上乞丐"的支持给他们自己带来了不少的麻烦。终于在 1572 年,英格兰女王伊丽莎白一世禁止了他们在英国海岸活动。由于不再有港口作为避风港,他们由此变得绝望。他们乘船回到母国,并成功地从西班牙人的控制下夺取了荷兰的布里勒(Brielle),使起义成为一股不可忽视的力量。虽然国王威廉在陆地上的战术远不奏效,但"海上乞丐"的成功为未来荷兰海军奠定了基础。

当时,各个城镇都由海军委员会来保卫自己的海岸。这代替了国家海军。到 1574 年,鹿特丹成立了一个海军司令部,但它最初并不能可靠地保护商船免受掠夺。在接下来的 15 年里,其他地区的海军委员会也相继成立,但它们之间的协调工作很差且时而不同步。在国王威廉遇刺后的一段时间里,荷兰军队的领导人是英国人,而不是荷兰人。⑦ 因此,任何海上的船队都必须做好自卫的准备。

在那时候,战争尤其是像荷兰起义这样无休止且无组织的冲突,对西班牙帝国来说似乎百害而无一利。它可以削弱军力、摧毁产业,并掏空国库。事实上,"西班牙之怒"发动的一些暴力事件,其实是西班牙帝国没有向驻扎在荷兰的部队支付费用而引发的兵变中的一部分。当然,荷兰人成功地创造了一个新的原型,即一个早期的军工综合体模型,使关键部门在战时得到蓬勃的发展。

开放的极地海

威廉·巴伦支从孕育新荷兰的混乱中受益。人们为躲避宗教暴力而被迫转移，加上拒绝君主制的人逃亡，以及将财富和企业家输送到北方省份，因此引发了当地文化和金融的繁荣。这些省份进一步加强了与波罗的海国家的贸易，包括出口瓦片和砖块，并进口大量的粮食，随后销往国内外。

新共和国聚集了大量的资本、技工和知识分子。当巴伦支从地中海航行归来，准备启程前往北极时，全国各地的投资者和商人也都急于为自己的商品寻找新的市场。这是一次历史性的交汇，使西班牙帝国未来的各种可能，尽在掌握之中。

然而，巴伦支和他的同伴们并不是第一个向北航行的人。航行至北极高纬度的想法至少可以追溯到古希腊时期。公元前4世纪，天文学家皮西亚斯（Pytheas）撰写的《海洋》（*On the Ocean*）一书记载了他对未知世界的史无前例的航行。

皮西亚斯讲述了他从他的家乡后来被称为马赛（Marseille）的马萨利亚（Massalia）出发，穿越地中海和今天的直布罗陀海峡进入大西洋的过程。从来没有希腊人航行到过这么靠北的地方。皮西亚斯沿着欧洲西海岸走到了英国。在那里他徒步旅行，并描述了环游群岛的情况。然后他到了奥克尼（Orkney）群岛，又航行了六天，到了一个遥远的北国，他称之为图勒（Thule）——可能是现今的冰岛。

皮西亚斯不仅把他的项目作为导航的指南，也作为理解和解释他所发现的更广阔世界的一种方式。他记载了午夜的太阳和月亮是如何影响潮汐的，还宣称在图勒以北航行一天就会出现"凝固的海"。在这个海里"地、水、空气都不是单独存在的，而是所有这些东西的一种凝结,就像一个大型的海肺,地、海、万物都悬浮在其中。"⑧

在随后的几个世纪里,希腊地理学家和罗马作家都对斯堪的纳维亚沿海部落进行了记载,包括从最北部的芬尼人(Finnei)到南部的耶阿特人(Geats)和瑞典人(Swedes)。然而北极大体上还是一个神秘的地方。

芬尼人后来被称为萨米人(Sami),在斯堪的纳维亚北极地区居住了数千年。而在此之前,另一群西伯利亚原住民从亚洲大陆以北几百英里的冰封海面上中冒险而来。早在8000年前,他们就已经在遥远的若霍夫岛(Zhukov Island)上建造自己的家园并猎杀北极熊。⑨

但在欧洲航海史上,另一群来自北方的神秘探险者则彻底征服了历史的想象力——他们就是维京人(Vikings)。在皮西亚斯从马萨利亚开始航行的一千多年后,北方最狂野的船员们开始了不断的扩张。他们从斯堪的纳维亚向外发起扫荡,并不断地进行探索、掠夺和侵略。公元780~1070年,他们向非洲北部、伊比利亚半岛和大不列颠出发,然后向东航行,最远到达了乌克兰。

维京人的船吃水较浅,因此它们可以在不到两英尺深的水中航行。战士们经常出没在各种大小蜿蜒的河流上,包括一些敌船无法航行的河流,不断地给敌人创造惊喜。公元845年,来自丹麦的维京人驾驶120艘船驶入了塞纳河并占领了巴黎。当时欧洲的土地似乎没有一寸是安全的。

但关于维京人最富有戏剧性的传说来都来自于他们的北极航行。这是一场具有暴力色彩和地理隔离特性的探索性航行。维京人乘坐船前往冰岛和格陵兰岛,在那里他们创造了更加戏剧性的历史。十世纪末,索尔瓦尔德·阿斯瓦尔德松(Thorvald Asvaldsson)因为一些杀戮的罪行而被从挪威流放到冰岛的豪斯川迪尔(Hornstrandir)流放点。他的儿子红发埃里克(Erik the Red)由于在那里谋杀了邻居后被驱逐出了冰岛。于是,埃里克驶向格陵兰岛东面。在那里,他以自己的名字命名了几个特征地貌,并领导建立了两个殖民地。传说中有记载他的儿子莱弗·艾瑞克森(Leif Eriksson)是如何驾船前往北大西洋的美洲,并在那里发现了可以追溯到公元1000年的维京人定居点的遗迹。

维京人进行了自己的航海创新,完善了水泥熟料式造船。他们将橡木原木,径向分割成楔子,用铁铆钉将船舱板固定。每块船舱板都与上下块首尾相连。木板的柔韧性使船航行在波涛汹涌的海面上时不至于使船体破碎,但是当他们乘风破浪时,船板之间的缝隙逐渐拉大。这意味着在恶劣的天气里要不断向船外排水。在一次前往格陵兰岛的航行中,红发埃里克出发时带的三十五艘船,最终只有十四艘到达。*

一艘完备的船固然重要,但导航却更加重要,因为如果一艘船在开放的水域迷失了,它就可能再也回不去家了。从最初的航海开始,船员们就研究出各种确保安全航行以及可以在深海海面上定位的方法。虽无现存的理论来参考,但显然维京人拥有自己的寻路策略。而正是这些策略让他们航行了半个地球。

---

* 还有一种说法是他出发时是二十五艘船。无论哪种说法,他在航行中损失的船只数量都是惊人的。

从最早的航行开始,他们就一直在靠近陆地航行,利用海岸和可见的地标来导航。他们使用了船员们已知且最悠久的工具之一——一条加重的铅垂线,用来测量海水的深度,并记录海平面的上升。他们根据时间或可视信号与同行的船员分享方位,如从挪威的赫纳姆(Hernam)到格陵兰岛南部的方位。这些在地图上无法辨认的方位,只能依靠海上船员通过瞭望台来确定。"向西航行,前往格陵兰岛的法韦尔(Hvarf),途中会经过设得兰群岛(Hjaltland)。如果天气晴朗时,你可能会看到这个群岛。它们离法罗群岛(Faroe Island)很近,半座山都在水底,同时离冰岛也很近,可能从那里就能看到鸟儿和鲸鱼们。"⑩

在海洋上,地标难以寻找。航线可能只强调到达下一个岛屿所需的航行天数,但由于天气的变化,这是一种不可靠的测算距离的方法,因此有时还需要采取其他策略。在《定居者之书》(*Landnámabók*)的记载中,弗洛基·维尔格达森(Flóki Vilgerdarson)在九世纪的时候带着三只乌鸦乘船前往冰岛。第一只被放飞后,它转身飞向了他们来时的路;第二只被放飞后,它飞上天空后又回到了船上;第三只被放飞后,它飞向了他们航行的方向。他们跟随第三只乌鸦,随后登上了冰岛。

维京人很可能也有导航的仪器。在他们扩张时代的后期,指南针可能通过陆上贸易,从中国传到了他们手中。他们通过圆形的表盘来帮助他们保持航向,同时可能还使用了一种能确定大致纬度的简易日晷。历史记载中甚至还有太阳石的故事。据说即使在阴天或雪天,太阳石也能显示出太阳的位置。倘若维京人真有这些工具,但却没有一个工具被完整地保存下来,留下来的只是一些遗迹碎片。

无论他们使用什么导航仪器，实际上维京人都能准确地找到北极星的位置，因此随着他们离家越来越近，他们可以不断地调整它在天空中的高度。维京人在旅途中跨越数了百英里的岛屿，首先从欧洲大陆到法罗群岛，然后再到冰岛、格陵兰岛和北美，边走边建立定居点，直到现在这仍然是一个惊人的探索壮举。

16

在此 500 多年后，当巴伦支出发时，维京人的遗产在斯堪的纳维亚半岛和欧洲其他地区已得以延续，但传承下来的维京文化并不能使威廉·巴伦支在荷兰帝国成立伊始时完成远航。因此他转而利用从皮西亚斯和希腊人以及其他一系列甚至可以追溯到几千年前的文明中，获取知识找到自己的道路。

与维京人相比，巴伦支的人的主要优势在于对纬度的清晰认识和精确的测量。维京人很可能不知道地球是圆的，也不知道地球的分界线，但这些观念抽象化形成的逻辑和几何学成为了皮西亚斯驶入北极时的第六感。设想贯穿地球南北极有一轴，地球这凹凸不平的球绕着这轴旋转，那么赤道就像一条带子横在它的中间，以零度水平方向躺着。假设以一个完整的圆作为 360 度，一艘船从赤道驶向北极则覆盖了 90 度的弧线。而赤道与极点之间的位置，以度为单位则是船的纬度。

知道船的起航港在哪条纬度弧线上的位置，以及船在任何时刻的位置，回家之路则找到了一大半。如果一艘船在 1594 年离开阿姆斯特丹并知道港口位于北纬 52 度，那么它航行到海上任意位置且能找到其当前纬度时，就可以很容易地向北或向南航行，直到再次到达阿姆斯特丹的纬度。一旦船行驶到正确的纬度，即使没有罗盘，朝阳的方向也会给船员们指明东西方向。对于漂在大西洋上的任何一个欧洲人来说，家就在沿着那条想象中的纬线朝阳的东面。准备回家的船员绝不会永久迷失方向。

希腊人后来确定，在一年中的某一时刻，太阳直射头顶的最远地方位于赤道南北的可预测距离内。最终，希腊人在环绕地球的赤道的上面和下面各增加了一条线，且都与之平行。太阳运行到的最北端被命名为巨蟹座（即北回归线，Tropic of Cancer），运行到最南端被命名为摩羯座（即南回归线，Tropic of Capricorn）。

古人曾意识到，由于太阳位置的变化，应该在靠近每一个极点的地方再有一条纬度线。超过这条纬度线，就可以在夏天的午夜看到太阳，而在冬天的部分时间里，阳光就会完全消失。希腊人将其称为北极圈，是因为在北极圈内总能看到极地星座——小熊座（Ursa Minor）。北极圈中的"北极"一词来自希腊语"Arktikos Kyklos"，也可称为"熊的圈子"（Circle of the Bear）——这并不是指地面上的生物，而是指天上的星星。

到了1080年，一群阿拉伯天文学家编制了《托莱多天文表》（Tables of Toledo），用三角法则确定了每天中午太阳在天空中的角度。400多年后在里斯本，天文学家亚伯拉罕·萨库托（Abraham Zacuto）计算出了太阳、月亮和五颗行星的方位，并最终制作出了足够简单的方位对照表，让航海者可以随船携带。

萨库托的方位对照表是葡萄牙早期出版的文件之一。类似的海图被重新计算或公开复制，直到1580年才被翻译和改编成荷兰版本。威廉·巴伦支就带着它出海。⑪

除此之外，阿拉伯天文学家还致力于完善天文仪器，比如星盘。这是一种固定的工具。盘子上刻有刻度，可以追踪天体。到了十五世纪末，一种更简单的航海家星盘被改造出来：一个扁平的铜环垂直悬挂，中间用销子连接一根杆子，就像时钟一样。杆子的外端有两个小孔。当表盘调整到太阳的高度时，阳光就会通过这两个小孔射出来。这种航海家星盘可使领航员结合方位表追踪到太阳的高度。即便不具备任何三角法则背景知识的条件下，也能准确无误地航行。威廉·巴伦支也搭载了这种导航设备，以便在北极时使用。

这些前辈们的工作使巴伦支的航行成为可能。但他们的见解既来自地理定位也来自个人发现。在贸易路线的交汇处，希腊人和穆斯林都通过收集来自其他文化和地方的最先进知识而受益。在巴伦支出生前的五千年间，古巴比伦人、古埃及人、古印度人，以及从波斯到西班牙的穆斯林科学家，还有更东边的古中国发明家，都通过贸易和科学的进步，为探索者们揭开天地之谜构建了不断发展的知识体系。

但是大部分欧洲人在缺乏希腊天文知识的情况下生活了近千年。对数学和理论融合认知的缺失，使得他们有时对所接受的航海挑战显得毫无准备。1492年，克里斯托弗·哥伦布（Christopher Columbus）在西班牙人的主持下进行了他前往新大陆的第一次航行。虽然发现的不是他所期待的印度群岛，而是整个西半球，但这对他来说已经完全是个惊喜。

他能犯把美洲当成印度这样的错误似乎令人吃惊，但希腊的数学家和天文学在被传承和延伸的过程中被弄得乱七八糟。结果就是克里斯托弗·哥伦布想象中的地球比现实世界小了三分之一。⑫

19   在巴伦支准备向北航行之时,第一次环球航行已经在半个多世纪前由费迪南德·麦哲伦(Ferdinand Magellan)和胡安·塞巴斯蒂安·埃尔卡诺(Juan Sebastián Elcano)完成。同哥伦布一样,他们代表西班牙而航行。两位航海家成功地穿越了大西洋,到达了南美洲的维哥基角(Cape of the Eleven Thousand Virgins),并穿越太平洋到达菲律宾,然后绕过非洲南部返回西班牙。这是一条从中纬度到南纬度的环球航线。一个悬而未决的问题是,勇敢的旅行者是否同样可以绕过大陆向北航行。

与此同时,欧洲的科学革命正在积蓄力量。威廉·巴伦支是在1543年哥白尼的《天球运行论》(On the Revolutions of the Heavenly Spheres)出版与1632年伽利略为其辩护的期间,离开阿姆斯特丹前往北极的。这导致后者被当作异端进行审判。在巴伦支的一生中,丹麦天文学家第谷·布拉赫(Tycho Brahe)一直在努力破译哪些天体可能围绕地球转;哪些天体可能围绕太阳转。船员们将这种尚不完整但日益增长的对天体的了解发挥得淋漓尽致。他们挥舞着科学仪器和运用制图术记录他们所遇到的一切,并将新发现的海洋和地形转化为地图。

在新教国家中,英国率先发出了寻找经由北极的北方航线的呼声。1527年,罗伯特·索恩(Robert Thorne)接受了开辟极地海洋航线的想法。他设法说服了亨利八世并为其资助了两艘装备先进的船,且船上配有许多技术好的人员,共同探索陌生的地区。据报道,第一艘船最终被迫折返,而第二艘船则彻底消失。

远东的财富仍然是推动各路探索的巨大奖赏。英国曾在1497

年派遣约翰·卡伯特（John Cabot）横渡大西洋，前往北美，寻求向中国的西行航线，从而开始对远洋宣誓主权。1553年，英国雇佣探险家进行探险，试图驶过欧洲到中国，但却带来了与俄罗斯的贸易。20年后，船员和前奴隶贩子马丁·弗罗比舍（Martin Frobisher）放弃向东航行，转而试图向西寻找一条穿越北美的北极通道。这一尝试尽管有几名船员被因纽特人（Inuit）绑架，但起初看起来还是很有希望的。

弗罗比舍从北美洲最北端，即今天的加拿大努纳武特（Nunavut）运回了金矿石到英国，大大地激发了投资者给予其为后续航行提供资金的热情。他们向伊丽莎白一世女王寻求特许状，成立国泰公司（Company of Cathay），目的是建立北美殖民地开采金矿石，并作为未来远征远东的中转站。

弗罗比舍于1577年第二次西行到该地区。这次开采了更多的金矿石。探险队成员还绑架了两名因纽特成年人和一名儿童，并以伊丽莎白的名义宣称该地为英国所有，且命名为梅塔因科格尼塔（意思为"未知的海岸"，Meta Incognita）。1578年，弗罗比舍第三次航行到该地区，并带来了潜在的殖民者，但他们失望地发现7月居然下雪了。等到8月弗罗比舍开始准备返航的时候，这些殖民者们已经决定放弃该殖民地和他一起回家。

与最初的检测结果不同的是，专家们后来鉴定，开采出的矿物根本不是黄金，而是相当不值钱的闪石和辉石。三次前往北美的航行，除了毁灭，什么都没有。由于找不到便捷的西北通道，没有殖民地，也没有金矿，国泰公司因此而破产了。

在弗罗比舍去寻找西北通道后不久，阿瑟·佩特（Arthur

Pet）和查尔斯·杰克曼（Charles Jackman）被英国的莫斯科维公司（Muscovy Company）派去向东航行用于"发现中国"。他们在1580年的夏天沿着挪威的海岸线向亚洲驶去。这些海岸线从几个世纪前开始，就是向北探索的俄罗斯船员波莫尔人（Pomor）经常光顾的地方。

佩特和杰克曼遇见了当地的土著人，并设法通过俄罗斯大陆和一个叫瓦伊加奇（Vaigach）的岛屿之间的海峡。这里位于更北边的新地岛下方。位于瓦伊加奇岛的海峡似乎存在一条通往中国的可行之路。不过探险家们最终还是放弃了前进计划。1580年7月27日的航海日记记载："下午1点，佩特船长和杰克曼船长一起商议出了最后的对策。船对我们太重要了，但我们又不能跨越任何的冰。"[13] 尽管他们的小船位于高高的水面上，且其中一艘船只有五个大人和一个男孩，但返航途中，佩特和杰克曼还是将两艘船都搁浅了。

巴伦支航行路线的前段将是复制佩特和杰克曼的早期路线。正是考虑到这一点，巴伦支在他的个人物品中携带了他们航海日记的荷兰语译本。虽然他们的航行走得比任何一个西欧人更向北，但巴伦支接下来会走得更远。

在佩特和杰克曼失败后，荷兰商人巴尔萨泽·德·穆谢隆（Balthazar de Moucheron）曾派出另一艘船沿着俄罗斯海岸进行同样的探索。这支探险队成功地在荷兰和俄罗斯之间建立了陆上贸易，但被德·穆谢隆雇佣的代表奥利弗·布鲁内尔（Oliver Brunel）却在试图向更东前进的路上，死在了佩乔拉河上（Pechora River）。

因此，更为投机的想法诞生了，紧靠俄罗斯海岸线航行应该可以到中国。荷兰共和国成立后，德·穆谢隆请求这个新国家允许他再次出海。

先前的探险家在向东航行时遇到种种困难，使皮特鲁斯·普兰修斯怀疑，紧靠大陆航行并通过瓦伊加奇海峡，并不能提供一条通往中国的可靠路线。普兰修斯决定了一条完全无视海峡的航线，甚至将瓦伊加奇岛以北的岛屿都抛在脑后，而向着北极航行，然后驶过附近的新地岛。

虽然这不是主流理论，但普兰修斯并不是唯一相信极地航线存在的人。他的假设来自世界上最著名的地图制作者——来自法兰德斯（Flanders）的杰拉德斯·墨卡托（Gerardus Mercator）。墨卡托因他绘制的地图集和旋转的地球仪而闻名于世。他长期以来一直在探索通往中国的北方路线，并相信极地地区可提供一条通往远东的更为直接的途径。墨卡托最终于威廉·巴伦支第一次北极航行的那一年去世。他的墓碑上刻着"从宇宙的里面看天，从地球的外面看地"（Showing the Heavens from the Inside and the Earth from the Outside）来赞美他的才华。

几个世纪以来，"温暖的北极"这个想法也渗透到了爱冒险的船员们和商人们的脑海中。他们最初梦想着一个条航线，可以带他们翻越世界之巅且能把他们送到大海中有利可图的地方。巴伦支和荷兰商人们对该想法持谨慎态度。这既包含来自未知事物的魅力，也关乎着普兰修斯作为地理学家的声誉。因为这很可能就是一个致命的错觉。

然而，投资者巴尔萨泽·德·穆谢隆的激情却具有感染力。

泽兰省买断了他在探险队中的权益,并为其提供了一艘船。恩克赫伊曾市提供了第二艘船。同时,普兰修斯还说服阿姆斯特丹加入并提供了第三艘船,以及一艘较小的侦察船。最后,省里和市里决定了两条探索航线,阿姆斯特丹提供的船走其中一条航线,而恩克赫伊曾和泽兰提供的船一起走另一条航线。

来自恩克赫伊曾的荷兰商人指派了一位名叫扬·胡伊根·范林斯索顿(Jan Huygen van Linschoten)的代表,来负责他们此行的利益和货物。范林斯索顿并不是因为任何北极理论而闻名,而是因为他曾在温暖的纬度地区生活过。范林斯索顿出生于阿姆斯特丹以西 13 英里的城市哈勒姆(Haarlem),当他还是一个孩子的时候就搬到了西班牙和他的兄弟一起生活。20 岁时,他在印度西部的果阿(Goa)大主教那里找到了一个秘书的职位。在那里呆了几年。一个世纪以来的政治阴谋和秘密地图的细节,被他抄写或印入脑海,包括沿海的危险处、水深和航海图,以及关于如何从欧洲南下绕过非洲到东方陆地。几乎就在巴伦支的《新地中海地图集》(New Atlas of the Mediterranean)准备付印的同一时刻,范林斯索顿关于南方航路的秘密就像一颗炸弹一样在荷兰爆炸,点燃了荷兰和葡萄牙间竞争。

十六世纪的最后几年,随着新建立的海军、商船和可交易商品的到位,探险家们所需要的主要盟友是能够支持探险费用的商人和政治领袖。极地航行有望成为建立国家的基础,而范林斯索顿披露了葡萄牙人几十年来一直垄断的秘密情报。他不仅列出了他们的航行路线,还对各方联盟的优劣势进行了政治分析。他声情并茂地写了一本的手册关于如何到达东方,破坏帝国殖民地的稳定,更甚也许可以征服世界。

在为荷兰共和国窃取机密后,范林斯索顿现在将和巴伦支一样,乘坐一艘名为"水星号"的船前往北极探险。这不仅唤起了作为神灵使者的速度,也唤起了他喜怒无常的性格。两人都致力于寻找一条通往远东的路线,但他们在许多事情上,包括在关于如何到达那里的问题上存在着巨大分歧。

范林斯索顿在日记中写道,"水星号"将与"天鹅号"会合,向北驶向挪威,然后向东驶向俄罗斯大陆上方狭窄的瓦伊加奇海峡。与此同时,巴伦支将带着未命名的来自阿姆斯特丹的船及其较小的侦察船,沿着瓦伊加奇岛以北的新地岛西海岸航行,看看它能把他带到多近的北极点。如果这块神秘的土地,如巴伦支所希望的那样是一座岛屿,那么它的上方应该是一片极地海洋。

最终,巴伦支在阿姆斯特丹商人的支持下,以及荷兰共和国领导人莫里斯亲王(Maurice)的祝福下,得到了船的掌控权,但他不是军事指挥官。在这次航行中,巴伦支对船的航行路线以及探险的成败负有巨大的责任。这支船队并不指望在这次探索性航行中前往中国,其主要目的是肩负绘制可靠的海图任务。一个完整的探险队或许在第二年才能前往。

"天鹅号""水星号"和来自阿姆斯特丹的船分别从他们家乡驶出。巴伦支携带进入北极的物品包括船用饼干、桶装牛肉、啤酒、撬棍、斧头、手钻、钢锯、擦洗刷、火枪、火枪球、烹饪锅、长矛、大戟、火药角、剑、刀、皮鞋、大戟、斧头以及发现的梦想。虽然他们计划沿途进行补给,但这些船的存货以足够船员吃八个月。⑭

25　　　在启程之前，他们已经掌握了许多的知识，知道如何在高高的船上扬帆来；知道如何掌舵；知道如何加工木材、狩猎、设置陷阱。巴伦支能算出纬度，也知道很多星象。对于未知的星像，他可以依靠方位对照表。船员们明白，北方地区布满了冰山，可以绵延数英里。有的冰山高于船的吃水线200多英尺。在它们的面前船只和人犹如侏儒。

　　巴伦支和他的船员们虽掌握这些事情，但还远远不够。他们对重力没有科学的认识，没有望远镜，也没有微积分。他们虽然能算出纬度，但还不能从船上确定经度。他们距离破译疾病的细菌理论还有几个世纪的时间。过了一百多年，人类才确定雷电也是电。仍然需要几十年，医生们才会意识到血液在体内是循环的，而细胞是生命的单元。在不了解他所生存的宇宙中大部分力量的情况下，当他驶入北极时，巴伦支将会遭遇各种奇幻和恐惧。

　　他很可能从来没有听到当船碾压驶过冰块时，发出的吱吱声和裂开声。那是看不见的源头，传出水面的噪音。船员们也从来没有见过北极熊，还没有了解到北极熊是如何在冰天雪地中几乎可以隐形移动的。虽然他们知道坏血病——一种常发生在船员身上的痛苦疾病——但他们还不知道其背后的凶手。还需三个世纪它的治疗方法才会被发现，然后又遗忘，再到被重新发现，又被怀疑。

　　当巴伦支准备出海时，他留下了与他息息相关的妻子和五个孩子。届时四十多岁的他，已经见过比绝大多数人见过的更大世界。考虑到那个时代北欧贵族，也就是比他自己更高的社会阶层的预期寿命，他很可能只剩下几年的寿命了。

  在拥挤繁华的阿姆斯特丹港，在带桨的单桅长船、较大的运货船以及载着船员们往返陆地的小船穿梭中，巴伦支的船体船员准备登船，而他的船只是这众多准备出航的船只之一。船上的每个人都肩负着自己的使命，但正是这次北上航行，使得荷兰有了通向未来的船票。在随后的历史中，那天在那里的任何一艘船上的船员，都不会让这位前往北极的倔强航海家颜面尽失。随着威廉·巴伦支的船员们离开家乡，离开阿姆斯特丹的乡绅和港口，他们开始了航海史上史无前例的航行。船只在恐惧和好奇中向北航行，去揭开未知世界的面纱。

远离地图的边缘

27　　关于走哪条路线的争议所引发的恶意一直围绕着探险队。扬·胡伊根·范林斯索顿对两艘船从北边绕过新地岛的计划深表怀疑。即使他认为巴伦支是一位专业的航海家，但他更认为普兰修斯用狂热的极地理论误导了阿姆斯特丹的乡绅们。据范林斯索顿说，普兰修斯坚持认为北方高纬度路线"确定，一定以及肯定"是正确的。他说，这位地理学家在提出这些论点时列举了
28"千百个可疑的例子"，同时宣称南下绕过新地岛的路线也就是范林斯索顿的船要走的路线是"根本就不存在"。⑮

　　不过，双管齐下的远征计划已经确定下来。在1594年5月29日，巴伦支的主船及另一随行的小船从阿姆斯特丹的港口驶出，花了近一周的时间才到达位于北海的特瑟尔岛（Texel）。在这里，另外两艘船正在等他们。理论上讲，这四艘船将一同出发。在恩克赫伊曾的范林斯索顿的帮助下，泽兰省资助了科内利斯·奈伊（Cornelis Nay）——他是"天鹅号"的船长以及这支规模不大的船队的指挥官。

　　奈伊和他的舵手曾在挪威海岸航行，并在俄罗斯海域活动。他的表弟当时作为俄罗斯翻译官也一起上了船。考虑到在新地岛

以下的大陆上有可能会遇上人，奈伊还带上了一个曾在荷兰留学的年轻斯拉夫人。

第二天，也就是 6 月 5 日，东风在他们的背后升起。这是一个有利的出发信号，然而阿姆斯特丹的船并没有按时准备好。于是"水星号"和"天鹅号"没等他们就起航了。巴伦支很快就尾随而至，追赶着其他船只向远方的大海驶去。

他们准备驶入开放的海域，并计划一起最远航行到基利金岛（Kildin Island）。这是俄罗斯大陆附近一处被彻底勘测过的岛屿，就在挪威王国的旁边。根据事先的约定，巴伦支将从那里分头行动，并驾驶他的大船和小船一起航行到"新地岛的上方，也就是在北极点（Polus Arcticus）的下方"。他将为新地岛是否是一直延伸到世界之巅的陆地的一部分寻找答案。

去往最远处挪威和俄罗斯边境的基利金岛的航线在地图上很完整，且在最初的几个星期里，他们在海上的航程也将是一帆风顺。当然天气仍然是唯一的变数。在"水星号"上，范林斯索顿写道，他被一种"火热的欲望"所征服，迫切地想去往北极。他曾两次绕过好望角，并在去往返亚洲和葡萄牙之间的危险航程中幸存下来，只不过回程遭遇了英国海盗的追赶，并眼睁睁地看着船上的货物丢失。如果能发现一条通往中国的北方航线，就可以避免绕行好望角的危险。他坚信，任何一条北方航线都将会缩短六倍的距离。⑯

当船队沿着北海向极点前进时，太阳在头顶上旋转。船员们在海上的生活千篇一律，因此每艘船都很快地建立了自己的节奏。船员们被分成不同的组，错开时间吃饭并在甲板下睡觉，且还需要轮流值班,除此之外还需要做一些如配平船身、收放船帆、抛锚与起锚、清洁船只、修理船线、修补船帆、缝补衣服等工作。

甲板之上,太阳可能会把一切都烤得僵硬干燥,但是在甲板下面的船舱(主甲板的下方和货仓上方的部分)难避会有从未洗过的身体所散发出的恶臭味。海上的各种声音日夜围绕着他们。海水拍打着船舷。随处都能听见船体划破海面时发出的水声,以及头顶上的电闪雷鸣声。

一旦到了海上,这些人在任何事情上都要服从船长的权威,除了哗变,几乎不可能颠覆船长的意志。他可以下令对违规行为进行一系列的惩罚,从禁闭到处决。在船返回母港之前,他不用承担任何责任。由于缺乏航行所需要的数百名能干的船员,因此被挑选上的船员在出发时可能只有一点技能或甚压根没有。但是,小型船只需要少量经验丰富的船员即可,故 1594 年与威廉·巴伦支一起驶入北极的船长作为经验丰富的船员,大概率能够去他们家乡当地的机构找寻到他们认识的船员或向他们推荐的船员。

船队从阿姆斯特丹出发时,有 16 个小时的连续日照,且日照时间每天都在增长,直到他们航行足够北的地方,夜晚才能彻底消失。当他们沿着挪威的西海岸前进时,沿途看见了特隆赫姆(Trondheim)和罗弗敦(Lofoten)群岛,并最终绕过了挪威海岸线的最北端。他们依次领略了北角(Nordkapp)和诺尔辰角(Nordkinn)的嶙峋岩石,然后是斯塔潘(Stappane)岛的悬崖峭壁。

挪威海

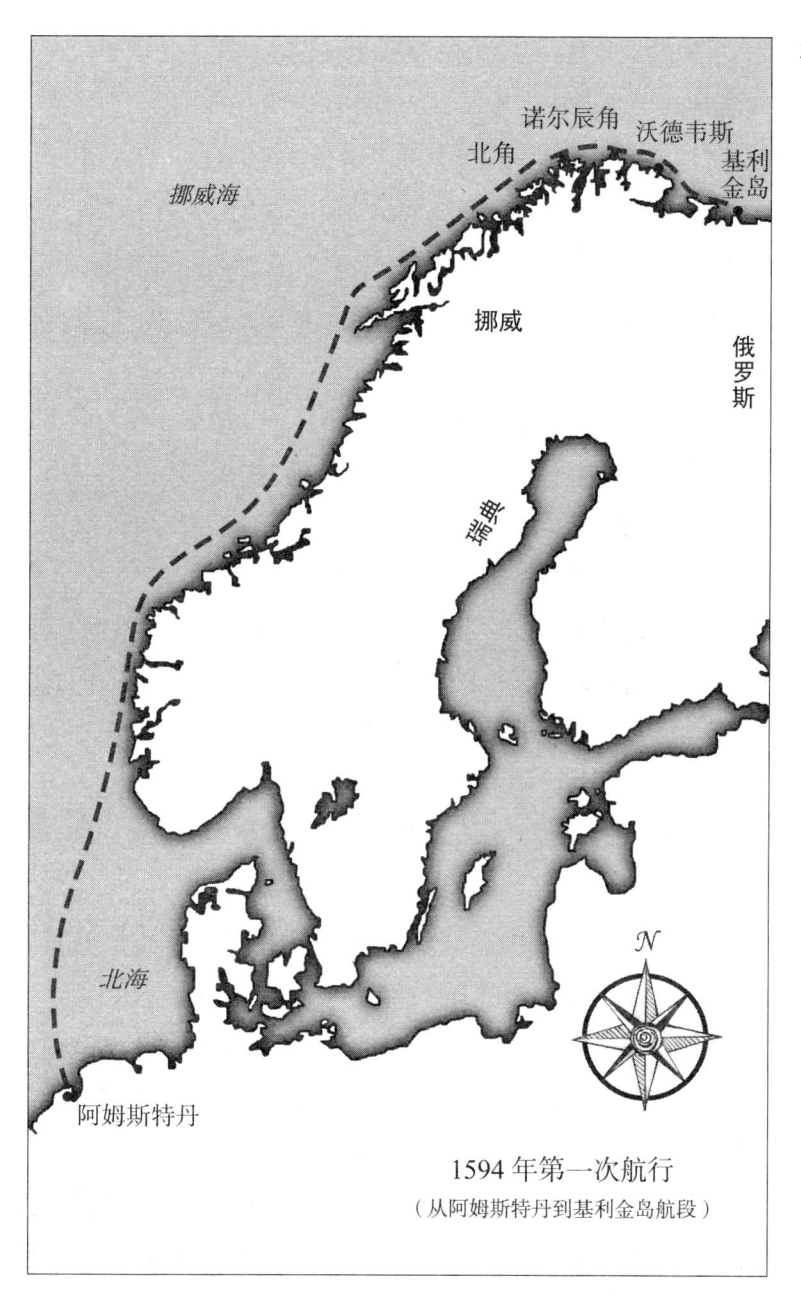

诺尔辰角　沃德韦斯
北角　　　　　　　基利金岛

挪威

俄罗斯

瑞典

北海

阿姆斯特丹

1594 年第一次航行
（从阿姆斯特丹到基利金岛航段）

尽管偶尔会遇到恶劣的天气，但他们还是把握住了时间，从挪威穿越到了俄罗斯。在基利金岛朝向俄罗斯的一侧，他们抛锚并与其他船队会合。到了6月23日，各船团聚。由于太阳的整个运行轨迹，都已在地平线之上，他们可以在具备有利条件风的任何时刻出发。

基利金岛已经成为一个著名的贸易站，也是船员们前往俄罗斯的必过经停点。这座娇小的前哨站高高地耸立在水面上，闪现着荒凉的陡壁，且离岸边的岩石高原需要一小时的攀爬。但在其东端附近，有一个宁静的港口，就像任何一个受到保护的城市港口一样。基利金岛位于北极圈内，没有树木或高大的草丛，但地上偶尔有低矮苔藓和荒草。据说那里有熊和狼。

基利金岛长10英里，横跨约3英里，是欧洲人、俄罗斯人、芬兰人和土著萨米人夏季从东迁徙而来的相会处。萨米人的衣服和鞋子都是用驯鹿皮毛做的，而他们的雪橇由成年公羊大小的驯鹿拉着。一些荷兰人看不起芬兰人和萨米人挤在草皮屋里。两群人都以卖鱼给俄罗斯人为生。俄罗斯人将鱼晒干后，转卖给过往船只。

当"水星号"靠岸后，范林斯索顿下船对这些当地人进行了描述。他把他们形容为脏兮兮的猪，身无分文且毫无人样，"过着可怜的悲惨生活"。尽管范林斯索顿更多的时间是在其他国家与其他民族生活，但他的好奇心或同情心，从来都没有延伸到萨米人身上。他把他们描述的和动物相差无几。

尽管范林斯索顿的观点不近人情，但在基利金岛给荷兰人带来麻烦的并不是萨米人。一艘丹麦货船的船长来到"水星号"

上。他想知道，既然现在风向有利，第一批到达的船队为什么不继续向南，从而进入俄罗斯上方的白海（White Sea）。他希望可以查阅船队的相关资料，但船员们假装因为语言不通而感到困惑，对挪威船长的要求置之不理，并将他打发走了。

他们发现自己也同时遭到了俄罗斯人的骚扰。一个服务于莫斯科大公国（Grand Duke of Moscow）的海关官员尖刻地抱怨说，他们不应该在没有得到允许的情况下，日复一日地在基利金岛的水域钓鱼。他的语气暗示着荷兰人没有向他送过任何礼物。在荷兰人坚持不送礼之后，俄罗斯人待荷兰人睡着后，趁着午夜的阳光向他们奔来。

在一个明亮的夜晚，正在值班的荷兰船员看到俄罗斯人正向岸边疯狂地划去。在他们的小船里，放着他们从荷兰船员违背海关官员而投放的渔网中偷来的东西。值班船员叫醒了他的船员，一起去抓捕正在靠岸的小偷。他们从大船跳到小船上，冲俄罗斯人叫嚣。不曾料被逮个正着，因此俄罗斯人只好丢弃他们的衣物，弃船逃跑。愤怒的荷兰人抓住了逃跑的盗贼，并把他们毒打一顿。返回岸上时，他们把俄罗斯人的小船带回到自己的船上，并带回了渔网和俄罗斯人的衣物。

海关官员不得不在第二天开船去找他们，向船长恳求归还小船和衣物。官员解释说，他们不可能惩罚偷窃渔网的俄罗斯人，因为他们已经逃到山里去了。荷兰人不甘心地把俄罗斯人的财物还给了他们。在此之后，再也没有人敢来找荷兰人的麻烦了。

直到 6 月 29 日的星期三，船员们已经完成了最后的准备工作。基利金岛上发生的事件是不可预知的，但精神上与任何航行中在任何港口都可能发生的遭遇没有太大的区别。然而现在，船队准备开始分头行动，每一组都要进入更荒凉的地带了。

威廉·巴伦支带着阿姆斯特丹号和他的小船，向东北方向的新地岛出发。当他驶离时，驾驶"天鹅号"的奈伊和驾驶"水星号"的范林斯索顿也正一起，朝着接近正东的方向航行，目标是前往新地岛下方，然后向瓦伊加奇岛进发。如果一切顺利，巴伦支将从北面绕过新地岛，而奈伊将从南面绕过新地岛。两组人希望几周之后能在另外一侧相遇。但在接下来的日子里什么事情都可能发生，没有人知道风和天气会把他们带到哪里。

依照先前的约定，如果在新地岛东侧他们没有遇到对方，则自行先回到基利金岛，在那里等待其他船队到九月底，然后再一起返航。因为与西班牙的冲突不断，在驶回荷兰海域时，他们迫切地需要呆在一起以示武力。

第二天，巴伦支船队捕获到了一个微风，于是展开两张大帆，将其接个正着。船员们在航行过程中，不断探查着海底的情况。他们使用的铅垂线并不比维京人使用过的更为先进。6月30日，铅垂线沉入海底500多英尺而不触底。船上的每个人站在下一个船员的肩膀上搭人塔，依然无法覆盖船与海底之间的四分之一深度。

在离开基利金岛后的第一周他们向东航行，并发现拖着的铅垂线呈黑、白、灰三色，然后还有红色的沙子和破碎的贝壳。出海的第四天，在他们正迎着东南方向的强风疾速航行时，大雾四起，使得他们必须修整风帆，并再次抛出铅垂线，以确保他们在半盲航行时不会搁浅。但船员们再一次发现，前方只是一片深无

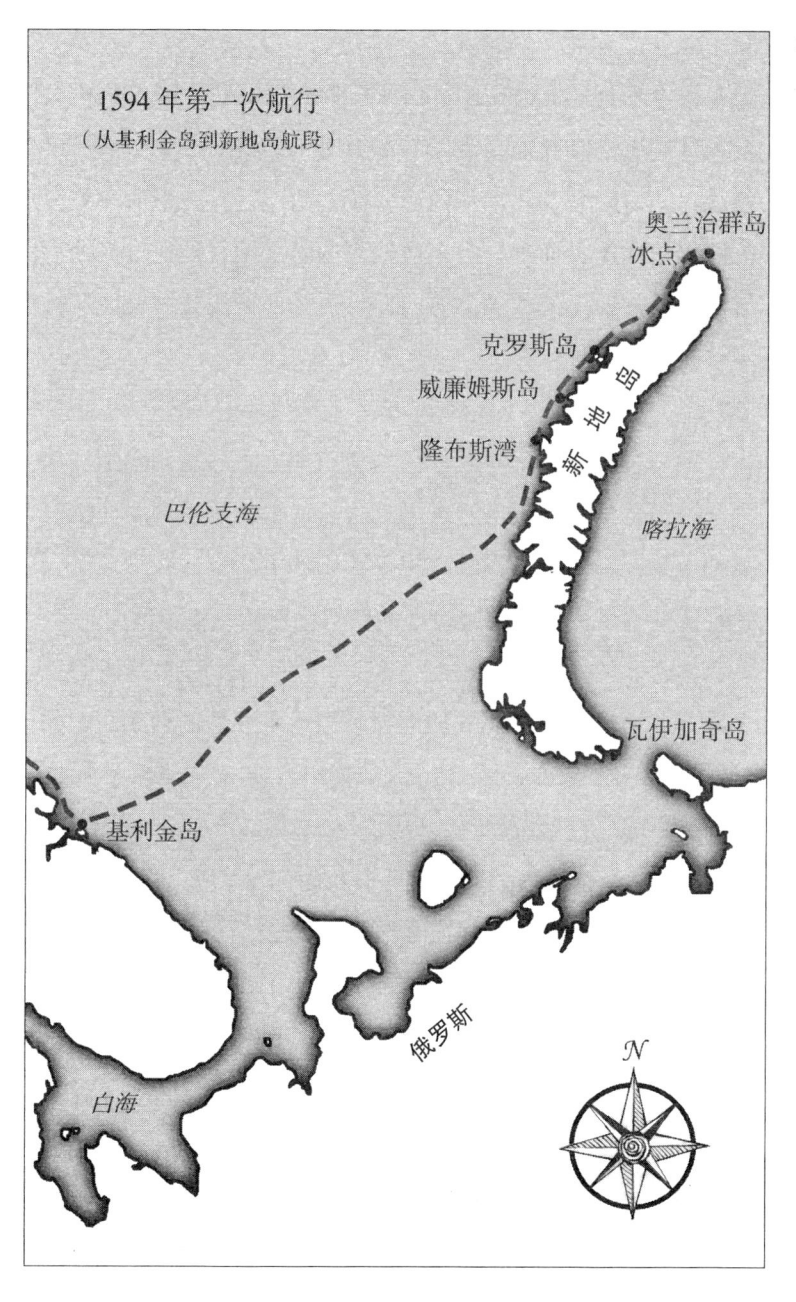

1594 年第一次航行
（从基利金岛到新地岛航段）

奥兰治群岛
冰点
克罗斯岛
威廉姆斯岛
隆布斯湾
新地岛
巴伦支海
喀拉海
瓦伊加奇岛
基利金岛
俄罗斯
白海

见底的海。

在离家不远的北海（North Sea）航行时，虽也时有困难，但航行在基利金岛和新地岛之间的海域时，船员们遇到了前所未有的挑战。相对温暖的海水从西边横渡大西洋后，在最后一股海湾洋流的残渣中席卷而来，与东边较冷的海水硬碰硬所形成的汹涌澎湃的海浪将船颠的找不到方向，且强风使得按计划路线航行变得不可能。

7月3日，威廉·巴伦支拿出了他的十字杆——一根带有滑动横杆的木杆，用来确定天体的高度。他把主杆举到眼睛和地平线之间，沿着横杆顶端的边缘滑动，这使得他的视网膜面临巨大的长期风险。他看着太阳，发现了太阳的下缘，并在记录了太阳距地平线的高度后，计算出自己的位置，然后调整了航向。

第二天，在基利金岛出发后还不到一周的时间，他们就看到了陆地。威廉·巴伦支成功地穿越了后来以他的名字命名的大海。新地岛的西海岸就在眼前。他们已经远远地将欧洲抛在了身后。

巴伦支再次改变航向，驶向未知的海域。岛屿的浅滩或许是群岛的一个部分——还不清楚新地岛是否是一个群岛——散布在离海岸不远处的土石滩上。上面是平坦的高原，有时也有高高的山丘或低矮的山脉。冰川点缀着这里的风景，然而在短暂的夏季，地衣或苔藓却给触目可及的大地和悬崖峭壁染上了春秋般的色彩。

荷兰人来到一片开阔的土地上，他们将其命名为朗厄内斯（Langenes），并在其东边找到了一个海湾。他们将船划至那里，然后登陆，但是并没有发现任何人影，于是他们回到船上，继续沿着海岸线向东北方向蜿蜒而上，并驶入海湾。巴波角（Capo Baxo）——西班牙语中"洼地"的衍生词——和隆布斯湾（Lombsbay）依次出现在海岸线上。在隆布斯湾，他们再次上了岸。在一片凄凉的景象中发现了一个海鸠的集会。当他们蹒跚而行的时候，鸟儿们焦黑的头颅和急速摆动的翅膀，与他们面前像盾牌一样鼓起的白色胸脯形成了鲜明的对比。

之后他们发现了部分生命的迹象。船员们在地上发现一根旧桅杆，并认出该遗迹是俄罗斯波莫尔船的一部分。这残存的木杆既可以当作好消息，也可以当作坏消息。至少曾有人航行至新地岛的海岸，这意味着该地区是可以航行的，但腐朽的桅杆，可以说明整艘船已经成为航行中的牺牲品了。船员们在原地把木头竖起来做成灯塔，作为他们航行至此的标志。

巴伦支继续前行，边走边对未知的地方命名。尼格罗角（Capo Negro）指的是那里黑色的地方，这使船员们想到了祖国须德海里泥泞的堤坝。用来纪念此次任务而命名的金钟岛（Admiralty Island），其海岸崎岖不平且有危险的浅滩，基本无法安全接近。他们试图按照祖国的形象，来塑造他们驶过的新大陆，从而奉承资助者和政治领袖，或许还伴随着一些未来的畅想，即这个新世界将成为他们的。

在威廉王岛（Williams Island）——国王威廉对其进行命名的，并不是巴伦支命名的——航海家再次测量了太阳的高度。他们从阿姆斯特丹出发至此已航行了2000多英里。7月7日，他们发现了更多来自那艘俄罗斯船的残骸。那艘船和他们一样，也到过远处的海岸。

当船队离开北极土著人的领地，进入不适合人类居住地的时候，日历上显示，他们已经离开阿姆斯特丹六个星期了。离开基利金岛不到两个星期，他们再次被大雾笼罩。在进入威廉王岛旁的一个峡湾时，他们发现了一些动静——他们看到了他们从未见过的东西，并认出了那是一只熊，但那是一只白熊。一只巨大的白熊在水中游动。

巴伦支和他的手下，从大船跳到了他们的小船上。与此同时，他们诞生了一个想法，就是把这只熊运回荷兰，当作新奇物种来展示。于是一个水上装上火枪，结结实实地射中了熊。但是熊重新站了起来，开始游走。船员们努力追赶着这只动物，并设法靠近它。其中一个人成功地挥动套索，套住了它的脖子，并将这只动物拖回他们身边。这些人在后面使劲地拉着它。

巴伦支虽没有任何与北极熊打交道的经验。但他和他的部下并不愿意屈服，而是很有冲动地去捕捉一只熊从而满足于自己的探险精神。即使在后来整个欧洲对北极熊这种动物广为人知，且了解了北极熊的凶猛本性和力量之后，二十世纪的极地探险家罗阿尔德·阿蒙森（Roald Amundsen）还是要求汉堡动物园的园长，将北极熊驯服成能够在极地探险中拉雪橇的驮兽。与阿蒙森同行的探险家弗里乔夫·南森（挪威语：Fridtjof Nansen）认为这个计划值得尝试，但对其可行性仍有疑问。[17] 在真正的冰面上被拖行的北极熊很快就会察觉。在自己的主场环境下，自己的力量是多么地强大，所以随后会马上进行反抗。

此时威廉·巴伦支生平第一次见到北极熊时的高涨情绪将是

昙花一现。尽管北极熊的身体直接挨了一枪，但被套住的动物还是咆哮着继续挣扎反抗。即使荷兰人还没有看到全部危险，但他们很快就意识到了这只动物的凶猛。他们放弃了之前的幻想，决定杀死并剥掉该动物的皮。这样比把它当宠物养着要更安全。当北极熊想奋力挣脱的时候，船员们巧妙地使用绳子来加速消耗猎物的体力。

巴伦支还不时地用船钩激怒着北极熊。没过多会儿，这只熊就划到了船尾，并用它自己的前爪抓着船。巴伦支认为这只动物想从挣扎中解脱出来，于是叫人注意着它，并预言"她将要死了"。

那只笨重的熊也许是感觉到自己快要被束缚了，因此并没有做任何休息，艰难地爬了起来，并将自己的半拉身子爬上了船。船员们惊恐地逃到船的另一端。但他们套在熊脖子上的绳索远端却意外地卡在了船舵之下。此时被拴住的熊，一半在船里，一半在船外，正在窒息中。被困住的熊，虽未完全放弃，但也无法靠近袭击它的船员们。

其中一个船员意识到当前的处境，便从船头站了出来，用半截长矛刺向它。北极熊随即倒在水中，并被船拖着走了一段路。在熊筋疲力尽后，船员们终于打死了它，并将它拖到船上且剥了它的皮。这是荷兰人遇到的第一只北极熊。日后他们最终还是会回到阿姆斯特丹的。

船员们将这个地方命名为贝伦福特（Berenfort），以纪念他们对北极熊的征服。从那里，他们回到了威廉王岛，然后又到了这个小群岛的下一个漂浮的陆地。在那里他们又一次离开了大船，乘着小船上了岸，穿过悬崖和岩石，徒步上山，并在高处发现了一对大十字架。他们当时还没有完全超越历史的界限，因为至少有一艘波莫尔船在他们之前到过这里。他们把这个地方命名为克罗斯岛（Cross Island），然后继续前进，一边行走，一边测绘并命名。在继续向北的路中，这将会是他们看到的最后一处具有人类生活迹象的地方。

即使在有地图和知道终点的情况下，航海也还是一件非常具有挑战性的事情，更不用说是在没有地图的情况下，还日复一日地航行到未知的海域。这完全是另一番不同的体验。船员们不可预知，接下来会出现什么样的海岸、动物、天气。当然，巴伦支也有可能明天将带领他的船员们抵达一片开放海域并最终指引他们前往中国；或者，他们月复一月地顶着冰雪向北行进，直到抵达世界之巅，成为第一批抵达北极的人类；也或者他们被咆哮的大海吞噬。他们别无选择，必须在不知道终点和所需时间的情况下继续前进。

标志着最长白昼的夏至日已经过去了，然而真正的黑暗在几个月后才会到来，届时情况将发生逆转，极地的黑夜已经悄悄来临。在那个夏天，站在新地岛阳光明媚的沙滩上，此时的威廉·巴伦支思考着离家这么远，远到可以感受出无尽的黑夜正逐渐地吞噬光亮。

7月10日，他们在绕过了一个被他们命名为拿骚（Nassau）的海角之后，陆地开始弯曲向南。他们继续沿着海岸走了一下午，避开了一个从海岸边远远看不清的高沙洲。然后他们继续沿着新地岛的海岸线，向北走了大约两百英里。他们不确定自己是进入了一个海湾,还是已经绕过了新地岛的北端,因此也无法证明新地岛是由一个还是多个岛屿组成的,但他们瞥见东方的很远处似乎隐约出现了一片新陆地。

如果他们的观察正确的,则可能会发现一个全新的北方陆地。他们满帆向它驶去,但西风吹得太猛,无法确保安全航行。当风吹得更猛时,他们只好收起了顶帆,防止桅杆折断桅杆,从而击穿其他船帆。

他们彻底失去了所看到新陆地的位置。当时他们还不曾意识到他们发现的新陆地只不过是新地岛远处弯弯曲曲的海岸线。他们很快就有了更大的顾虑。在当天晚些时候,浪花越来越高。浪花与浪花之间的海面形成了一个巨大的凹槽。船随着海水在上升和下降中快速地交替着。这大大地限制了他们在狂风里的转向能力,因此他们在没有帆的情况下,花费了十六个小时航行了约三十里路。

整个晚上,天气都没有一丝地缓和。他们继续不挂帆,任由暴风雨驱使他们在开阔的水面上继续前进。一时向东,一时向南,忽然间,一个巨大的浪头涌起,吞没了他们的小船,把它从固定的地方拖向海底。在那里,海水又不断地涌向它,于是小船彻底消失了。

之后,他们又在狂风中行进了几个小时,风才开始逐渐减小,海浪也随之变小了,雾慢慢出现了。船员们终于可以升起船帆,试探性地向北或向东驶入雾中。在走了几英里之后,海床逐渐升起,铅垂线已经挖出了黑色的泥浆。这暗示着他们正靠向陆地。这也是他们第一次看到海面上的浮冰。

在那时的北极，巴伦支和他的船员们会看到大小不一、形状各异的冰块，令人目不暇接。海面上漂浮着一块块圆形的饼状冰。冰块之间由于气温的降低而逐渐地粘连到一起。固定冰块凝固在岸边，然后一直延伸到开阔的水域中。平坦的冰台像高原一样耸立在船的上方。它们已经阻挡了船员们的所有视线。那些冰块有时像绝美的塔楼和城堡，有时像锯齿状的哥特式建筑，高高地耸立在头顶上方。突然之间，他们离家很远了。

7月12日，他们花了大半天的时间往回航行，寻找丢失的小船。第二天，当船向北或向东航行时，无情的太阳在高空转了一个小圈并没有想要触及地平线的意思。然后，他们遭遇到了更多的冰。一个被派到桅杆上瞭望的船员下来报告说，前方视野所及的地方有一个白色的扁平物体。当他们沿着它向南航行时，则再次看到了新地岛的海岸线。

7月14日，巴伦支让船员调转船向，沿着海岸线继续向北航行，但几英里过后，冰块再次包围了船。当船靠近冰山时，冰山仿佛就在他们的头顶上方，高耸入云，看不到它的顶。

一阵强风吹来。他们又向南或向西航行，然后跌跌撞撞地往北走，直到再一次撞上冰。每一天都成了麻木的仪式，在海面上锯齿状的缝隙中来回穿梭，然后在"白墙"的面前掉头，当然偶尔也还能看到新地岛的海岸。每次当他们要转弯时，可能需要花上至少半个小时的时间。通过收起一些帆，从而使得风只吹另一些帆，并通过拖住桅杆的辐条来支撑垂直于桅杆的帆桁，直到他们转弯，再展开能接住风的帆，从而调整到新方向，最后系好每根缆绳，让船快速前进。巴伦支和他的船员们被大雾、阳光和冰雪包围着。他们一寸寸地蹒跚前行，在 7 月的最后半个月里航行了 1200 多英里——这是返回挪威西海岸所需的最大距离——而他们还在沿着新地岛继续航行下去的行程中。最终他们只前进了不足 200 英里，但艰苦的航行已经开始对船员造成伤害。

巴伦支有时会用他的横杆测量正午太阳的高度，同时还偶尔使用航海家的星盘，并旋转表盘，使太阳光穿过两个针孔，从而读取太阳的高度。通过计算出，巴伦支得到当前船已处在北纬 77 度。这比任何欧洲人曾经航海到过的地方都要更接近北极。这里的植被主要是地衣，其次是灌木，乔木则少之又少。从船上望去，视野所及的水面和陆地越来越荒芜。它们交织在一起，形成了一望无际的冰冷荒漠。

白色的山从北方漂流而下，海水本身也逐渐被冻成冰块和冰片。虽然天气尚可，但一看到大地被冰雪覆盖，更不用说挡住他们去路的冰块了。这足以提醒他们，盛夏已经过去一个多月了。

7 月 29 日，船到了一个被他们命名为冰点（Ice Point）的地方。从这里，陆地开始蜿蜒向东。上岸后，船员们发现地上的石头像金子一样闪闪发光。巴伦支的脑海里当时可能想的是，1578 年马丁·弗罗比舍的最后一次探险带回了 1400 吨不值钱的石头的故事。没有任何记录表明，船员们曾采集了金矿石带回阿姆斯特丹。

离开冰点后，荷兰人最初并不知道这片陆地是向东的，也不知道这里不是海湾的入口。但随着时间的推移，他们意识到自己已通过了新地岛的北端。继续向北，他们来到两个布满岩石的离岸岛屿。他们以威廉国王和他的儿子莫里斯（Maurice）亲王之名，命名他们为奥兰治群岛（Orange Islands）。7月31日，他们踏上了两个岛屿中较大的一个，发现了数百只动物，他们称之为海马，其实那些是正在晒太阳的海象。

海象成群结队地躺在海滩上。荷兰人上前并饶有兴致地看着母海象将小海象推入水中，并用桨状的脚蹼保护它们。将幼崽推到安全地带后，成年海象开始攻击入侵者。船员们听说海象的獠牙如象牙一样珍贵。看到这些动物在外面晒着太阳，船员们认为陆地上的它们，看起来并不是那么的团结与可怕。船员们找出斧头和弯刀，挥舞着砍向它们。金属刀刃在这些动物的皮上碎裂，因此他们没能杀死任何一只海象，但是，最后他们还是设法掰下了部分獠牙，并往回带走，以便把它们运到船上。理由是，回到船上取更重型的枪支，再次返回能更容易地杀死所有的海象。与之前和之后的探险家们相呼应的是，新来的探险家们的第一冲动就是屠杀和掠夺。

然而，在去往船上的路上，他们遇到了一只孤独的北极熊在岸边睡觉。他们拿起手边的枪进行射击，并在这只动物跑进水里的时候，乘船追赶，直到把它杀死。他们把熊绑在一根直立于冰面的长枪上，等待着射杀完海象之后再回来取。

但风云突变，周围的冰山突然破裂，把他们赶回船上，因此他们回来时只带了几根海象的牙。这些猎杀的细节最终出现在了官方的航行记录中：

"这种海马是一种神奇而强壮的海怪，比公牛大得多。它经常在海里活动，皮肤像海牛或海豹，毛发很短,嘴像狮鹫。很多时候它们躺在冰面上,但却很难把它们杀死,除非你猛烈撞击它们的额头。"[18]

巴伦支和他的船员们从基利金岛出发已经五个星期了,在海上航行也已经两个月了。虽然他们随身携带的口粮吃光了,但备用物资还可以维持他们几个月的生活。不过,无休止的航行和缓慢的进展始终会让船员们感到疲惫。周围的冰被无情地堆积起来,随着秋天的到来,冰层越发不可能减少。

冰摧毁船只的案例在他们航行之前就已有所耳闻。随着时间的推移,冰甚至可以压垮任何比巴伦支航行过的船还要大且更坚固的船只。1915年1月,英国探险家欧内斯特·沙克尔顿(Ernest Shackleton)在将要到达他计划中的南极洲登陆点时,发现他那艘制造精美的"耐力号"(The Endurance)却被冻在了冰层里。船员们漂流了几个月,向西航行了数百英里,又向北航行了近1000英里,听着冻结的海面擦过他们船体时发出的声音,有时感觉这声音就像是在呻吟;有时冰块撞击木头,就像被手枪射击了一样裂开。[19]

在极端情况下,大海可以吞噬整个船队。1871年,一组由33艘捕鲸船组成的船队,航行在阿拉斯加最北端海岸的冰层时,改变的风向困住了船只,并将整个船队摧毁。人虽然被救了出来,但船只却不得不被遗弃在原地,任由大海摧残。

经过世界尽头的新地岛的船员们并不需要太多的想象力,就会知道接下来将要发生什么。甲板间漂流的块状物撞击船体时发出的砰砰声,则是在警告着船员,可能有大到足以将船撞毁或沉没的冰山即将来临。随着冬天的到来，冰山不可避免地关闭了一条又一条潜在的航道。即使想继续前进，也不清楚如何做才能前进。最终肯定会在极地气候中过冬，同时还需在冰层中尽可能地保证船的安全，并把剩余的口粮分给大家，但这不足以支持他们到春天。船员们开始厌倦了远航的想法。

虽然叛变船长会被处以死刑，但是船员叛变的事件还是时有发生。1519年冬天，费迪南德·麦哲伦的船员被困在南美洲东侧的海岸上。他们试图为西班牙王室寻找一条通往香料群岛（Spice Islands）的南线，但是他们准备口粮却不足。第二年4月，船队中的船长带领麦哲伦的部下反抗了他。[20]

1504年5月，克里斯托弗·哥伦布在最后一次航行中被放逐到牙买加一年。他利用月球方位表预测了日食，并向土著居民假装他有神学的知识。他还面临着由迭戈（Diego）和弗朗西斯科·波拉斯（Francisco de Porras）兄弟领导的兵变，直到在一次斗剑中，兄弟中的一人输给了哥伦布的亲弟弟巴尔托洛梅奥（Bartholomew），兵变才得以平息。

有些遭遇船员叛变的船长，不过是贪婪的雇佣兵。另一些则是独裁者。史料中没有任何记载表明威廉·巴伦支是两者中的任何一方。当在海面上看不到前进的路时，巴伦支便同意放弃绕过新地岛的想法，转而沿着它的东海岸线向下，去寻找与"水星号"和"天鹅号"的会合。于是，1594年8月1日，他们调转了船头。

在通过从奥兰治群岛的海象中回到冰点，然后沿着海岸线行驶数英里后，他们见到了许多低矮黑暗的山丘，就像海市蜃楼中

远离地图的边缘

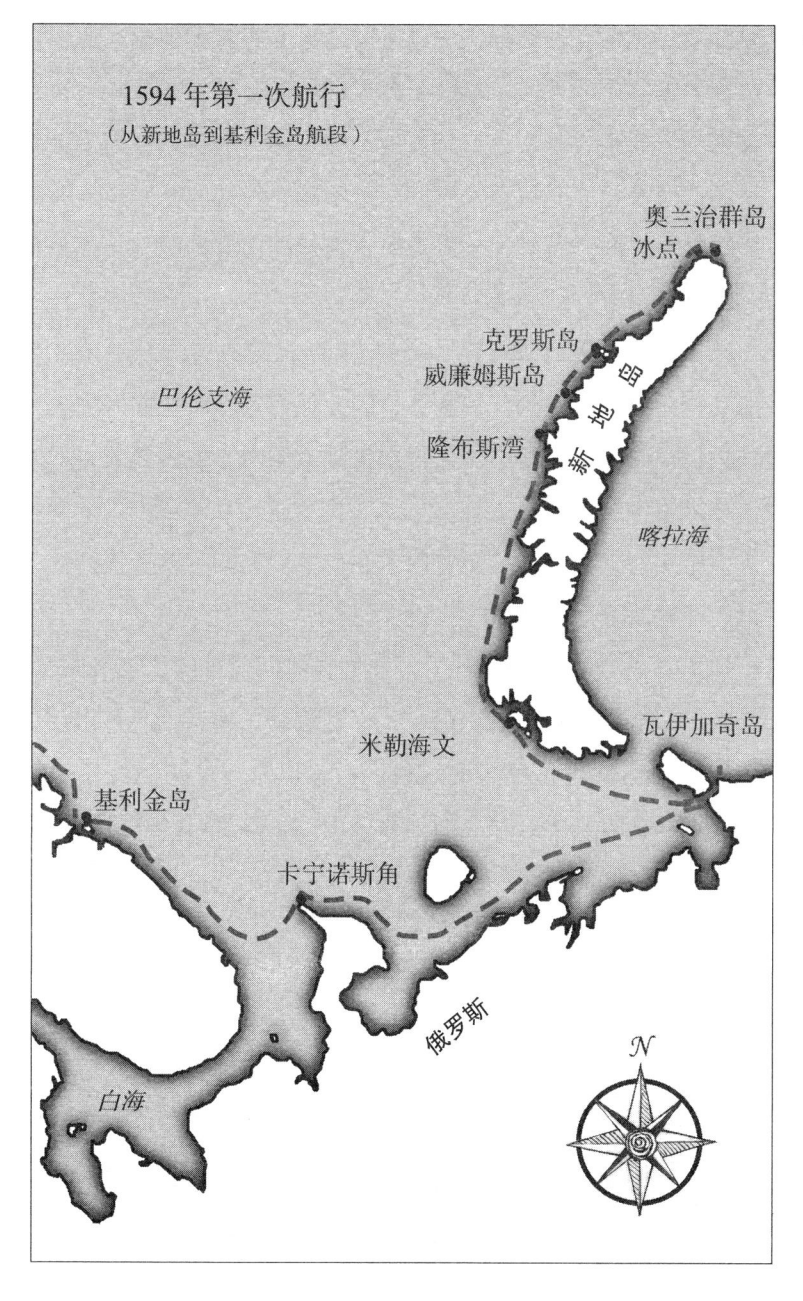

1594 年第一次航行
（从新地岛到基利金岛航段）

- 奥兰治群岛
- 冰点
- 克罗斯岛
- 威廉姆斯岛
- 隆布斯湾
- 巴伦支海
- 新地岛
- 喀拉海
- 瓦伊加奇岛
- 米勒海文
- 基利金岛
- 卡宁诺斯角
- 俄罗斯
- 白海

N

废弃的乡村小屋。然后他们驶离了陆地，并经过了他们在北上途中遇到的波莫尔船残骸，摆脱了冰层的威胁，显然回程相较去程要更容易。到了8月8日，就在他们掉头的一周后，他们沿着新地岛的西海岸线——这条长长的、窄窄的、像鹅脖子一样弯曲的弧形陆地——向南行驶了400英里（新地岛南部的肥沃土地被称为鹅之领地）。

船员们在大雾中来到了一个有黑色岩石的岛屿。由于在船头的安全距离里看不到任何物体，因此他们选择将船向海中央方向驶去，以确保远离海岸。当再次见到太阳时，他们再航行回来时，穿过了科斯京角（Kostin Shar），向着这个岛屿或群岛的南端驶去，十年前，奥利弗·布鲁内尔在荷兰商人的资助下执行任务时，已经绘制了这个岛屿的地图。

他们本想守在岸边，但在北方阻碍他们前进的冰层又来了，于是他们只好向西再次驶入海中，直到远离了冰层。当再次接近陆地时，他们发现了更多的黑色岩石，以及海岸边的一个十字架。他们知道自己已经接近新地岛的南端，并且已经来到了先前一些探险中传闻和描述的土地。他们不能确定附近没有其他旅行者、商人、萨米人或涅涅茨牧民。

他们把小船开上岸，看到了人类存在的迹象，但那些人类似乎是最近才离开的，也许是为了躲避巴伦支和他的手下。荷兰人于是搜查了这一区域，并发现了一具破损的且具有巨长龙骨的俄罗斯拉迪亚（Ladya）船，同时还发现六袋埋在地下的黑麦粉、一颗长枪用的流弹、又一个十字架，以及几根箍木桶用的木板。荷兰人在那里总共发现了三座具有北方风格的木屋，附近躺着五六口装满骨头和石头的棺材。

这里没有看到任何活着的人,他们把这个地方称为"食物天堂"(Mealhaven,译名为米勒海文),然后继续航行。然后,又经过了六天的大雾,他们终于迎着阳光向新地岛的底部前进,来到了马特夫罗伊岛(Matfloe)和德尔戈伊岛(Delgoy)。在那里,他们不顾一切地找到了科内利斯·奈伊(Cornelis Nay)以及和其余船队的船员。

"天鹅号"和"水星号"的船员们用火药和庆祝性的爆炸,向来自阿姆斯特丹的伙伴们致意。一开始他们以为巴伦支已经按计划环游了新地岛,并沿着它的西海岸航行,越过了岛的顶部,来到了东海岸线,最后一直航行到瓦伊加奇岛。随着时间的推移,令大家失望的是,这种错误的认为终于被纠正了。船长们告诉巴伦支和他的手下,在他们分开六周的时间里,他们在瓦伊加奇岛附近航行时所看到的一切。

"水星号"和"天鹅号"从基利金岛进入开放海域,发现船的周围都是鲸鱼和黑喉北极鹭。一周之内,他们在水面上遇到了气势磅礴,坚硬且平坦的冰块,还有二十英尺高,甚至更高的冰山随水流四处漂浮。它们在一座座浮岛之间穿行,被冰团团围住,看不到任何的水和陆地,也找不到任何明显的出口。在白茫茫的迷宫中他们航行了大约三英里后,看到远处升起了雾气,就误以为自己可能要接近陆地了。"海狗"其实是海豹,它们在冰山顶上乱窜。大雁也从头顶飞过。最终他们终于走出了这个白色的冰迷宫,驶回了大海,然后继续向着东南方向前进。

两天后,他们看到了被雪覆盖的高地,虽然大雾挡住了他们的视线，但依然可以清楚地看到，高地绵延且平坦。当天晚些时候，他们来到了一座小岛，岸边有一座小山岗，其顶端竖着一个十字架。不久之后，他们又跌进了一片可怕的冰山景象中。这些冰山似乎时时刻刻都在变化。有的冰山上有狰狞的洞穴，有的冰山发出很大的水撞击的声音，听起来就像海浪拍打着岸边。这对他们的船只来说都是灾难性的。他们根本不知道自己身在何处。只看到了一些植物、羽毛、树根、树皮、树枝，像是一些破碎的景观遗迹。小鸟从头顶上飘过，好似在寻找陆地。远处有两只可能是天鹅，挥动着翅膀，向东北方向飞去。

他们发现自己的航线一次又一次地被冰所阻挡。冰块把水面覆盖得严严实实，天衣无缝。他们犹如被困在一片冰的大陆上，一直延伸到远方，即使从桅杆上鸟瞰远方也望不到边。因为这里已经没有水可以用于航行了，留下的只有一望无际的冰。

当他们终于得以脱身后，就转而避开漂浮的冰山并积极寻找着陆地。由于湿气和大雾遮盖了一切，使得该地区与其已知道的地理环境难以匹配。于是他们先派出可以在冰川间移动、危险性较小的小船去探路，然后找到了可以避免冰块带来威胁的安全港湾，随后再将船带到此安全地带。

"天鹅号"和"水星号"很快就有了同伴——一艘俄罗斯的拉迪亚船。他们正沿着海岸线上航行。俄罗斯船的船员告诉他们，他们离自己认为的地方至少还需要一天左右的航程。这相当于新地岛以南的基利金岛到瓦伊加奇岛的航程一半以上的距离。这位俄罗斯船长为他们画了一张海岸线的草图，但那只是一些地标的集合，并没有标明纬度。俄罗斯船长说，他并没有亲身去过瓦伊加奇岛,但听说瓦伊加奇岛和俄罗斯大陆之间的通道很窄,而且被冰封住了。他还说道,在此南部的海域被称为暖海(Warm Sea),而对面北部的海域则被称为冷海(Cold Sea)。

他们后续又碰到了两艘俄罗斯船,这两艘船也给他们提供了类似的信息,即瓦伊加奇岛和大陆之间是海峡。其中一艘船的船员还补充说,如果那里没有大量的鲸鱼和海象,船其实是可以通过的。但就算过去了,他们依旧会遭遇其他困难,沙岸、岩石和巨大的海浪会把他们的船送上海峡通道的岸边。如果这还不足以说明困难程度,这些新认识的人还透露了另一则消息,大公国沙皇近期已派遣了三艘船试图穿越瓦伊加奇海峡,但是最终这些船连同部分船员都断送在冰上了。

看到岸上有更多的俄罗斯人出现,奈伊的手下邀请他们上船,并从他们那得知海岸上的这些人其实都是外国的捕猎者,但有些人看到了荷兰船只就躲了起来。那些藏起来的人在被告知那些荷兰人其实并没有什么好害怕的以后,他们才肯出来。最后,他们还邀请荷兰船员和他们一起去打猎和捕鱼。

在这里,荷兰人看到过熊的脚印,也看到过各种飞翔的野鹅和野鸭,但在无风的日子里,最让他们心烦意乱的活物,居然是无孔不入的蚊子。更让人激动不已的是,7月中旬,鲸鱼们来到此处海域并围绕着他们的船游来游去,但苦于缺乏专门的捕鲸叉,因此船员们并不能轻易地捕捉或杀死它们,转而只能把鲸鱼赶进浅滩,让它们疲惫不堪。经过长时间的追逐,他们终于通过扎刺鲸鱼的背部,成功地放倒了一头鲸鱼。这条垂死的鲸鱼不断地挣扎,瞬间血染红了整个海面。船员们把它拖到岸上,分解成小块，鲸脂倒进桶里当作食用油。在他们分解鲸鱼时，另一头鲸鱼正靠近他们正在作业的海岸，但这次船员们并没有试图杀掉它，因为船上已经没有多余的空间可以存放鲸脂了。

之后，在他们前往佩乔拉河的路上，俄罗斯的渔民给了他们些新鲜的鱼，并向他们保证，覆盖在他们周围的冰将在未来几天内全部融化。有时候，空气中的霜和水汽太浓，遮住了整个太阳；还有时候，太阳挂在天空中，红彤彤的。逼近的冰山就像漂浮的岛屿，但它们好像浑身布满了气孔，很容易就在船员们眼前瞬间崩塌成碎片，掉向海底深处。

7月22日，他们再次看到了陆地，并误以为该陆地与新地岛是相连的。船只被困在迷雾中，但当天空放晴时，他们还是测算了下自己的位置，并发现自己已经处于北纬七十度二十分。随后，他们来到了瓦伊加奇岛，就像巴伦支一周后在他们以北数百英里的地方发现新地岛的北端一样，他们并没有发现北极不适宜居住，但也没发现对他们有任何益处，不过可以确定的是，他们的确已经到达了他们计划到达的地方。

他们曾遇到浮木、树干、树根和树枝覆盖了整个的黑暗水面。他们探测到，除了鹅卵石上有一条浅浅的水道，其余则是更危险的石头和巨大石块。他们看到一个地方，竖立着双十字架，因此相信那里有人居住，于是便划着小船过去查看。在海岸附近徘徊时，他们发现了一个人，便急忙追赶上去，反而让那人大吃一惊。那个人话不多，显然不想和他们多说话，但他们略懂一点俄语，便向他靠近，准备抓住他。那个人因为害怕，最终还是设法逃跑了。

在扬·胡伊根·范林斯索顿保存的日记中写道,这个逃跑者让他想起了基利金岛的居民。当他们的船只分开走各自的路线时,他们从岛上的俄罗斯人那里听说瓦伊加奇岛附件的海岸上居住着一些人,这使得范林斯索顿船上的人更加确定他们正航行在计划中的海峡里。

他们沿途遇到的风景比威廉·巴伦支曾经看到过的都要更加秀丽。起伏的山丘与山脉组成的美丽地貌,被五颜六色的小花所覆盖,香气袭人。然而在沿海的其他地方,植被就相对稀少,更不用说森林了。他们还曾看到过海象和驯鹿,以及一些来自他们不知道是什么动物的粪便,除了偶尔路过的金雀、燕子和海鸥外,很少有鸟类出现。更多的时候,他们看到整棵树,从根部到树冠,要么漂浮在水中,要么被扔到高地上。这些都是风暴中的牺牲者。

他们虽然还在北极圈之内,不过却是在北极圈的最南部,在7月23日的夜晚,太阳沉入地平线之下不久之后又在天空中几乎相同的位置升起,这是一个多月来他们第一次看到日落。从十字架的出现,可以看出,俄罗斯人的确是先于他们到达那个地方。从南边的地貌特征以及带着冰块向他们而来的水流来看,他们完全相信,自己一直在大陆和瓦伊加奇岛之间的海域航行。当他们继续前进时,深色的海水变得又蓝又咸,这让人想起了开阔的海洋。

7月26日,虽然天空晴朗,但寒冷逼人,开始刮起了强风。他们抛锚冒险上岸,发现了一个带有鹿角的驯鹿头。而这个驯鹿头早已被啃得只剩下骨架了。黑暗的天空下,大雪和冰雹猛烈扑来，驱使他们不得不又回到船上，等待天气的转好。范林斯索顿找来了一个同样被啃得干干净净的海象头颅，以便进一步研究。

冰山开始密密麻麻地涌来，有的直奔船而来。当船被拉向强大的水流时，流速并没有给逃生留出足够的时间。有一次船险些撞上了北部海岸，却又被快速地反弹回来。船员们来不及起锚，并迅速开船逃跑。为了让船有空间可以随着冰层移动，他们将整根锚索放出，但它却像火柴一样被折断了。失去了锚的他们，被深深地卷进了拥有冰山的水流中。

好在任何大小的船都会带多个锚，以备不时之需。在升起桅帆后，船员们设法离开了冰山的水流后，抛出了第二个锚。但是冰却再次在他们周围升起。就在他们放长锚索准备漂流并避开威胁时，不料冰山就像砸下的岩石一样，结结实实地撞在了船的另一边。锚索在浮动的冰山下就快被折断了。水流再次将船迅速拖住。

紧接着，第二个锚的支撑臂也断裂了，锚彻底掉到了海底。船员们手头只剩下尾部锚杆，于是他们升起风帆，迎着冰面前行。在去往北岸平静的狭长地带，他们找到一处好的避风港，选择了一处合适的海面抛下锚。他们测算并记录了当时的位置是北纬69度43分。在停歇时，他们将自己所在的这段令人不安的海峡命名为拿骚海峡。

船员们乘着小船出去，直到夜幕降临的时候才回来。他们拖着在大风中断裂的缆绳条，带回了两个丢失的锚中的第一个。然后天空又刮起了暴风雨，东风毫不留情地把潮湿的寒气灌进了他们的体内。

第二天临近中午出发时，他们发现南部海岸线上有一块块凸起的木头，起初他们以为是之前发现的俄罗斯十字架。走近一看，他们却看到在一片布满驯鹿角的海滩上，散落着数百座大小不一的木头神像。这些神像有男有女，有成人也有小孩，而且都把雕刻好的脸朝向东方。船员们以为他们碰巧来到了某个神圣或祭祀之地。范林斯索顿想也许每个神像都是为了纪念一个死去的土著人。这些神像有些是新的；有些则腐烂或有虫子；有些是图腾式的，在一块木头上叠放着几个面孔。他们在附近还发现一些似乎是某种停放神像的棺材架。虽然这里可以明显看出经常有人来，但是却看不出这里有任何人类居住的迹象。近处的水面到处都是浮木和腐烂的海象尸体碎片。

不过，这片土地本身是富饶而又绿色的。小洼地和湖泊里满是融化的雪水，他们可以一桶桶地运走。尽管海水一直摩擦着这里的岩石海岸，但这小块地方似乎是未来航行途中一个理想的补充水源的经停点。

然而每一条好消息之后都会被更严峻的事情蒙上一层阴影。"天鹅号"和"水星号"在被风暴以及始终存在并致命的危险冰块压制了两天后的第三天早上，也就是 7 月 29 日，他们发现了一座至少半英里长的冰山在航道上移动。如果水流把它推到航道两侧，则它会彻底堵塞海峡。在此之前，奈伊还待在"天鹅号"上，但看到足以使船粉身碎骨的巨大的危险冰山正在逼近，他决定和船员们一起上岸。这庞然大物可见的部分已经把他们的视线完全挡住。当它靠近时，船员们神情紧张。但万幸地是，巨大冰山直线从他们身旁划过，而继续前行了。他们开始思考，除了开放海域，究竟还能什么地方拥有如此巨大的冰山？

当天上岸后，他们发现了一处小木屋，还有一座比从岸上看到的更优雅的神像。此时在远处，他们还发现一个人驾着一个由三只驯鹿拉着的雪橇。他们大声呼叫他，想抓住这个不速之客。但当他们动身准备去抓他时，他却大叫了一声。数十名长相类似的乘着驯鹿雪橇的人跳出，将船员们团团围住。他们险些丧命于这些人之手，好在最后他们还是逃到了小船上，并回到了箭矢射程范围之外的大船上。不言而喻地是，下一次当他们想要询问海峡对岸的情况时，他们需要以友谊为代价而不是绑架。

当他们继续向东航行时，大陆架和瓦伊加奇岛的南岸开始渐行渐远。他们面前出现了一片开阔水域。"天鹅号"和"水星号"的人更加确定，自己已经通过了海峡。三天后，他们看到了瓦伊加奇岛冰封的北岸，并向新地岛驶去。但就在他们以为已经自由了的时候，来自东方的风把一块块冰川碎片吹进了海峡，仿佛是在故意阻挠他们。这时他们身处七月末，虽然依然能够感受到夏天的存在，但眼下的情景，很难想象在更高的纬度上还有可以航行的海面。

事实上，威廉·巴伦支那天坐在新地岛的尽头时，他已成功地比任何船队向北多航行了数百英里。但几乎在那同一刻，他自己的疑虑和船员们的惶恐不安都在说服他调转船头。

当范林斯索顿和他的船员们再次上岸勘察地形时，他们看到了另一群驾驶驯鹿雪橇的牧民。这次他们改变了策略，派出他们的俄语翻译和另外一个人。两人都没有携带武器，"这样我们就不会吓到野蛮人了"。这些牧民缓缓走近，警惕地观察着船上或其他地方是否有埋伏的迹象。在经过一番寒暄后，船员们给新认识的人们送去了面包和奶酪，这些最后都被吃掉了。几个留守船上的欧洲人，此刻也加入了上岸的人群中。弓箭手们也卸下自己的弓箭递给这群新认识的人。然而，这些牧民却并不想把自己的箭递过来交换检查。他们了解到，现在眼前只是一片很小的海面，如果继续向东走，他们将发现一片更广阔的水域。荷兰人得到了他们想要的关于航海的情报。与他们交谈的涅涅茨人声称，再过几天，冰将会消退。海峡在下次冰封前，将有六个星期的畅通时间。

当被问及这些土地是否都属于莫斯科大公国的领地时，涅涅茨人回答说，他们从未听说过什么大公国。他们只知道有俄罗斯人来打猎并和他们进行贸易，但这片土地并没有任何永久居民定居。他们同样没有使用瓦伊加奇这个名字，对这里的土地和水他们有着自己的名字。

范林斯索顿并没有因涅涅茨人愿意帮助荷兰人而对他们产生好感。他注意到，这些驯鹿牧民把手套缝在袖子上，把帽子扣在外套上，像极了粗鲁的荷兰农民。他们的雪橇形状更像战车，而不是在基利金岛看到的萨米人的雪橇。由于这些人身材矮小且畸形，他在记录中写道：这些人像猴子或怪物。他似乎对他们没有胡子的脸感到困惑。（欧洲的绅士们都是留着胡子）。总而言之，范林斯索顿推测，他们是一个"可怜的、反抗的"族群，没有什么价值可言，并且好斗，还难以管教。如果将来组织一些远征，仅仅是为了与这些人进行贸易，他认为"这不值得一试"。

其他旅行者对萨米人和涅涅茨人的印象较好，但范林斯索顿的评价却很刻薄。这也映射出新荷兰共和国将在远东和美洲从事奴隶贸易的苗头。辞别了牧民，荷兰人返回船上，并鸣笛致意，但这却把新认识的人们吓得落荒而逃。过了片刻，大家才都明白，这其实并没有威胁的意思，之后大家才相互挥手告别。

七月已过，他们沿着海岸线航行并用浮标标出了一个安全的港口，还用探险队的一位资助人的名字命名了周边岛屿。随后，他们离开了瓦伊加奇海峡，进入了开阔的水域，并将该水域命名为新北海（New North Sea）。（随着时间的推移，它将以喀拉海（Kara Sea）的名字被大众所熟知）。他们满怀信心，觉着前方的路已不远了。这片新水域将一直延伸到中国和日本的海岸，但他们自己不知道的是，自己的船其实离东亚海岸线还有几千英里。

没过多久，他们再次看见冰山。这些冰山挤在一起，像高山一样耸入云霄。近岸的海水清澈见底，甚至可以看到小龙虾在海床上爬行。他们庆幸的是暴风雨正在酝酿中，还没有完全形成，但当暴风雨真的来临时，顺着水流航行比试图在可怕的冰层轰塌中航行要简单得多。

第二天，他们发现了一群类似海象的生物。范林斯索顿指出，这些动物"与其说是海马，不如说是海象"。和巴伦支的人一样，与范林斯索顿一起出发的船员们同样知道，这种生物的牙对俄罗斯人来说，就像象牙一样珍贵。所有的人看到这种生物的反应几乎是一样的。范林斯索顿的手下开始对海象进行射击，在打伤了一只海象后，他们驾着小船去追赶。直到追上那只受伤的海象，他们还试图用矛刺穿它的身体，但是海象的皮太坚硬了，无论他们多么地用力的使用带刃的工具击打海象，最后这些工具都被损坏了。与此同时，海象用它自己的獠牙开始反击小船，并试图将它掀翻。在经过一个半小时的惨烈交锋后，他们最终放弃了，但是海象鲜血正从鼻孔中荡漾出来，染红了海面。

后来，他们来到了一个带有小海湾的小岛，并把船停泊在被冰雪覆盖的石头之间。那里的地形让他们想起了拉丁语中的一句话"寒冷最灼人"（Urit Frigus）。他们探索了周边的海岸，发现了一种类似钻石的岩石晶体。这种矿物似乎已经被切割和打磨过了。船员们开始收集其中的一些碎片，尽管有些太过脆弱而无法采集。在如此遥远的北方竟然还能找到这种东西，这似乎是个奇迹。不管它们的价值如何，他们已经在瓦伊加奇岛的远方找到了一个小而可靠的安全港，并把它命名为"议会岛"（States Island）——以荷兰议会的名义。

他们从议会岛返回到大陆，并在海岸上进行了探索。在那里，范林斯索顿偷拿了一个涅涅茨人雕刻的神像。他们时刻准备着，一旦冰层消去，就再次回到海上去寻找更开阔的通道。而在8月9日，这两艘船终于向东有了突破，航行到了极有可能是开放水域的海面上。海水深到根本无法用铅垂线测量。

他们沿着海岸线从岩石岸边一直行驶到一条河流三角洲地带，追赶着一艘满载风帆的船，待走近时却发现原来那只是一座冰山。还有一次，他们派一名船员登上桅杆，看到了在陆地上行走的人类和野生动物，但仔细观察，其实那里并没有任何生物。他们在令人不安的孤独中继续前行。他们逐渐开始意识到，水面上的大雾和水汽，同沙漠地带的阳光和沙子一样，是可以激发出海市蜃楼的。

8月11日，他们已经沿着海岸线，向东航行了一个多星期。他们相信自己已经驶过了探险家奥利弗·布鲁内尔（Olivier Brunel）的生命走向终点的那条河。他们以为在更远的地方又发现了两条新的河流，并以自己船的名字分别命名它们为水星河和天鹅河。根据他们推测的地图，大陆架的最东北角应该有一个长长的海角。他们错误地认为，在那个海角拐弯后向下的海岸线即可延伸到中国。

在看到海岸线向北拱起的样子时，他们误以为自己已经到了传说中的海角。如果真是这样，那所有的路线都已经探索清楚了。他们此刻坚信自己找到了一条通往远东的航道。如果继续向东航行，他们将不能及时返回瓦伊加奇岛与巴伦支和他的船队会合。加上他们很是满意自己的进展，于是便扬帆西行，转身回家。

在回去的路上，他们沿着已经航行过的路线，探寻了更多的海岸线，并缓缓向瓦伊加奇岛返回。途中，他们一次又一次地在距离他们很远的地方发现了露出海面的鲸鱼，并向天空喷射着水柱。他们把这景象当作是一直航行在开放海域里的又一证明。

到了8月中旬，夜晚意味着真正的暮色回归。天空中甚至可以看到月亮和星星。然而风起云涌的夜晚，安全地抛锚使船远离冰山或陆地，且确保船完好无损则是一项艰难的挑战。当然也不能在夜色和大雾中扬帆航行。于是他们选择起了锚，让收起帆的船再一次漂进洋流中，并在警惕中摸索着前进。

白天的情况虽然好一些，但风却吹得更加厉害。沿着海岸线行驶在浅水区同样伴有风险。他们航行在两个小岛之间，驶入越来越浅的水域，不断地测量海底的深度。灵巧的身手和残酷的风拉着他们穿过被淹没的岩石圈。当风朝着陆地吹来时，船时刻伴随着有被风吹到并撞上海岸的危险。他们在潮涌消失前又前进了近一英里，之后在他们的航线上遇到了沙洲。如果没有足够深的水，让船浮起来，他们是无法安全地前进。然而，沿着来时危险重重的路原路返回也是令人畏惧的。

最终，他们调转方向，开始穿行瓦伊加奇岛附近的沙石迷宫。就这样，海岸边一处地图上未标注的小岛进入了他们的视野。岛上有两座看似小木屋的建筑。走近才发现，那压根不是小木屋，而是一艘船的顶帆和顶盖。更令他们惊喜的是，他们认出那是来自阿姆斯特丹的船。在遥远的北方，离家数千英里的地方，他们居然偶遇了威廉·巴伦支。

尽管为船队的重逢感到兴奋，但他们尚未完全脱离危险。在测量了到来的碎浪后，他们才意识到自己的船曾经一度行驶在不到二十英尺深的水面上。风依旧非常的大，如果他们是在晚上或大雾中或是在暴风雨中航行在这同样的海岸线上，这就是船的末日。

他们努力去到了岛的另外一侧。奈伊派人开着小船出去接巴伦支过来坐在一起。巴伦支告诉奈伊他的故事，向北最远处曾逼近到北纬七十八度，离他们现在停泊的地方有六百多英里，但最后却被冰阻挡而无法更近一步。范林斯索顿带有讽刺意味地指出，巴伦支其实并没有发现越过新地岛到中国的最北边的通道，这才来到了瓦伊加奇岛以南并进行侦查，以期寻找到更好的路线——奈伊船队在此期间已经发现的路线。

8月15日晚，重聚的船队从岛屿的近海出发。到了第二天早上，他们寻找到了合适的港口，等待恶劣天气到来。此次期间，他们在岸上探索了两天，并发现了黑线鳕、鳕鱼和鲸鱼的骨头，一艘俄罗斯船的残骸，以及一棵从根部到树冠约60英尺、直径约3英尺的整棵树。他们本想仔细观察周边是否有森林哪怕是一片小树林，但可惜周边什么也没有，甚至连植被都没有。不过，船员们还是利用天鹅、野鹅、鸭子和其他海禽的存在痕迹，捕捉到了一些雏鸟，还射杀了很多老鸟。最终，他们从瓦伊加奇岛的海岸上捕获了两只活猎鹰，希望能带回去作为礼物送给资助者。同时，他们以支持探险队的领袖和资助人的名字，将该岛命名为莫里斯岛，并将其下方的大陆海岸线命名为新荷兰。

8月20日，是个星期六，他们一直沿着西偏北的方向航行到夜晚，风才开始逐渐加大。他们以为自己在东南方向看到了陆地，但很快就意识到那些其实只是雾。那天晚上，风一次又一次地刮起来，这次是带有摧毁力的狂风，使船在雨中"飞舞"。他们起航顺风向西，但是却犹如在漆黑的夜晚闭眼狂奔。船移动的速度太快以至于他们失去了通往海底的绳索，也就无法知道自己是否处于危险之中。

"天鹅号"在没有任何预警的情况下撞上了陆地。当船体在岸边摩擦时，奈伊向其他船只发出警告，但风还是把"水星号"拖得太快了。它还没有来得及转弯，就狠狠地撞上了岸边，彻底失去了平衡。后方的巴伦支在看到了其他船只的命运后，才得以改变航向，避开了岸边。最终，"天鹅号"以适航的状态顺利地驶离了岸边，然而"水星号"在一个又一个大浪来临时，也依然没有脱离岸边。船只可怜地倾斜着，搁浅在陆地上。

如果搁浅给船体带来穿透性损害，船员们就必须排水以防止船体沉没。至少从公元前四世纪开始，泵就已经是海船不可缺少的一部分。螺旋泵、水桶或管子可把水从船舱里抽到甲板上。但是通过泵将水从水桶、传送带和空心树干带走的量是有限的。如果一艘船体破了一个巨大的洞，再加上天气状况不佳，该船就可能就此彻底葬送海底。

幸运地是，"水星号"的船体损坏不算严重。要想把一艘在风雨中呻吟的船，拖离岸边，让其再一次漂浮起来，至少需要二十多次的尝试。最后脱险完全是因为遇上了光滑的海岸。"水星号"要是换作撞到了悬崖或暗礁上，可能真就无法挣脱了。

最后，他们再次沿着挪威海岸航行，驶回了基利金岛。在逆风的情况下，他们在沃德韦斯（Wardhuys）等待着风暴过去。在那里，一名丹麦海关官员要求他们出示护照并且让他们付费。他们给他看了一封用拉丁文写的信，证明他们是由一群绅士们资助的探险队，并给了一笔可观的小费。海关官员虽然嘴上说没必要但最终还是收下了。之后他们就此交上了朋友。当他们对丹麦人讲述探险队遭受的失败时，并暗示他们无意再回来探索一条东北航路时，那个丹麦人居然显得特别高兴。

当船队向更南边前行时，夏天已伴随着白昼悄悄地溜走了。当他们再次回到北海的时候，已近秋分。此时的他们，已经出海三个月零十天。巴伦支的船队比历史上任何一支欧洲探险队都要向北航行得更远。奈伊和范林斯索顿的船队穿过瓦伊加奇海峡，深入到了海峡以东的海域。他们现在知道，新地岛几乎可以肯定

63　是一个或多个可以环行的岛屿组成，而不是什么不可逾越的极地大陆屏障。他们坚信在瓦伊加奇海峡和大陆北角之间有一条直达的航线，但在安全抵达中国之前，还有更温暖的纬度以及沿海航行的余地。

　　1594年9月16日，下午两点，他们在经过弗利兰（Vlieland）岛时看到了特瑟尔岛和惠斯杜伊宁（Huysduynen），并在涨潮时从它们身边驶过，回到了荷兰海域。"天鹅号"向泽兰方向驶去，"水星号"和从阿姆斯特丹出发的船进入须德海。然后"水星号"驶向恩克赫伊曾，而威廉·巴伦支的船队则继续航行，向南再向西，绕回到阿姆斯特丹港。巴伦支和奈伊所走的路线联合起来，相当于整个船队向北和向东航行了三千多英里，在两个方向都深入到了未知的海域。他们找到了两条可能通往中国的航线。最终船上的每一个人都回到了各自的家。

北极里的死亡

65　　　载着一具海象的尸体、一张北极熊的皮和两只活的猎鹰,船队在阿姆斯特丹博览会的当天驶回了港口。巴伦支和同伴受到了阿姆斯特丹人民的夹道欢迎。商人们的代表扬·胡伊根·范林斯索顿则继续前往海牙,向莫里斯亲王报告发现了一条可以航行到中国的东北航线,尽管这条航线非常危险。

66　　　莫里斯亲王和由各省代表组成的议会授权了他们的第二次远征。其目的是与中国建立贸易伙伴关系。第一次远航的所有资助者——阿姆斯特丹、恩克赫伊曾和泽兰——都有足够的信心投资金钱为远东的另一次尝试提供船只。这一次每个地区资助了两艘船,再加上一艘来自鹿特丹的船,总共授权了七艘船。他们会带上大宗商品。虽然较大的船队吸引海盗的风险较高,但如果能团结一致,船队也能更好地保护自己,携带更多琳琅满目的货物更能诱惑东方国家与其进行贸易。

　　　巴伦支的第一次北上带来了令人瞠目的结果。通过驶进新地岛的北部,他改变了人们对极地的认识,削弱了人们对极地是一广阔大陆的信念。拥护巴伦支且当时具有重大影响力的地理学家皮特鲁斯·普兰修斯,依然认为越过新地岛的北线是最有希望的。

但如果说温暖的极地海是存在的话，那么巴伦支还没有找到通往极地海的道路。当船队的支持者们在争论如何进行时，政治影响力开始慢慢介入其中。作为恩克赫伊曾号上的"超级货物"——被委以代表商人利益的范林斯索顿能够左右逢源，听取各方意见。他力荐通过瓦伊加奇海峡走新地岛下方的路线，作为新共和国通往财富和荣耀的真正道路。

最后，船队驶过海峡，设法找到中国国王或者相关官员，与他们谈判贸易关系。其中六艘船将携带贸易需要的货物。第七艘船，是一艘小船——用于将人送到陆地或从一艘船送到另一艘船——其将被用于确认船队安全通过远东的公海，然后载着成功的消息直接返回了荷兰。

和上一次一样，地理学家普兰修斯帮助制定了航行计划，并勾画出了位于莫斯科和中国东岸之间的可靠领土。在已知的被莫斯科大公国控制的土地之后的地区是鞑靼海岸，这是一个模糊的地理概念，包括现代西伯利亚。过了那里，地形向北弯曲，然后陡然向南下降。他们希望在那里会遇到自己听说过的地方，当然也许还有其他位于瓦伊加奇岛和新地岛屏障以东完全不为他们所知的土地。

"天鹅号"和"水星号"虽然在航行中取得了进展，但只绘制了瓦伊加奇岛一侧海岸线中的一小部分，所以有一些人仍然坚持认为该地区无法航行。这是一个奇怪的观点，因为众所周知，新地岛以南的路线上到处都是来自俄罗斯的波莫尔人留下的十字架，而且全年中还有几个月是有土著驯鹿牧民居住的。但是由于英国和荷兰先前的失败，加上同样对巴伦支和范林斯索顿构成威胁的冰天雪地，导致了能否找到一条北方路线始终存在争议。如果荷兰人要把他们的国家转变为世界强国，就必须在与东方的贸易还未建立起来的时候，就占领关键的航线。

阿姆斯特丹打算孤注一掷。荷兰人批准了第二次探险的航行，并定于1595年的春天出发。那将是一条南方的路线。此时，范林斯索顿正在果阿为葡萄牙人抄写的地图、所做的记录，以及通过早期的海外工作收集到的大量情报。这些已由阿姆斯特丹的一家有经验的旅行和航海书籍营销商结集出版。

范林斯索顿基于自己的经验和别人的描述，描绘了许多新的地区以及它们的独特之处，从缅甸使用大象，到怪异的动物，再到日本的茶饮。随着他的大量作品出版，范林斯索顿的名字在荷兰政治领袖和商人中广为人知。他所写的游记涵盖了葡萄牙人花了几十年时间才找到并建立的路线和登陆点。

荷兰人对西班牙和葡萄牙进入南半球的航行有了新的认识。这使得他们有可能想象出一种战胜对手的方法，即从他们的眼皮子底下窃取既定的航线和贸易伙伴。为此，在咨询过范林斯索顿的情报后，荷兰人确定了最终的航线计划。该计划是让一支船队向南航行绕过非洲，而巴伦支和范林斯索顿则进行第二次的北上航行。

装备一只小船进行侦察是一方面，而另一方面则是准备一支贸易船队。商人们把货物送到各自港口。船上配备了可以维持一年半生活所需要的补给，还有比平时多一倍的船员和弹药，以备不时之需。

科内利斯·奈伊作为北上船队的总指挥再次回归，其将乘坐"狮鹫号"（Griffin）从泽兰起锚。该艘船能装载大约二十二吨的货物。恩克赫伊曾和阿姆斯特丹分别派出了规模较小的"希望号"（Hope）和"灰猎犬号"（Greyhound）。这两艘新造的船大约只有"狮鹫号"的一半大小，但其甲板上装备有可以在敌人出现时进行战斗的武器。这三艘船各自还会带一艘小船。

巴伦支将以船长、舵手、领航员的身份出征此次探险。[21] 来自阿姆斯特丹名门望族的格里特·德维尔（Gerrit de Veer）也加入了巴伦支的船队。他的父亲是一名公证人，兄长是一名法律学者。德维尔和范林斯索顿一样，将为历史记录这次旅程。范林斯索顿此次出海还带上了一位名叫雅各布·范海姆斯凯克（Jacob van Heemskerck）的二十多岁的年轻船员。他将担任超级货运员。扬·科内利斯·赖普（Jan Cornelis Rijp）将担任其中一艘船的船长。每个人在出发前都进行了宣誓。6月18日，阿姆斯特丹的船离开了港口，前往特瑟尔岛，等待与其他船队会合。

然而，他们的祖国还没有为他们的启航做好准备。由于复杂的准备工作，导致他们在岛上又耽搁了两个星期。这几乎把他们逼到了绝望的境地。前一年出海的人们不禁想起了他们遇到的冰层，以及短暂且不确定的安全旅行窗口。但是，绝望改变不了人和商业，就像它改变不了天地一样。当他们全部从特瑟尔岛南端出发时，已经是7月2日了。这比前一年从同一岛屿向北航行的时间晚了近一个月。

他们得到的任务是安排贸易船只在异国他乡的港口停泊，并进行"虔诚、诚信、务实、可靠的交易，建立相互通航的交通情景，以实现共同繁荣"。他们被要求以期待别人对待自己的方式来约束自我行为。充沛的食物、船只、货物和人员使这一切将成为可能。他们已经拥有了创造历史所需的一切。

推迟出发后的前几周里，他们航行穿越的是众所周知的领土。这几乎没有什么惊喜，但多变的天气和如此多的船，以及即使延误也必须呆在一起的要求对他们不利。连续经历了几天的暴雨和风暴，以及来自北方的狂风阻碍了他们前进的道路。

风是船员们最好的朋友，它能轻易移动起难以置信数量的货物，仿佛是没有任何重量，但它也同时也能毁坏和摧毁船只。船被困在狂风和无情的海岸之间是船长最怕的噩梦，特别是在附近没有已知的避风港的情况下，显得更为糟糕，因为海上的风暴可以瞬间释放出危险。

船并不是唯一处在危险中的。几个世纪以来，在夜间或能见度低的情况下，翻腾的甲板导致了无数船员的失踪。大多数欧洲船员，甚至是有经验的船员，往往不知道如何游泳，而且对下海是抱有迷信态度的。任何一个船员，在没有被注意的情况下落水，极容易在短时间内死亡。即便是有人看到落水的船员，除非他处于离抛出的救绳够近的地方，且能抓住绳，否则在顺风中滑行的大船是很难及时调转船头去施救。即便是精通游泳的人也无法在没有船的大海上漂泊存活，哪怕是靠近岸边，往往也还是死路一条。

从阿姆斯特丹出发的船只，由于在特瑟尔岛有所耽搁，因此出发后疯狂地追赶船队。7月21日，他们遇上并差点撞上了一条正在沉睡的鲸鱼。好在鲸鱼及时醒来，挪出了位置供船队通过。

两周后，在离岸边两英里的地方，他们基本完成了挪威海岸线北段的第一段航程，并稳步向北角前进，在那里他们将改变航向，向东航行。在船队终于会合时，一艘船在毫无征兆的情况下高速冲向一块岩石，船头瞬间被撞得四分五裂。船长惊慌失措地发出警告信号。

　　船员们纷纷来到水泵旁，开始准备抽出船体破裂后会涌入的水。其他船只收到警告信号后，迅速采取行动，转动方向舵避开受损船只。当船员们跑下去检查货舱时发现，不知道什么原因，石块并没有完全将船体撞穿。船员们利用风将船体转动了一些，然后设法把船缓慢地驶离了嶙峋的岸边。好在船体仍然完好，他们得以继续航行。

　　在恶劣的天气和侵入的岩石之间，他们也许只是得到了缓刑。大雨过后，大雾降临。海面开始上升，云层从东南方向飞来。船队在狂风巨浪中继续航行。威廉·巴伦支所在的"灰猎犬号"原本在船队的后方，这时却突然从后面急速驶来。

　　原来这艘船被风暴抛向了前方。船员们呼唤巴伦支调整船只，但时间和天气都不允许船改变航向。船只好继续向前，因此其船头撞上了"希望号"的右舷。船与船之间的摩擦声和木头的劈裂声似乎宣告了两艘船的毁灭。"灰猎犬号"的船头最终划过了"希望号"的甲板。

　　当"希望号"三根高大桅杆中相对靠后的后桅杆，由于波浪和木头断裂最终坠落在船尾，打碎了船长宿舍里的床时，气氛便变得更加恐怖起来。"灰猎犬号"的后桅杆很快也倒下了。冲击力使船身转了个圈。最终"希望号"船头上橡头部分的木头也被剪断了。

在暴风雨中相撞的船之间倒下的两根桅杆，带来的另一风险是，会在其中一艘或两艘的船体上凿出大洞。然而，风和海并没有再次将两艘船撞在一起。相反，相互之间的撞击带来的冲击力将它们抛开。在风浪的肆虐下，船员们在恐惧、愤怒和责备中思考着当下的形式。最终两艘船的损伤都很严重。

好在船体还在。吃水线以下的木头并没有被破坏。虽然后桅杆倒下了，但好在挂帆的横杆并没有在风暴中丢失，同时船长担心的二次损害也没有发生。不过，恐怖的消息是，在混乱中落水的四个人已经淹死了。

船员们搬开残骸，固定好桅杆。虽然面对的严峻场面是他们已无法救回自己的同伴，但面对灾难的其他场面，他们还是有一套自己的方案。船员们把主桅杆当作起重机，把其他小的桅杆吊回到可以固定的位置，然后树立到原来的高度。在一艘小船上进行任何这样的尝试，都有使船体倾覆的风险，并且这种尝试需要许多人手。虽然用了一天的时间，且天气仍然拒绝合作，但两艘船还是成功地再次升起了桅杆。在开阔的水面上，船头能尽快修好的损坏都已经解决了，剩下的就得等抛锚或天气好一点的时候再处理。

第二天，他们发现一艘荷兰船正在靠近他们。这艘船和"希望号"一样来自恩克赫伊曾。他们和船长聊了聊，知道他们正在去往白海进行贸易的路上。这对他们一点影响都没有。他说道，自己也是从特瑟尔岛离开荷兰，而且是在船队的第一艘船出发后两周才离开的。尽管他们出发得比较晚，但他们还是成功地赶上

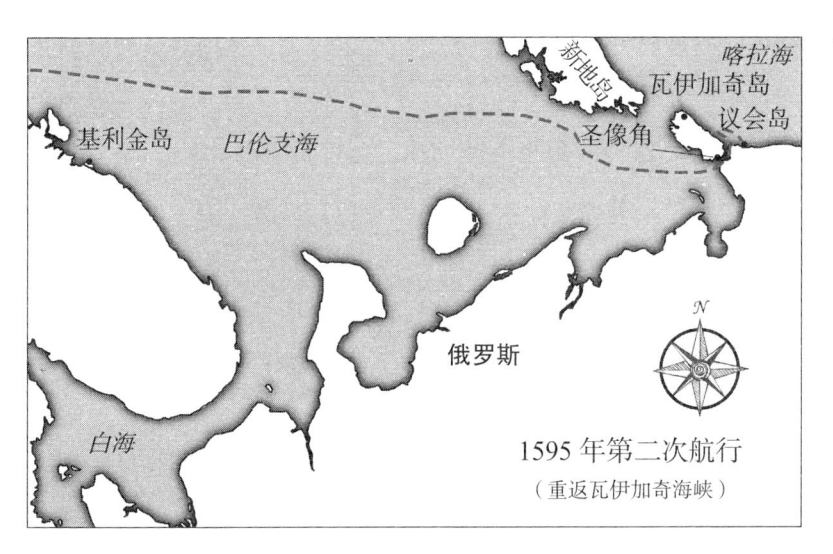

了船队。因为恶劣的天气使以及船队组队航行的不便，使得他们浪费了整整两个星期的时间。虽然他们已经出海一个多月了，但他们依然还在挪威的海岸徘徊。

这艘船很快也加入了他们的舰队。他们很快还遇到从阿姆斯特丹出发的"铁猪号"（Iron Pig），于是总共九艘船组成了暂时的队伍。他们集体绕过了诺尔辰角，再次登上了欧洲大陆的峰顶。在一起航行了四天后，新加入的两艘船组队率先离开，并朝南向白海进发。8月13日，巴伦支和原船队向东和东南方向驶向瓦伊加奇岛。

四天后，他们见到了几天来的第一个明亮的太阳。然而临近中午时，船员们在陆地上发现了一个熟悉的幽灵——冰逐渐出现了。一座平坦宽阔的冰山，一直往北延伸到他们目光所能致的最远处,船员们走上桅杆,想象着兴许可以瞥见冰山之外的远处开阔水域。

他们沿着它的边缘继续向南,就像沿着海岸线一样,航行了一天一夜,但一英里又一英里的过后,这座冰山——如果它的真只是一座的话——似乎没有尽头。在离新地岛的海岸大约还有三四十英里的地方,他们决定自己动手,通过使用手摇钻头,在面前的冰壁上开条裂缝,然后试图沿着裂缝开辟一个楔形的缺口,以期冲破冰层。冰山的一部分慢慢开始崩塌。于是,他们把船移入缺口处,挤压前方的冰层。最终,随着时间的推移,他们终于又来到了开阔的水面,只有零碎的小浮冰需要防范。他们小心翼翼地升起顶帆,继续航行。

这一景象标志着,平顺的航行即将结束。此后,冰将随时出现。船只又开始了熟悉的锯齿状路线,因为他们的航向开始不单取决于风向,还更取决于冰冻的海面。第二天他们的视野范围内全是冰,但是他们决定挺起胸膛,再次驶入大冰块间的裂缝中,穿越到另一边。

他们不记得去年夏天,在西边如此远的地方有这种冰,因此他们开始担心东边的海面已经冻实,并且忧虑通向海岸的路上全是这种冰。基于第一次探险,他们猜测现在所处的位置离海峡大概只有二三十英里远。但瓦伊加奇和大陆之间的通道,可能已经处于冬天冰封的状态。

8月18日,他们再次来到了第一次航行时遇到的三座岛。看到熟悉的陆地,他们大大松了一口气,信心也得到了提升。他们依稀记得在上一次航行回家的路上,海峡和岛屿之间的路段有时会很险峻，但至少没有结冰。他们一直在希望和焦虑之间来回徘徊，希望今后的航行会更容易，直到看到瓦伊加奇岛和海峡，他们才松了一口气。当他们飘向入口的时候，太阳正好在地平线上，让他们得以清楚地看到了自己正在通往东方的入口。

冰将整个通道拦截，犹如陆地生长出的冰山的延伸，并形成了新的景象，那是8月19日。在前一年旅行的同一天，扬·胡伊根·范林斯索顿和他的同伴们已经通过了海峡，并且与另一伙同伴会合开始返航回家。但这次，因为恶劣的天气和冰雪而丧失了几周的时间。他们从未面对过像眼前这样的情况。两千英里的旅程，最初笃信能够成功，但至此他们已失去了信心。

如果他们不能穿越而过，奈伊决定至少要找出一条畅通无阻地通往瓦伊加奇岛南部和圣像角（The Cape of the Idols）的道路。上一年他们在那里看到了数百个雕刻的神像。在海角里，他们可以避开急速的水流，然后再决定采取什么策略，兴许可以找到继续前进的办法。

他们把货物运到了这么远的地方，要折回几乎是不可能的，但冰块把整个海峡都几乎堵死了。他们似乎无计可施了。这一带去年还是开阔的水域，但现在却这么多冰。即使他们想办法进去，也很可能被卡在其中。而如果西边的冰层把他们冻住了，即便他们想掉头往回，可能也回不来了。

水流载着浮冰，往海峡外方向飘去，撞在已经形成的冰堆上反弹后，转着圈又回到了冰山上。船员们引导船队穿过越来越紧的冰层漩涡，最终来到了瓦伊加奇岛海岸的一个避风点，并在那里抛锚过夜。

早上，一队船员上岸调查地形，更全面地了解了冰块堵塞海峡的情况。他们从自己刚来的位置向西边望去，除了自己已经走过的那条路之外，处处都是冰，没有其他入口。他们还在岸边发现了一艘俄罗斯船。与此同时，可辨认的枪声在冰面上传来。这声音来自"狮鹫号"，是船长发出的上船召唤。他们看着远处一群人，在听到声音后惊慌失措地上了拉迪亚船，甚至连渔网都不要了。

船员们走到海滩上，发现了皮袋、鲸油和一个用木棍绑在一起做成的雪橇。他们从议会那里得到的命令是只从事诚信贸易。这意味着像这些物资要原封不动地留在那里。这次航行至今，船员们没有发现海峡附近有任何房屋或人烟，但这一带似乎曾经有人居住过，但在岸上的人，认为他们自己看到了一些小屋的屋顶。

当天晚些时候船员们与指挥官会面后，商议决定上岸寻找定居者，并对冰面进行更彻底的调查。南边的海峡被冰塞满了，他们即使使用携带的小船，也无法划船横穿过去。但第二天，五十四个人被派去带着武器对瓦伊加奇岛进行了探查。他们在岸上走了一天，来回共走了八英里，没有发现一个活人。但他们在一片山丘前面发现了更多的装满鲸油的皮袋半藏在岩石下。同时还发现了驯鹿缰绳，以及前一天他们误以为是小屋屋顶的灰色海象皮。

在更远的地方，他们发现了上面堆满驯鹿和狐狸皮的雪橇，以及来自动物和不同体型与年龄的人类的足迹。他们肯定是打扰到了一群人，而这群人无疑现在正在躲避荷兰人。随后，船员们意识到，他们应该是来到了一个类似贸易站的地方。在这里俄罗斯人拜访了以打猎和捕获为生的当地人，并与他们进行贸易，从而获取了毛皮和鲸油。在发现的物品附近，船员们摆放上了面包、奶酪以及小饰品。他们没有发现其他活物或居住点，便回到岸边，返回了船上。

虽然被要求把东西留在原地，但船队官员发现一些船员还是违反了命令，偷偷把皮货带上了船。虽然这直接违反了命令，但扬·胡伊根·范林斯索顿在上一次航行中偷窃木头神像的行为比这更严重，却从未因此受到惩罚。然而，普通的船员却要承受来自船长和船队指挥官的愤怒。偷窃者最终被判处船底拖曳刑。

船底拖曳刑至少可以追溯到希腊人的时代。这种刑罚时常用来惩罚偷盗行为。在瓦伊加奇岛犯下的罪行就属于这种刑罚的范畴。由于其太残酷，所以并不被普遍采用，但荷兰人比同时代的其他人更喜欢这种刑罚。这种刑罚将船员绑在绳索上，从船的一侧往另一侧拉至船底，这将造成重大的伤害。在温度极端低下的空气与海水中，这种惩罚尤其残酷，更不用说，船底在行驶的过程中很有可能撞上冰块。其中一名被施以船底拖拽刑的船员，在离开瓦伊加奇岛时被撕成了两半。这对于已经充满悲剧的航程来说，又是一个不祥的预兆。惩罚虽然造成严重的影响，但船队必须继续自己的使命。

与此同时，船队中的一艘小船花费了一天的时间就完成了对海峡探索，并迅速返了回来。在没有了船队大船的负担，这项探索任务反而更加容易。这艘船一直航行到克罗斯角（Cross Cape），那里的冰层完全阻碍了航行。他们上岸发现，连靠近大陆的水道都被完全被冰阻塞了。然而，在远离岸边的地方，他们看到了一片开阔的水域。他们认为所有的船一起也许能将通道清理干净。但是很遗憾，他们并没有机会与驯鹿牧民交谈。那些牧民们可能会随着季节的变化定期穿越海峡，并能就未来的情况向他们提供建议。

他们停靠海湾的条件变得越来越凶险。锚的作用是限制船的行动能力，但随着一连串冰开始向海湾中冲来，锚使得他们的船已经丧失了躲避迎面而来的物体的能力了。他们尽可能地将船靠近岸边，但结果是他们被限制得更厉害了。他们开始认为，为了自救，不得不将船拖向岸边。与此同时，"希望号"派了一艘小船到圣像角附近的岛上去取淡水，但在他们上岸取水时，小船周围的水迅速开始结冰，以至于小船也最终被困。船员们不得不放弃最后的六桶水，想在船被完全被冻住之前打道回府。从这个岛屿的另一侧进入海峡的"狮鹫号"的小船，也同样被冰块所围困。由于无法突围，船员们把小船拖上岸后就离开了，徒步走回小岛的海湾边与舰队会合。

当天晚上，一场狂风暴雨袭来，把其余的船只都赶到了一起，并把更多的冰推向了海湾里，但到了早上，他们发现，暴风雨使充满冰层的小通道松动了。那是让他们进入海湾的通道，现在它已经完全打开了。他们大胆地希望在海峡的其余部分也出现类似的情况。这样他们也许能找到继续前行的方法。第二天暖和的天气进一步激励着他们。8月24日，更多的冰层开始融化，他们可以再派一艘小船去巡逻了。再回来之前，他们发现了一艘俄罗斯船。荷兰人发现那些俄罗斯人，有的正在火上煮大麦粉，有的在剥海象的皮。当他们驶得更近时，俄罗斯人也向他们驶来，但没有任何攻击性的迹象。

俄罗斯人解释到，他们是从白海南端的阿尔汉格尔（Archangel）附近驶来的。在新地岛南端被冰层困住了整个夏天之后，他们直到昨天才通过海峡。另一艘船和他们一起，被困在更北边的地方。他们正在等待与其他人的再次重逢。

荷兰人一路上听到了一连串的建议，基本包含了他们前一年获知的大部分内容。虽然每年的情况都会发生变化，但冰层会在真正残酷的冬天到来之前消失十周左右的时间。远处的海不会结冰，即使在冬天也是如此。他们把这个岛叫做瓦伊加奇（Vaigach），发音为"Way-gatz"。

瓦伊加奇岛位于新地岛的南部，但他们并不相连。荷兰人解释说，在新地岛和瓦伊加奇之间有一条海峡，但由于冰层的原因，无法通行。没有人常年居住在大陆的北部。相反，大家都是在夏天来进行贸易的。瓦伊加奇岛南部的土著居民则在冬天来临之前便回家了。这些俄罗斯人从未见过海峡另一边的开放海，但却说他们的同胞经常把货物运到瓦伊加奇岛的远端，甚至更远的地方。

俄罗斯人声称，他们在两次航行中看到的雕刻物，是涅涅茨人崇拜的神，而他们是希腊东正教的基督徒。俄罗斯人不想与荷兰人进行交易，但接受了荷兰人给的一个旧指南针作为礼物，以感谢他们给出的建议。

船员们回到船上，等待着另一艘小船第二天的侦查归来。将近午夜时分，小船报告说他们看到了更多的冰层，但正在消融中，并在他们转身回到船上之前，看到了一条清晰可供船队航行的路线。

第二天早上，他们满怀希望地开始向东航行，但他们预料到海面或许还是会有些冰，所以当冰再次在他们的右舷升起时，他们其实并不感到惊讶。一入海，他们就沿着瓦伊加奇岛的海岸航行，抱着一心向冰山聚集的海岸线以北航行。

最终，他们安全地渡过了海峡。瓦伊加奇岛的弧形海岸离他们越来越远，但随着他们的航行，右舷可见的冰正在逐步吞噬他们的视野，而离他们左舷的岛屿海岸线则越来越近。渐渐地，前面的水路越来越窄，最后已无路可走。回头看去，他们正位于一个广阔的半月形冰面上，从前面的岛屿海岸一直弯到下面的大陆。东面除了冰，别无所有。他们无法通过整个冰封的海面，因此他们已无处可去。

过了一段时间，他们从海面上转回到曾经历经千辛万苦通过的海峡入口附近，初步开始接受探索失败。于是，他们安全地抛锚过夜，但在早晨，他们看到冰墙正向他们逼近。他们沿着海岸线走了好几英里，但冰仍在紧追他们的脚步。几小时过后，他们不得不再次起航，回到之前庇护过他们的海湾。8月27日，他们看到了更多的冰，跟随水流向他们涌来，把他们挤向更远的地方。出于无奈，他们退入到水深不足二十英尺的危险水域，以防止船体被撞破。而那道无法逾越的墙离他们越来越近了。冰仿佛向船在示威，逐渐开始冻结了船身，最终将船锁在半英寸厚的透明"皮肤"里。

第二天，海湾的表面已经变成固体。他们从船舷上爬下来，发现自己可自由穿梭于"灰猎犬号""希望号""狮鹫号"三艘船之间。冰面就像家乡的任何一条街道一样坚实,而不用担心脚会被弄湿。俄罗斯人保证的几周内不结冰的窗口似乎也已消失。船员们在焦急的等待中,祈祷上帝的仁慈。如果天气在未来几天没有出现奇迹,他们可能会被困在这里直到春天。如果那样的话,他们担心自己会死在这里。

8月29日,一个星期二,他们抛锚后,仍然在等待时机。威廉·巴伦支去与船队总指挥就探险队的命运进行了交谈。巴伦支拒绝返航的提议,但这并没有得到大多数高级船员的支持。在上一次探险中,为了绕过冰层,他们走了几百英里的路后,在他的部下拒绝继续前进时才不得放弃了。他们当初还没有像现在这样坚持不懈地寻找进入瓦伊加奇岛以外海域的方法。巴伦支回到自己的船上,但事情仍未解决。

夜间他们在绝望中迎来了雨和风暴。他们希望这能融化一些冰,同时不要送来任何松动的冰块破坏船。早上时分,天气已晴朗,由于冰山在暴风雨后移动,他们狭窄的活动空间被扩大了。然而,作为唯一可能的出口也就是他们进来的路,却仍然被堵住。虽然他们仍然被困,但空间不再像以前那样狭窄。他们所在的水面确实是扩大了。

威廉·巴伦支带上来自阿姆斯特丹的翻译和一群船员登上了他的小船,前往瓦伊加奇岛,以便从更高的陆地上查看海面情况。上岸后,他们看到了大约二十名涅涅茨人,这让他们大吃一惊,因为他们没有做好准备会遇到其他人类。他们只有九人登陆,寡不敌众。这时,年轻的翻译走出来,没有携带武器独自去迎接这些陌生人。一个单独的涅涅茨人从对面的队伍中也向前走来。就在他离翻译很近的时候，涅涅茨人的代表拿起一支箭并搭上了弓，似乎要射杀对方。翻译急忙用俄语喊道："别开枪！我们是朋友。"弓箭手听后，将弓丢在地上，以此作为回应。

两人跪拜相互问候，临时的主人向新来者表示欢迎。谈论的话题很快就转到了寻求关于在冰中如何通过海峡以及东边有什么的议题上。涅涅茨人指着东北方向回答说，从这里出发大约五天的航程，会到一个他所知道的巨大的开放海。他曾经作为为船长与自己的国王和人民一起航行到过那里。

巴伦支认为这些当地人是具有理性判断的。格里特·德维尔在他的航海日记中记载：这些人无论男女，衣着一样，长头发，反穿驯鹿皮，将有毛面的一侧贴着皮肤。他们弓着腿，板着脸，脚步矫健，时刻对荷兰人保持警惕。巴伦支回到船上做了报告。第二天，他们再次回来以获取更多的信息。当他们再次提出想看一看涅涅茨人的弓时，却被拒绝了。他们给涅涅茨人的首领带去了饼干。他们吃过后，向荷兰人表示了感谢。作为回报，涅涅茨人带荷兰人享受了驯鹿拉的雪橇。驯鹿似乎比马快很多。这期间，双方的对话一直很儒雅，直到其中一个荷兰人为了展示他的火枪，朝海面开了一枪。这声音引起了一阵骚动，直到涅涅茨人确定这不是威胁。荷兰人解释了他们的枪是如何工作的，并演示了从远处射击一块两三英寸宽的小石头，涅涅茨人对此感到惊奇。

他们相互鞠躬后，再次分别。当涅涅茨人坐着雪橇离去，船员用喇叭向新认识的人致敬。几分钟后，有一个人独自驾着雪橇回来，并直接骑着上岸。他走近小船并登上船，给荷兰人带来了雕像，荷兰人则帮着他一起抬了上来。在这个雕像的旁边还有几百个粗雕的神像。荷兰人并没有认为其中的任何一个有特别的价值。荷兰人认为那些是涅涅茨人民所崇敬的东西，因此并没有收下，将雕像随即还给了他。

岸上的船员们回到了舰队。总指挥奈伊又来通知"希望号"，他们已经勘察了数英里的海峡。那里的冰比眼前看到的还要多。水里到处是冰山，但那里的水深据他们所知已经超过40英尺。如果说把浮冰推开已经够危险了，那移动沉在海底的大冰山则是根本不可能的了。

总指挥奈伊决定与巴伦支进行一次交谈。船长也认为最好再问一次巴伦支的想法。巴伦支则再次表示，他希望探险队继续前进。总指挥并没有被说服，对于将舰队分开这违反委托指示的想法，奈伊仍然很谨慎，因为他意识到冰可能会夺去船员的生命。巴伦支虽然是舰队的高级领航员，但奈伊是指挥官。他严肃地提醒到："威廉·巴伦支，请注意你说的话！"[22]

9月1日，通过涅涅茨人和来自"狮鹫号"翻译的谈话，荷兰人获得了更多的信息。"狮鹫号"的翻译长期居住在俄罗斯，因此可以较为流畅地与他们谈话。由于涅涅茨人没有在海峡上过冬的经历，因此他们也无法回答荷兰人提出的一些最为关键的问题，但他们提到，海峡两岸的最深处在冬季是不会结冰的。不过海峡内部及周边区域还是会结冰的，且它们一旦完全结冰，在5月之前一直都是冻得结结实实。

9月2日，船员们在晴朗的天气中醒来，并起了锚。"希望号"起航时只经历了一些小的磨难，但"狮鹫号"就比较辛苦了。"希望号"的小船也被冰冻得不能移动，因此不得不拉着移船用的小锚才能逃出困境。

任何经验丰富的船员都知道，就像在海上升起桅杆一样，抛移船用的小锚是一个神奇的操作。移船的小锚被连接到一条绳和一艘小船上，然后小船小心翼翼地划到离船一定距离的水域。前提是锚的重量不足以压翻小船从而淹死人。当锚被抛下时，主船上的船员们拉着绳索，不是为了把锚拖向船，而是为了使船向锚移动。小船上的船员们花了一天的时间，一边拖着自己的船，然后又循环地抛和起移船用的小锚。

他们最终虽然移动了船，但却丢失了锚。该锚容易被困在冰中，因此船的第二个锚也被弄弯了。随后，风开始猛烈地吹来，接踵而来的还有风暴，因此其余的船队无法再往前走，纷纷抛下锚来躲避坏天气，同时也等待"狮鹫号"和"希望号"上的小船。

9月3日早上，风暴停止了。几天前他们驶入的入口处的冰块已经消退。船队再次集结出发，并顺利通过了入口。他们看到了喷水的鲸鱼，并坚定地认为只要能通过冰封，就能接近一片开阔的海域，并可以把他们带到中国去。

眼前的水面一直到地平线慢慢变得朦朦胧胧，根本无法将两者区分开。天气依旧很暖和，他们情不自禁地认为气温可能会减少冰的威胁。然而很快，他们看到了他们一开始所遇到的最高冰山。接着，雾气变成了水面上的黑雾。随着雾气的下降，能见度彻底被抹去。从甲板上往外看，甚至看不到隔壁船上的船员，也看不到一个船头距离另一个船尾有多近。远处的天空中偶尔会出现一片没有雾的区域，在那里他们能窥见其他船只的桅杆和顶帆，以及上方冰山的高大轮廓。

没有风，他们便无法在水流中进行任何转向，于是开始不断遭受浮冰的冲击。"浮冰犹如成堆的钢铁的和石头"。他们队形被冲得凌乱，且各自转向了不同的方向，分散在冰道中，无法看到彼此。夜幕降临时，他们在甲板上呼唤其他船只，但只是偶尔才能得到其他船只在黑暗中的回应，这根本无法确定其他船只所处的位置。

天黑前，雾气逐渐散去。他们赶在夜幕完全降临前找到了对方。三艘船依旧在海峡的东边重逢。远处的枪声很快就响了起来，这使得三艘船成功地找回了与大部队会合的路，并最终成功会合。让他们松了一口气的是，他们此时看到了远处的议会岛。去年探险队曾停靠这里，并在岸上搜寻水晶。

船员们希望可以在暴风雨来临前抛锚靠岸，并向着熟悉的土地前进。猛然间，一座冰山猛烈地撞向了"希望号"，使整艘船都在颤抖。船员们恐惧地盯着冰山，并花了半个晚上的时间，用抓锚把船从冰坡上拖了下来。其他船只也几乎以同样的方式度过了一夜。大家在夜里要么处处防备冰山的再次攻击，要么一起修复船的损伤。

9月4日早晨，他们抱着能穿越的希望，经过千辛万苦才抵达的东边的海域。然而他们看到的是，从西北方到东南方，除了成片的冰，什么都没有。只有议会岛和大陆之间的一小溜存在未被冰封的可航行的水面。他们几乎是被塞入到小港湾中。随后，船员们试图开进水面并来到靠近议会岛的一侧。在那里他们通过拖拉缆绳使得船可以加速靠向岸边，以摆脱冰层的侵袭。

以前到过那里的人都知道，岛上是狩猎的好地方。一些人上岸去寻找北极野兔，而总指挥则召集高级船员和商人代表开会，评估他们当前的情况。第二天，他们对巴伦支所主张的计划达成了共识，即最后一次尝试完成他们的使命，也就是穿越他们现在所处的海岸。早上，他们就会向冰面去航行，寻找一条可以通过的道路。但如果届时没有找到，那就是神的旨意让他们打道回府。为了防止再次被冰或雾在视线范围内隔离开，他们设置了一系列的标志和信号来追踪对方的踪迹。然后，他们安顿下来，并做好了准备第二天白天出去可能遇到的最坏情况的打算。

第二天其实并没有必要在清早出航。但是天刚破晓时，最坏的情况就已经找上门来。黎明前，冰已经填满了他们先前的避风港以及环岛的路线，且现在正向岸边移动。他们不得不再次将船队转移到岛的远端，试图与逼近的冰拉开距离。在悬崖和靠近陆地的地方船员们把船"甲板对甲板"地绑在一起，然后上岸去寻找任何可以帮助脱困的道路。

当船员们从陆地向海面上望去时，景象也好不到哪里去。冰层已经残酷地积累得很厚，根本看不到任何水。船员们满是绝望，怨声载道，抱怨他们将无法获得自由以及负责人故意拿船上所有人的生命去冒险。他们惧怕被搁浅过冬，甚至无法想象该如何才能生存下来。

船员们在岸上抓到了一只兔子，同时他们还发现了一头白熊。在枪的追赶下，这只动物离开了小岛，爬上了冰面，向大海走去。他们想追出去，却不敢。为了打发除了等待无所事事的时间，他们又开始寻找有些人在前一年的探索中所看到的水晶。

9月6日，天气依旧晴朗，气温稍稍升高，但还没有离开的机会。这些人又拿出小船，随心所欲地驶上岸，在海岸边游荡，自娱自乐。想多收集晶石的人在离岸边不远的地方跪在地上趴着挖，还有几十个船员或高级船员在附近游荡。

一阵哭声响起。跪在地上的人抬头一看，只见"狮鹫号"小船上的一名船员腾空而起，脖子被一只北极熊的下颚夹住。这只巨物竟然就这么悄无声息地接近了大家。当船员呼救并掏出刀子时，一直在旁边挖土的伙计早已被吓得跑散了。熊咬掉了它猎物的下巴和脸颊，而流血的人对它刺杀却毫无效果。一群船员开始集结，打算立即赶走熊，救出船员。

岸上的人集合起来，拿着武器向熊跑去，希望能救下自己的队友，尽管他活下来的希望已然不大，但是熊没有表现出任何恐惧的迹象。它只是放下了它的猎物，直接向这群人跑去，把他们吓得四处逃窜。最终熊还抓住了"希望号"小船上的一个船夫，因为他撤退得最慢，并将他撕成了碎片。

逃跑的人聚集在岸边。他们的呼喊和尖叫声吸引了靠近陆地的船只的注意。更多的人划着小船过来帮忙。威廉·巴伦支和其他新过来的人，总共又来了三十人。新来的人催促大家拿起武器联合起来，立刻上前杀了那只怪物。那些已经看到两个船员被杀的人则建议多拿些武器，花点时间谋划更有效的办法。

而此时，这只熊又回过去吃自己杀死的那名船员。小船的船长、舵手和管事走到了这群人的前面。舵手和船长三次向熊开枪，但都未打中，因为枪的精度和射程都不是很理想。管事准备再试一次，这次射中了熊的两眼之间。虽然那只动物并没有把它嘴里叼着的人放下来，但这一击却让它摇摇欲坠。管事和一个苏格兰人抽出了他们的弯刀，用力砍向那只动物，刀都已经卷刃了，但熊还是紧紧抓住自己的猎物不放。舵手最终用刀刃击中了熊的口鼻，这时它嚎叫着倒地。船员们随即骑上去并割断了熊的喉咙，打开了熊的胃，发现里面只有死人的碎片，猜测熊已经有一段时间没吃东西了。

第二天，他们把死去的同伴埋在议会岛的一个浅坟里，并把熊皮剥了下来。没有人急于上岸，已经上岸的人都带着重型武器，时刻保持着警惕。第三天，风和冰把船死死地钉在了这凑合的港湾里，仅存的一小块水面也结了一寸厚的冰。

9月8日，总指挥奈伊再次召集远征队的船长和领航员开会。会议对迫在眉睫的问题进行了讨论。"希望号"上这些代表认为，远征队已经做了各种努力，于是站出来反对继续航行的想法。来自阿姆斯特丹的船员，却想把两艘船留在海峡的东边过冬，同时还可以探索新地岛北部的航线，为下一季提前入海做准备。

总指挥回应到，这个临时计划并不在他们被要求完成的任务之列，如果他们希望留下来，将不会得到他的授权并且将自行承担任何遇到的风险，同时在任何情况下，他都不会给予祝福。尽管总指挥提出了警告，但巴伦支和他的阿姆斯特丹上的同伴们还是再次表明了想要留下过冬的想法。总指挥认为他们要么一起继续前进，要么一起返航回家，但并没有要求他们立马回家。

在这样的冰天雪地里，不确定因素太多。短短一个多月的时间，船员们已经看到有四名船员在船与船之间的碰撞中被淹死，两名船员被北极熊吃掉，还有一名船员被总指挥选择的惩罚致死。船员们已经受够了。面对要么继续前进，要么被迫在议会岛附近过冬的可能，他们发生了哗变。

没有记录表明，这些人是有挥舞过武器，或是挟持过人质，或是试图夺取船的控制权。他们当时一定感到异常绝望，因为即使他们控制了部分或全部船队，也无处可去，因为他们已经被冰团团包围了。

哗变发生的当天，叛乱者就被镇压了。在找出了五个叛乱首领后，总指挥奈伊下令将他们带上岸，并将他们吊死在议会岛上。

任何一艘船都可以找到现成的绳索。这些叛乱者死在他们同伴被熊吃的方。在这个地方他们所有人都无法确定自己能否活着离开。大规模的处决使探险队到目前为止的死亡人数达到了12人。

叛乱自古就有。公元前49年，尤利乌斯·恺撒就亲手镇压了一场兵变，并处决了长期服役的反抗军领袖。[23]在海上，船长的命令就是法律，即使是非船员的平民也得遵守。

随着航行技术的进步，长途航行原本的不确定性变成了可能性，这也为焦虑情绪的扎根提供了更多的时间和空间。1520年的复活节，费迪南德·麦哲伦在环球航行期间，船队的船长曾领导过一场叛变。麦哲伦利用了大量的时间和诡计，最终通过剪断锚索使一艘船漂流，才重新夺回船队的控制权。他将大部分叛变者四分五裂地处死，只留下一名船长和一名牧师活着，但将他们一起被放逐到了一个岛上。

近一个世纪后，当亨利·哈德逊（Henry Hudson）试图寻找一条东北方向穿越北美的通道时，他的船员们成功地实施了叛变，并将他和他十几岁的儿子连同一些补给品放逐到一艘小船上。从此，父子俩彻底消失了。

叛变是船员用自己的生命作赌注对船队领导层的投票。这要么是一件很平常的事情，要么是一件很可耻的事情，以致扬·胡伊根·范林斯索顿和格里特·德维尔在他们对远征的描述中都没有提到任何起义或绞刑。同样，他们也从未提及被施以船底拖拽刑罚的那名船员。就连尤利乌斯·恺撒也未曾提及反对自己的兵变。

船员们在出航前，可能并没有被确切告知等待他们的危险。麦哲伦故意向船员掩盖了关于他远征的野心，以免吓到他们。哥伦布给了他的船员一个虚假日行里程数，所以他们才不会意识到自己究竟离家有多远。

在痛苦和疲惫中，荷兰人的船队试图在9月9日起航，但由于逆风，他们无法穿过冰。于是"狮鹫号"选择再次掉头返回岛上，且尽可能地远离冰而靠近海岸线，但不幸的是却撞上了水下礁石。从鹿特丹来的船员以为"狮鹫号"只是单纯地卡在冰中，就近前来帮忙，但却把自己的船也撞上了隐蔽的岩架上。由于冰在不断地逼近，其余船队则试图全力拖出被困的船只。他们把压舱物甚至部分商品扔到海里，成功地减轻了负荷，才在没有损坏船体的情况下，将两艘船拖离了礁石。

第二天，船队成功地绕到了岛的另一侧，并在9月11日试图彻底逃离它的魔爪。他们最后一次决定一起航行到东边的冰区，以再次确定没有可见的通道。他们最远处到了船队曾经重聚的克鲁斯霍克（Cruyshoek），但风把他们困在了那里。一些人乘小船上到了瓦伊加奇岛，并发现了一条腐烂的鲸鱼尸体。其下颚骨足有 16 英尺长。他们把它剁成碎块，并把其中的一部分运回船上。这不仅可以作为纪念品，也可以用来证明海峡东侧有一片开阔的海域。

9 月 13 日，又是一天的狂风暴雨。船员们在呆了一夜，眼看着狂风肆虐，将他们的小船甩到岸上。第二天，他们找回了几乎所有的船桨。中午时分，他们准备起航。9 月 15 日，高级船员们在"狮鹫号"上与总指挥会面，大家一致承认继续航行无法战胜或躲避周围的威胁。船长、领航员和商人代表签署了一份由扬·胡伊根·范林斯索顿起草的声明，承认"由于上帝不想让他们进行这次旅行，包括来自冰的阻碍，他们被迫（随着时间的推移，他们也的确无计可施）放弃探索的旅行。"

一旦他们开始认真地撤退，冰很快就不再是障碍了，但他们却时时刻刻感受到冬天的临近。返航的第一天，起初阳光明媚，但后来却下起了雪和冰雹，还刮起了猛烈的风，以致有时他们最多只挂着一张主帆才不用担心船会受损。大雪和冰雹把船只涂成了白色，使它们变成了幽灵船。

到了早晨，船队的每位成员发现自己徜徉在孤零零的海上。他们昨晚被暴风雨打散了。扬·胡伊根·范林斯索顿乘坐的"希望号"独自航行，最终与其小船会合。一天后，乘坐"灰猎犬号"的巴伦支与"狮鹫号"的小船会合，但很快又被分开。

巴伦支在花了两个星期的时间与毫无帮助的风搏斗后，来到了基利金岛，然而现实情况却不允许他登陆。于是他只能继续向北航行，但气温每天都在持续下降，还下起了更多的冰雹。9月30日，他抵达了离挪威边境很近的沃德韦斯。

扬·胡伊根·范林斯索顿所在的"希望号"在几天后也抵达了基利金岛，和巴伦支所到的地方是同一个地方，但"希望号"的船员们同样发现无法靠岸该岛。最后，他们也只能驶过了基利金岛和沃德韦斯，继续不停地前进。虽然他们经历过无数的冰雹和风暴，但让他们差点失去船只的却是火——一个厨房杂役不小心点燃了厨房。

黑夜越来越长，当他们绕过诺尔辰角时，每天只有6个小时的日照时间。在为数不多的明朗的夜晚，天穹散发着迷人的极光。（"如果一个人在看到它之前从未听说过"，扬·胡伊根·范林斯索顿写道："它会带来足够的想象空间"）。

他们已经出来将近四个月了，船员们开始出现腿部和背部僵硬，还有牙齿松动以及各种牙龈疾病。高级船员们认出这是坏血病的迹象，但却误以为是潮湿寒冷的环境所造成的。大多数船员都没有什么衣服，更不用说应付北极航行所需的冬季衣物。

随着越来越接近家乡，日照时长也稍稍多了一些。雪变薄了直至完全消失。偶尔的夏日让他们倍感意外。10月下旬至11月中旬，船队的船只错开航行，沿途无法获悉彼此之间的消息。直到每艘船滑行进港或者永不出现，才知道谁可能耽误或丢失。那个冬天根本不想回来的巴伦支是最后一个出现的。他的船于11月18日驶回了港口，这标志着所有船只均安全抵达。

他们为自己能够活下来而赞美上帝，但他们也提到，不知为何，他们的神灵似乎并不希望他们此行成功，所以才派来了漫长的冬天和数不清的冰来终结此次航行。扬·胡伊根·范林斯索顿认为，在温和的夏天再来一次旅行，似乎更易获得成功。他提到，一件事情越是难以完成，实现它的荣耀就越大。毕竟，葡萄牙人并不是在第一次、第二次或第三次航行中就建立了他们在东方的贸易帝国。他们花费了大量的时间和金钱，以放眼于长远的成功而投资这个项目，最终才能从那里的贸易中获得了数不清的财富。

扬·胡伊根·范林斯索顿认为，诀窍是在一年中要找到合适的时间并严格地遵守该时间去通过瓦伊加奇岛和大陆架间的海峡。他建议在派出另一支船队之前，先派两艘小船去勘察该地区，收集天气和水流情报，但同样主张进行第三次航行的威廉·巴伦支，却再也没有机会回到瓦伊加奇岛了。

进发极地

95　　　当探险船队第二次回到荷兰时，鲸鱼的下颌骨被当做纪念品分别送给了恩克赫伊曾和哈勒姆，但任何动物，无论是活的还是死的，都不会让荷兰的乡绅们满意。他们至少有一年的时间没有看到这些船，并且希望这些船能满载中国的货物回来。相反，投资者最后需要承担的是两艘受损的船只，为摆脱搁浅而被扔下海的商品，以及七艘船组成的船队的费用。这些投资显然都已经打水漂了。

96　　　尽管第二次航行对投资者来说损失较大，但巴伦支却立即提出第三次尝试。他准备了一份再次航行到新地岛东侧的招募书，并提交给荷兰省议会，但却遭到了拒绝。[24]

　　　当巴伦支第二次北上时，另一支被派去南下绕行非洲的荷兰探险队仍然没有回来。因此，南征是成功还是失败，依旧是个未知数。商界和政界的利益集团一致认为，东北通道仍是一个有价值的目标，但商人们却并不打算做亏本买卖。相反，他们提供了25000弗洛林的奖金（按当前的货币计算，价值约50万美元）。潜在的探险家们还分配了将来通过北方航线成功从中国带回货物的销售份额。

曾为荷兰北部和南部探险队绘制地图的皮特鲁斯·普兰修斯，也支持第三次北上探险，但这次他推荐了一条更为激进的路线。很明显，大量的冰有时会聚集在靠近海岸的地方，这就使得靠近大陆的瓦伊加奇海峡经常被冰所堵塞。巴伦支在新地岛的北部也遇到过这种情况，但关键在于如何找到一条路径可以穿越被认为环绕整个北极的冰。普兰修斯认为下一次探险应该从挪威海岸出发，从那里穿越世界之巅。㉕

在第二次远航出现惊人的失败后，恩克赫伊曾、鹿特丹和泽兰三个城市都不愿继续资助，但阿姆斯特丹市却同意进行第三次尝试，并资助了两艘船。由于第一次航行的动荡和第二次航行的公开哗变与处决，所以此次探险只寻求未婚男子的加入。他们被警告说，这次航行可能会在海上呆很久，同时他们还被许诺只要加入航行就可以得到一份工资。如果探险队最终到达中国，他们还可以得到第二份更大的奖金。没有了扬·胡伊根·范林斯索顿和来自其他城市的商人们的争斗，普兰修斯可以有效地引导探险队走向北极。

第二次航行中，作为商人的代表的扬·科内利斯·赖普，此次被任命为其中一艘船的船长。曾以同样的身份，作为阿姆斯特丹商人代表的雅各布·范海姆斯凯克，被任命为第二艘船的船长。威廉·巴伦支将担任领航员，与范海姆斯凯克一起航行。普兰修斯可以想象出如何驶向北极，但在现实世界中找到一条可航行的路线是巴伦支的责任。

此次航行，他们依然准备了可以交易的货物，万一范海姆斯凯克和巴伦支能把它们带到中国。但这一次，商人们不会送来他们最值钱、最怕失去的东西,而是会送来二流的商品,然后船会向北航行。

威廉·巴伦支第三次航行的船的名字并没有被记录在册,但依然是经典的荷兰风格帆船。它是将木板包裹和密封在船肋骨上,然后用箍箍上整个船骨。船体底部有一个货物区,船员们在里面塞满了各种各样用于建立贸易关系的货物,虽然大部分都是二流的物品,但也有一些令人印象深刻的物品。除此之外还有一些维修可能需要的绳索和木材中,以及装有布匹、锡制家庭用品和数千张纸质印刷品的箱子。除了货物和船的配件外,船上还配备了一两艘小船,以备不时之需。

最终15个人在巴伦支和范海姆斯凯克的带领下出发。船员们在不值班或吃饭时,就轮流睡在货物区上方的甲板上。在没有床垫的情况下,他们很可能就睡在衣服上。两排舷窗下面和中间虽有临时铺位,但是他们不会在上面安营扎寨,因为这些地方装有轮式大炮,会在受到攻击时使用。

船的空间非常拥挤。厨师的炉子和大家睡觉的地方在同一层。炉子是一个低矮的长方形盒子,由于任何密闭的空间里都会产生烟雾,所以它可以吊起来在甲板上使用。但面对深入骨髓的寒冷,相比消散的烟雾,有时炉子提供的热量更让人舒适。通往主甲板的舱口是装载货物的最简单方法。在底仓的远端,另一个舱门提供了一组楼梯,作为爬到主甲板的第二条路。底仓的顶部,在船的主要结构上增加了格子工程和梁,提供了一些额外的保护。稍微背着视线的是位于船头附近的开放式厕所,以及建在船尾船舱里的船长宿舍。

由于巴伦支时代的造船业仍是一种手工作业，因此没有该船的图纸存世，但从那个时代制作的插图中，我们可以知道它的大致尺寸。作为一艘典型的帆船，它从船头到船尾长约有六十英尺，最宽处有十六英尺。它的前桅杆竖起来高约60英尺，而主桅杆相对更高一点。船员们通过松开或绑住帆的绳索来卷起或展开帆，通过拉拽绳索将帆布拉紧，同时留出足够的余地来捕捉风。船一共有6张帆，如果每张帆都展开，它就像鸟儿扇动着所有的羽毛。

与前一年的大船队相比，两艘船组成的小船队需要准备的时间则更短。5月5日，两艘船的船员都已就位。5天后，他们就起航了。5月13日，他们已经绕过了部分障碍，抵达了弗里兰群岛。然而，由于他们始终在逆风而行，因此他们还是被困住了。在一次尝试逃脱中，赖普的船搁浅了。当他成功地脱险后，两艘船就停在了弗利岛，在那里他们又被迫困了五天。

在拥有了第三次探险机会后，巴伦支已经感知自己的死期不远了，因为阿姆斯特丹的乡绅们不可能再提供更多的北极航海机会了。他比范海姆斯凯克年长10岁有余。他知道自己所期待的北方通道，现在面临着有更有前途的南方航线的竞争，虽然北方航线更为险恶，或许在那一刻这条航行无法被荷兰人抢占，但它已经被证明是的确存在的了。

5月18日，巴伦支终于从荷兰往正北方向驶出。两位船长指挥他们的船向北极星的方向航行了两周，到了6月1日，他们发现自己来到了午夜太阳的领地。这符合他们的预期，但让他们吃惊的是三天后看到的景象。当船员们从甲板抬头看天空时，不是像往常一样天上只有一个太阳,而是出现了三个太阳——"天上的奇幻景象"。在大而常规的太阳两边各坐着一个较小的太阳。两道彩虹在三个圆盘中拱起,第三道彩虹将它们全部包围,第四道彩虹从第三道彩虹的圆盘中间划过。

他们所看到的副彩虹是由光照射到大气中的板状冰晶上发生折射造成的。在北极地区,被称为"钻石尘埃"的低空冰晶云可以悬浮好几天,从而引发假太阳或幻日的现象,即犹如真实的太阳及巴伦支等人看到的连接它们的真实彩虹光环。

船员们是迷信的动物,因为荷兰也有不少迷信征兆和预兆。如满载的船只稍稍向右舷倾斜则是幸运的;水精灵可以诅咒杀死它们的人;海牙皇家博物馆里陈列着一条美人鱼。后来一位大臣瓦伦丁先生对它进行了调查,并在十八世纪末的一份报告中说,它的真实性不容置疑。"如果在这一切之后,还有人不相信美人鱼这种生物存在,那就让他们自讨苦吃吧。"

随着越来越多的船只从欧洲南下穿越赤道,一些更为复杂的惩戒措施如灌水或罚款被人们发明出来,用来针对那些第一次踏上旅途的人。为了纪念海神尼普顿,荷兰船员对任何第一次穿越赤道的船员均予以罚款,如果交不起罚款,就在他的躯干上绑上绳子将其从船舷上吊起来丢到海里,灌水三次。[26]

从一个小贸易国到全球海洋强国,荷兰只用了短短几年的时间,并且培育出的船员们为异国他乡的未知海域精心设计了许多保护仪式,但在巴伦支海航行的时代,他们几乎没有什么特别的仪式。这可能是基于船员们对他们领导层的信任,因此当他们看到三个太阳时并没有引发深深的不安;也或者船员们可能已经听说过，在他们头顶耀眼的幻日。亚里士多德在他的著作《气象学》(Meteorology)中曾描述过它们。罗马演说家西塞罗（Cicero）在得知目击者的报告后，要求对他们所说的情况进行调查，而不是完全不相信他们。即使对那些可能会感到一丝敬畏的人来说，面对在天空中目睹多个太阳和彩虹这样的奇景，他们肯定会认为这是一个好兆头。

　　探险队的领导层此刻并没有惬意的心情来欣赏这些。才好不容易离开欧洲，巴伦支和赖普就已开始在方位问题上产生了分歧。赖普拒绝与巴伦支的船靠在一起，他认为他们需要继续向北航行，而巴伦支则坚持认为他们需要向东远航。赖普坚持说，如果他这样做，船只就会被逼向瓦伊加奇岛，而他不愿意再冒险通过那个海峡。巴伦支坚持到，他们已向西走得太远，等于放弃了计划中的北线。两人激烈地争论着，但巴伦支最终还是同意改变了航线，与赖普保持一致。

　　虽然离夏至还很遥远，但天气却越来越冷。6月5日，一个船员站在前甲板上向下面的船员喊道，他发现了白天鹅。当他们爬到甲板之上寻找漂浮在水面上的一众鸟时，才意识到这位船员应该是搞错了，因为这些所谓的白天鹅其实是一座冰山的碎片，在视线之外的某处若隐若现。大约午夜时分，他们穿过了那些散落的冰，就像魔咒被解除了，但意料之中的事：冰回来了。他们又回到了北方。

　　白天的四个小时里，当船员们发现自己面对着冰墙和冰山的时候，困境变得更加清晰了，他们变换着船帆，改为向西南或西的方向移动，以躲避眼前的巨物，从而绕着它的边缘滑行，并试图找到绕过去的办法。6月7日,他们到达了北纬74度,发现海水绿得像草一样,在巨大的冰山之间移动,仿佛陆地和海洋相互颠倒了。他们想,也许自己已经来到了格陵兰岛(Greenland)。

船只靠近了一个由冰山组成的迷宫,由于冰太过于密集,因此导致他们无法继续航行。他们只好向西南航行,并反复调整了几个小时后,最后不得不直接向南,退回到他们来时的方向,去寻找一个出口。6月9日,一个没有出现在他们的地图上,甚至可以说任何地图上都不存在的岛屿出现在他们面前。

第二天早上,八个船员划着小船上岸。当他们经过赖普的船时,同样数量的人从赖普的船上划到着小船去到了巴伦支的船上。巴伦支问赖普的领航员,现在是否同意船队太偏西了,然而这个问题激起的只有更多的恶意,并引发了一场争论。巴伦支发誓,届时会有证据证明自己是对的。

第二天船员们再次去到了岛上,并在海滩上发现了海鸥蛋,在吃了几个星期存储在木桶中的食物后,这对于船员们来说简直是珍馐。然而,即便是这样美好的发现,航行中的每一个因素都有可能使船员们身处的环境变得凶险。在攀登上了一座陡峭的雪山之后,船员们直到转过身回首来时的路,才意识到了自己现在所处的危险。由于没有攀登的经验,他们在上山的时候并没有考虑过如何下山。坡度太陡,导致他们无法在不摔倒的情况下原路返回。尽管他们很害怕在坡底的嶙峋岩石上摔断胳膊或腿,但除了毫无控制地仰面滑下山外,他们也想不出其他解决办法。威廉·巴伦支站在船上看着这些人下山,吓坏了。

他们一次又一次地驶入了无情的地形中,甚至连在其中生存

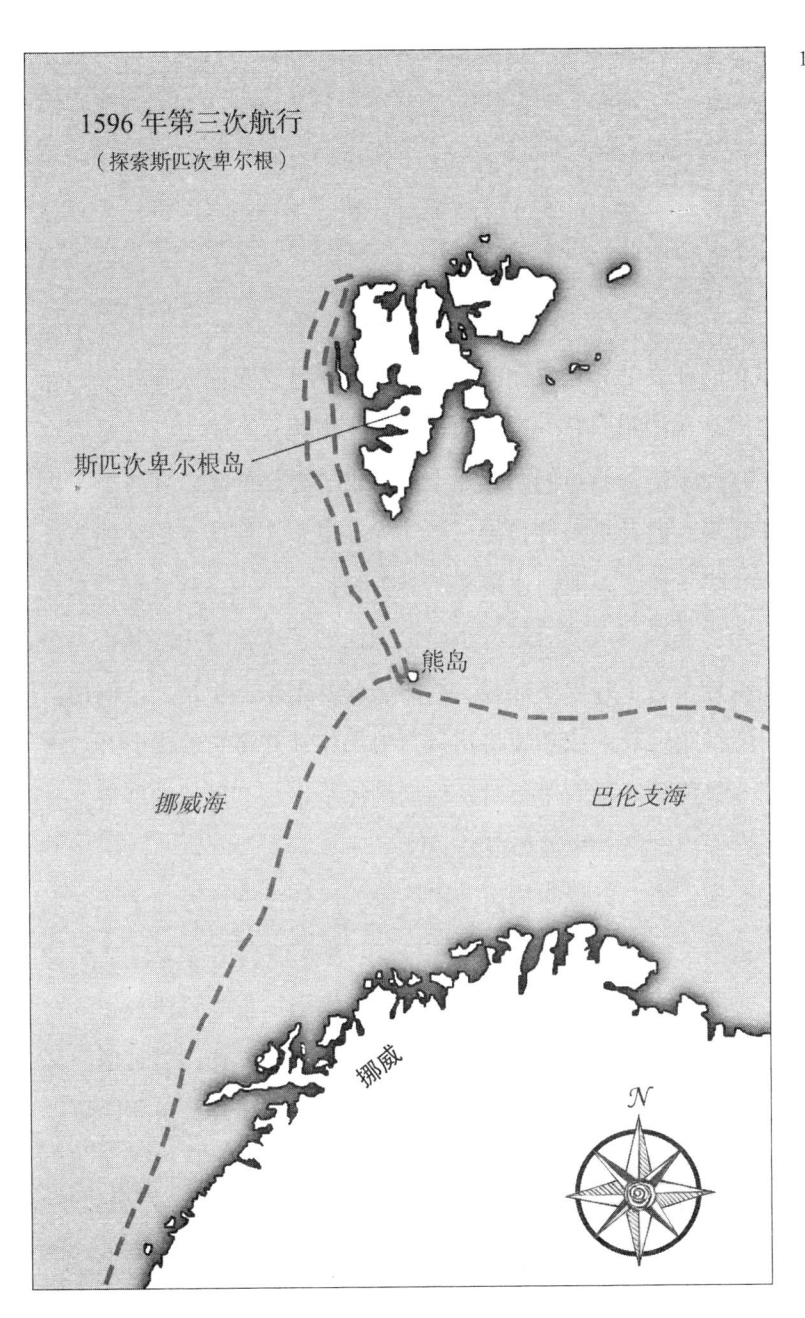

1596年第三次航行
（探索斯匹次卑尔根）

斯匹次卑尔根岛

熊岛

挪威海

巴伦支海

挪威

的基本策略都没有。虽然他们没有最能帮助自己的技能，但他们已越来越习惯于自己的不足，并找到了继续下去的办法。他们也明白，犹如危险突然的出现，它也可以任意消失。熬过了艰难的下山之旅，船员们收集了早些时候找到的海鸥蛋，并聚在赖普的船上吃了起来。

6月12日，他们在水中看到了一只白熊，于是开着小艇去抓它。在逐渐靠近白熊时，他们才意识到这只熊太强壮了，船员们根本无法制服它，也无法诱拐它，结论只有一个，就是决定杀死它。于是，船员们回到船上，叫来了更多的人，并带上了火枪和箭筒。后者是一种长枪，必须先在棍子上保持平衡才能瞄准目标。除了火器，他们还带来了斧头和长戟——一种长杆，末端装有斧头的武器，然后划着小船再次回到了动物身边。其中一个人挥动斧头，正好砍中熊背，然而熊却游走了。于是，他们用两艘小船继续追赶，成功地将这只野兽困住，并将它的头劈开。这场战斗最终持续了两个小时，他们剥掉了十二英尺长的熊皮，并尝了尝熊肉，但是味道却很是一般。

他们第二天就起锚离开了海岸，并给这个地方起了个名字叫贝伦·艾兰特（Beyren Eylandt），也就是熊岛的意思。之后，他们向北航行然后又慢慢向东航行。他们把加重的铅线放了600多英尺，但并没有触底，因此这里的海似乎没有底。然后他们又在远处发现了一艘船，但靠近一看，那艘船其实是一条死鲸鱼。鲸鱼的尸体被海鸥覆盖着，散发着腐烂的味道。

在雾气和灰暗的天空笼罩下，他们已经分不清海水、冰山、蓝天了。漂浮的冰块释放出细小的气泡，像油锅里的油一样嘶嘶作响。较大的冰块带着气囊，在较低的音域里咆哮着。扁平饼状冰随着水流移动，像铰链一样吱吱作响。巨大的冰山相互碰撞，在摩擦中发出呼啸和隆隆声，就像遥远的飓风一样。当他们在大雾或小雨中向北航行时，船员们有时在看到冰之前，就已听到了它们的声音。

他们又绕着一座巨大的浮动冰山又航行了三天。由于这座冰山太大了，他们一直无法完全绕过它。6月19日，他们发现了一片陆地。根据太阳的高度，他们计算出了自己的位置，在距离巴伦支第一次航行时登上过的新地岛的最北点以北大约一百多英里的地方，而且很可能在那个位置的正西方向。巴伦支非常确定他们目前处在格陵兰岛的东海岸。出现在他们面前的这片陆地完全不像熊岛，或许只是大海中的一小块陆地，也可能是一块从未被记录或绘制过地图上的巨大陆地。他们后来给它起了个名字叫斯匹次卑尔根（Spitsbergen）或称尖山，因为他们发现其海岸上布满了耸立的山峰。

海岸绵延不绝，长达数英里。他们看到了一条可以上岸的路线，但狂风让他们望而却步。终于在6月21日，他们得以抛锚。两位船员划着小艇去采集一些石块作为压舱物。如果没有这些石块，船就会在水中漂得太高，进而变得不稳定。压舱物有时用来替代口粮减少时的重量，或者用来替代贸易船中被交易的货物，直到添加新货物，除此之外，压舱物还可以用来船身的配平。

巴伦支船上的人在收小船的时候，发现水面上有一只北极熊奔向而来。他们向赖普的船跑去，然后一起划船出去截住了那只北极熊。那只北极熊被迫往海更远的方向离去。虽然船员们仍然穷追不舍，但北极熊移动的速度更快。于是他们追了一英里又一英里，不仅用了两艘小船，还用了一艘更灵活的小筏子。最后，两艘船上的大部分船员都挤到了一起，依次向那只北极熊砍去，准备放它的血，尽管他们刀的刀刃不断地被卷断。这只熊最终击中了巴伦支的小船靠近船尾的地方。熊掌的重击把木头都劈断了。如果它打在靠近船中间的地方，可能会把船掀翻。

随着时间的推移，这头熊终于被磨死了。船员们将它的尸体用小船拖回到主船上。虽然他们对肉没有食欲，但他们还是剥了兽皮，量了一下皮毛有十三英尺长。屠戮是荷兰人对北极风光的本能反应，在这个新的剧场里，随着每一波欧洲人的到来，一次又一次地看到同样的表演。正如历史学家 P.J. 卡佩洛蒂观察到的一样，伴随着现代探索而在北极高纬度地区对动物的疯狂杀戮，"令人惊奇的是，居然还有活着的东西存在"。㉗

船员们乘坐最小的艇向陆地驶去，继续探索海岸线。当他们驶入一河口时，发现河口中心有一座岛屿。在岛上，他们发现了几只白颊黑雁坐在巢穴上。他们用石头打死了其中一只鹅。在其他鹅飞走后，船员们捡到了大约 60 枚鹅蛋。鹅肉比北极熊肉更能引起船员们的食欲。于是他们吃掉了杀死的鸟，然后把蛋带回了船上。

除了成为第一批登上这个新发现的岛的人，他们还意外地解开了一个关于鹅的长期谜团。由于这些鸟儿每年都会从欧洲的栖息地消失，但到第二年它们又会回来，但谁也没见过这些鸟儿产卵或筑巢，所以自公元十二世纪以来，英国和欧洲的民间迷信普遍认为，这些鸟是从漂流木中长出来的，或是从生长在树上的贝壳中长出来的，然后掉到水里成熟的。这个理论虽然从一开始就有怀疑者，但到了巴伦支及其后续时代，此观点甚至被鸟类权威专家所接受。

然而探险队的记录直接否定了这一理论——"没有人知道它们在哪里产卵，这并不奇怪"格里特·德维尔写道。据他们所知，没有人曾到过那么北的地方并亲眼看到过鸟巢。这一发现在航行中被记录了下来，并广大群众了解到了其重要性。巴伦支也因颠覆了这一神话而广受赞誉。直到几个世纪后，这一神话才彻底消失。

科学革命在欧洲绽放。那里提倡对自然界的仔细观察有助于解开关于自然界是如何运作的秘密。这些秘密，先前许多权威人士认为它们在本质上是神秘的。在巴伦支航行之前的几年里，哥白尼通过收集数据来检验和修正关于天体的假说，为理解未知世界铺设了一条道路。

显微镜和望远镜的第一项专利申请在1608年，也就是巴伦支航行的十多年后。此后不久，欧洲开始接受科学方法，勒内·笛卡尔（René Descartes）相信，即使是像心灵这样复杂的东西，也可以通过研究物理过程来理解。尽管阿拉伯天文学家哈桑·伊本·海什木（Hasan Ibn al-Haytham）早在几个世纪前就提出了科学方法的基本原理，但弗朗西斯·培根主张实证观察和实验，为理性对待世界奠定了基础。这种方法在十七世纪几乎塑造了西方科学的所有分支。现代科学观念才在文艺复兴时期的欧洲生根发芽。

当幻日在天空中展现出多个太阳时，巴伦支和他的船员们非常自然地意识到他们能做的不仅仅是对眼前未知的情景感到惊讶，他们还测量了这从未遇到过的太阳和彩虹的高度，就像测量他们熟知的天体一样。他们互相检查他们的仪器，并对海洋进行深度探测。除此之外，他们还记录了北极熊皮毛的长度，测量了他们在海岸边发现的海象獠牙重量约为6磅。巴伦支和他的手下不仅作为航海家和船员，还作为记录新世界的早期科学家进入了未知的世界。

在发现白颊黑雁的第二天，船员们又回到了常规的任务中。他们摇动着位于主甲板后方像翻转的卷轴一样躺着的水平绞盘上的绳索，然后准备再次起锚。随后他们向北航行，但很快就发现自己的前进再次被冰所阻挡。他们只好退回到刚刚离开的地方。巴伦支决定转而沿着西海岸寻找其他可能前进的道路。

随后有些人上岸去检查他们的指南针。它的用处在于它能一直指向北方，即使在风暴或黑暗中也能为船员指引方向。但由于它依靠磁力吸引，因此指针并没有指向真正的地理北极，而是指向了地球的磁北极。磁北极会随着时间的推移而移动，但总是在某处远离真正的地理北极。

磁北极和地理北极之间的这种偏差，究竟是什么时候被发现的并不清楚。在早期的地图上，北极本身一般被描绘成一座磁铁矿的山。但德国的罗盘和钟表制造者似乎早在公元十四世纪就已经为这种差异做出了调整。而克里斯托弗·哥伦布在前往北美的旅行中也绝对明白这一点。巴伦支应该知道其中的差异，因为根据航行记录所绘制的地图，他们将磁北极描绘成一座磁铁山，但这离地理北极还有一定的距离。

在巴伦支第三次航行期间,他们认为磁北极应该位于远在北美洲的西部,因纽特人曾航行和定居的地方。在巴伦支去世200多年后,英国探险家威廉·帕里(William Parry)将这一地区的地图绘制出来。他最终在寻找通往中国的西北通道时被冰困住,而不得不在那里越冬。

船员们继续沿着他们认为可能是格陵兰岛的一部分而航行,并沿着海岸进行了罗盘读数。他们注意到了地球磁场和地理北极之间的偏离大约有十六度的差异。就在此时,还没有抛锚的船上的船员又看到一只北极熊向他们游来。它以要爬上船的姿态移动过来。这些人现在知道,这场遭遇战,极容易导致船员落水或死亡。其中一个人准备跑去拿枪,但十六世纪的长枪射并不是"傻瓜式"的。几个世纪以来,火枪发射,须用一根点燃的火柴,靠近装有少量火药的罐,燃起初始火苗,然后火苗会通过一个接触孔,最终点燃主装载火药,引发实际的枪火。虽然此刻火枪已经进行了改进,但这种武器装填仍然需要时间,且难以瞄准,有时甚至哑火。

当船员终于射出一枪时,那头熊瞬间受到惊吓,向着海滩和拿罗盘读数的人奔去。岸上的人由于没有携带武器,很容易成为猎物。船员们驾驶着船追赶着熊,同时大喊大叫,以引起陆地上伙伴们的注意。陆地上的伙伴们在听到船上船员们的呼喊声以为船撞到了岩石上。最后大家都吓坏了,包括那只熊,最后又回到了水里游走了。

第二天,两艘船被风压在岸边,无法向北航行到足够远,以至于他们无法去清查自己发现的岛屿,最后不得已停泊在16英里外的海湾的另一边。6月25日,他们驶入水道,但明显地是,他们航线并不能确保他们安全地抵达另一个海域。于是他们只好又多花了两天的时间来脱困,并反复利用风帆将船头顺风移动,缓慢地前进,最终回到海上。

6月28日,他们终于绕过了阻挡,继续沿着北海岸线前进到岛的最西端。这时,他们已经习惯了天空中的奇观,突然天空中充斥着如此之多的鸟。有几只甚至撞上了他们的船帆。然而,冰仍然是危险的源头。船员们一路向南和向西,试图避开威胁,最终通过努力使他们远离了陆地。在花了四天时间后,他们依然想试图寻找一条可以北上的路线,于是他们再次回到了熊岛。赖普和他的高级船员来到巴伦支的船上,以期制定一个计划。

冰显然对他们毫无益处。与其在似乎完全被封锁的海上向北试探运气,还不如让船只回到北纬80度附近,也就是从白颊黑雁巢中收集蛋的地方,向北数百里而已。一旦到了那里,他们就可以沿着海岸线,寻找一条通往东边岛屿的水道。

就像往常的情况一样,巴伦支并不同意这条路线为最佳路线。考虑到他们刚从赖普想要返航的地区回来,巴伦支认为,返航并寻找一条可能带他们到斯匹次卑尔根岛内陆的河流或海峡将是徒劳的。相反,他想重温第一次探险的美好,并前往新地岛,然后从那里向北驶入东海。

7月1日,夏至已经过了一周。距离他们上一年从荷兰出发进行第一次北极航行的一周年还有四天。在那次远征中,巴伦支接受了船队的决定,即尝试在新地岛以南开辟一条可以穿过瓦伊加奇岛的海峡,然后进入东海的道路。当那次失败后,他也接受了不允许他和船队的一或两艘船一起越冬，以及不允许他再次尝试在新地岛向北航行。实际上他在第一次北极航行的时候，其实已经很接近了。但那时候，他觉得只有恶劣天气的厄运和手下的不情愿才不得已让他退缩了。但现在，他想重回新地岛。

赖普和巴伦支进行了最后一次交谈，然后决定分道扬镳。赖普爬下巴伦支的船舷，回到他的小船里。很快，随着桨声，赖普离开了，只留下了巴伦支的船和他的手下们。在他自己的船上，威廉·巴伦支终于摆脱了为他人指定满意路线的义务。他准备和雅各布·范海姆斯凯克船长、十五个船员人以及一部分货物一起出发。赖普和巴伦支再也不会见面了。

巴伦支立即确定了远离冰的南向航线。第二天，也就是7月2日，他转向东边，向着新地岛驶去。他不需要再像以前那样，沿着挪威海岸，然后努力穿越。由于他知道自己所处的纬度与新地岛相交，因此他可以在海面允许的情况下，保持最接近正东的航线抵达新地岛。

他们现在已经习惯于在冰封的山脉中穿行，并与一些看不清的东西保持一定距离。多个星期以来，他们或多或少地沿着正东方向航行，然后依据冰的情况调整向南或向北航行，直到某天早晨，冰竟然从地平线上消失了，但在日落时分冰又回来了。这迫使他们像接到命令一样匆匆撤退。

7月14日，他们进入一个冰雪峡谷。抛出的水深线显示这里的海域有600英尺的深度，然后很快就变为540英尺。他们顺利地进入了冰雪的迷宫。然而一旦进入后，他们除了进来的路，找不到其他任何的出路。帮助他们进来的微风，在他们想要掉头回

111

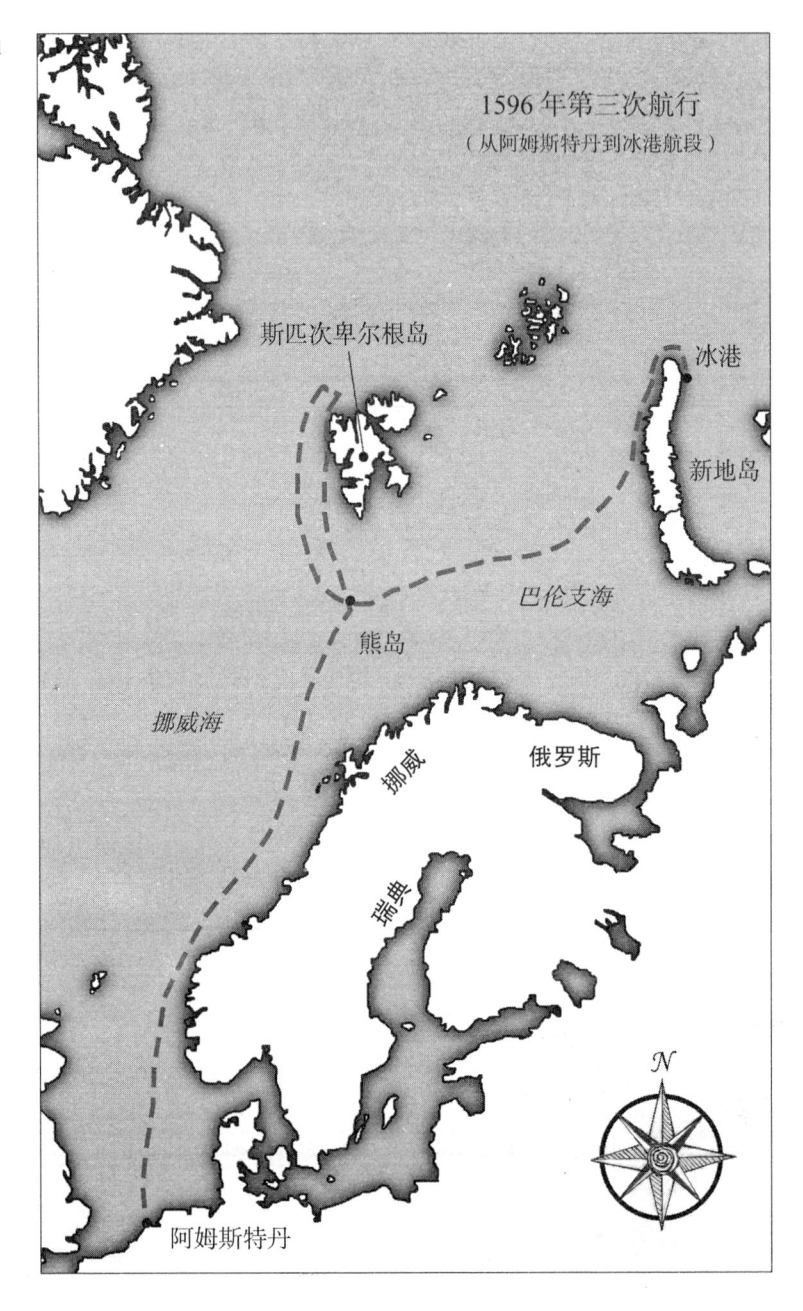

1596年第三次航行
（从阿姆斯特丹到冰港航段）

斯匹次卑尔根岛

冰港

新地岛

巴伦支海

熊岛

挪威海

挪威

俄罗斯

瑞典

阿姆斯特丹

去的时候却成了最大的阻力。最终他们花了好几个小时的时间，逆风而行，才得以逃脱。

随后的日子里，他们被冰左右夹住，并且无法用帆取得任何突破，只能随冰漂流。7月16日，他们发现一只北极熊漂浮在冰山上。当它注意到船的时候，熊跳入了水中。船员们在它的身后奋起直追，想把它杀死，但熊又回到了冰上，所以躲过了捕捉。船员们没有办法安全地爬上冰山，因为不管怎么样，谁也不想被航行中的船抛在后面。出于失望或怨恨，他们的船在经过熊的旁边时，对它开了一枪用以泄愤。

虽然他们丢失了猎物，但他们坚信这是一个好的预兆。因为他们认为，这只熊应该不会在海上走得太远。所以他们肯定是快到新地岛了。

7月17日，格里特·德维尔发现远处有陆地。他们想沿着海岸线走，于是几乎升起了所有的帆，以利用风势转向东北方向。第二天，他们又发现了陆地，并认出那是金钟岛。两年前，他们因为它危险的海岸线而错过了它。但巴伦支知道，它与熊岛几乎处于同一纬度，这意味着熊岛位于新地岛西海岸的三分之二处。此时，船员们对自己的方位感很有信心。他们继续航行，很快就来到了一个地面上有两个十字架直立的岛屿。这个岛屿在第一次探险时就被发现过。然而，这时，冰层再次出现，导致他们无法绕过冰层。

他们只好抛下锚，把小船放进水里并划向陆地。登陆后，船员们看到了一个十字架，在那里停留了一会儿，然后向另一个十字架走去。当他们走近时，发现附近的地面上有两只北极熊。他们知道北极熊的嗅觉比视觉要好，但他们并不知道这些生物很可能在一英里外就能闻到猎物的气味，甚至猎物埋在三英尺深的雪里，它们也依然可以闻到。

不过很快船员们就意识到熊已经注意到他们了。这些动物用后腿站起来，向范海姆斯凯克和他的手下走去。船员们并没有吸取之前一次又一次的教训，因此这次上岸时也没有携带任何一把枪。船员们没有心情嘲笑他们可预见的困境。他们向小船走去，同时观察着熊是否一直跟在他们后面。他们的本能是跑，但他们已经见识过熊在水里比他们厉害。即使他们上了船，他们在水里的机会似乎也很渺茫（事实上，熊比荷兰人的小船要快，如果是为了生存，熊可以连续游几天）。在上一次的探险中，三条船上的人带着枪，还花了几个小时才把一头熊逼到角落里杀死，但现在他们是一艘载满人的小船，且他们中的许多人可能不会游泳，因此很容易成为两只熊的猎物。

但是，如果他们能跑到大船上的话，或许还有救。范海姆斯凯克，手里拿着船桨，用来把船推远或推近，或者从水面上吊起浮标的船钩，同时还对他的部下说到，让他们呆在一起，不要逃散。聚集在一起他们应该更安全，因为可以作为一个群体发出喧闹声来恐吓生物，而分开逃跑，将使得他们更容易被逮住。

船长和他的手下轻声地向他们的船走去，同时克制住自己的惊慌失措。他们来到了船边，爬了进去，此时已经看不到熊了。然后他们划着小船回到了大船上，并意识到了自己的幸运。第二天，当他们全副武装回到同一地点时，已经找不到熊的踪影了，但却发现了新的脚印。这表明熊曾经追踪了他们一百多步甚至更远。如果熊发起冲锋的话，这将会是一场大屠杀。对于相对舒适的其他探险船只，或者家里（如果他们有幸回得去的话）的伙伴而言，这是多么令人毛骨悚然的故事。为了给他们的航行留下记录，无论探险队的命运如何，他们都要留下记录，因此他们建造了第三个十字架，并在上面做了记号。他们的时间并不充裕，因为船被困了近两个星期。这些日子里，船员们在漂白他们肮脏的亚麻布和处理琐碎的工作中度过。

他们不必过度担忧熊的去向。快到七月底的时候，曾有一只熊走到船边。他们朝它的脚部开了一枪，吓唬它。第二天，船员们又发现了一只熊，七人合力将其杀死并剥皮，然后将尸体抛入水中。8月1日，第三只熊出现在附近，但被船员们的出现吓坏了。

三天后，他们缓行出冰圈，到了岛的另一边。划着小船，开始收集更多的石头作为压舱物的艰苦工作，并把它们运回船上。8月5日，他们启程前往新地岛一处名叫冰点（Ice Point）的地方，在那里船员们并没有看到冰。由于风向对他们不利，他们不得不转舵再转舵。

次日傍晚，天气转为迷雾，能见度越来越差，已经无法航行。船正靠近一座冰山。冰山似乎搁浅了而且好像还被卡住。冰山的一大半，大概有200英尺，都在水下不可见。吃水线以上可见的部分又近百英尺。与之相比，他们的木船相形见绌。由于大雾已经包围了他们，他们被迫把船停泊在此地的冰山旁。

由于雾气缠绕，第二天当他们准备继续停靠在冰山旁的时候，一场暴风雪来临了。他们只能一如既往地等候，什么也做不了。凌晨时分，巴伦支在漫天飞舞的大雪中走在甲板上，听到一阵阵鼻息声。从船舷看过去，他看到有什么东西爬了上来，然后他大声喊道："熊！熊！"。这声音把甲板下的船员们都吸引了过来。他们弄出了巨大的动静，吓退那只熊。熊只好转身游走了。

没过多久，那只熊又回来了，在他们停泊船的冰块后面游动。虽然能见度很低，但船员们尽可能地保持警戒。他们拉下小船的帆，用它做油布盖在甲板上。四个人挤在下面，拿着枪对着冰面的方向瞄准。正当这时，那只熊突然出现在他们上方，原来熊已经从后面爬上了冰面，并爬进了船头。这些人向它开了一枪，射中了它的身体，赶走了它。虽如此，但他们以前也见过受伤的熊可以继续战斗。他们确信，这只动物躲在他们面前这众多冰层中的某块后面。但最终他们没有在上面或水中发现任何熊的踪迹。

第二天，冰原开始断裂，洋流将冰封的景观剪得破碎。那是8月10日。有一次，随着周围冰的移动，他们意识到他们停泊船的那座冰山虽已搁浅在地面，但大部分冰已经开始在他们周边移动着。他们担心自己会在混乱中被压垮，于是解开船锚，选择扬帆起航。他们顾不了水面已经结冰，驶上冰面，滑行中，不断听到船体碾压冰发出的破裂声。

到了平静的水域，船员们用他们的移船锚将船头固定在另一座冰山上。傍晚时分，这座冰山却毫无征兆地炸碎了，变成数百块碎片，散落四周。巨块的冰在头顶上空翻滚而下，而整个冰山的水下部分则在水下爆裂开。坠落冰块砸起的浪花四溅。荷兰人担心冰块会将船体上打出洞，更甚至把他们的船弄翻。于是他们

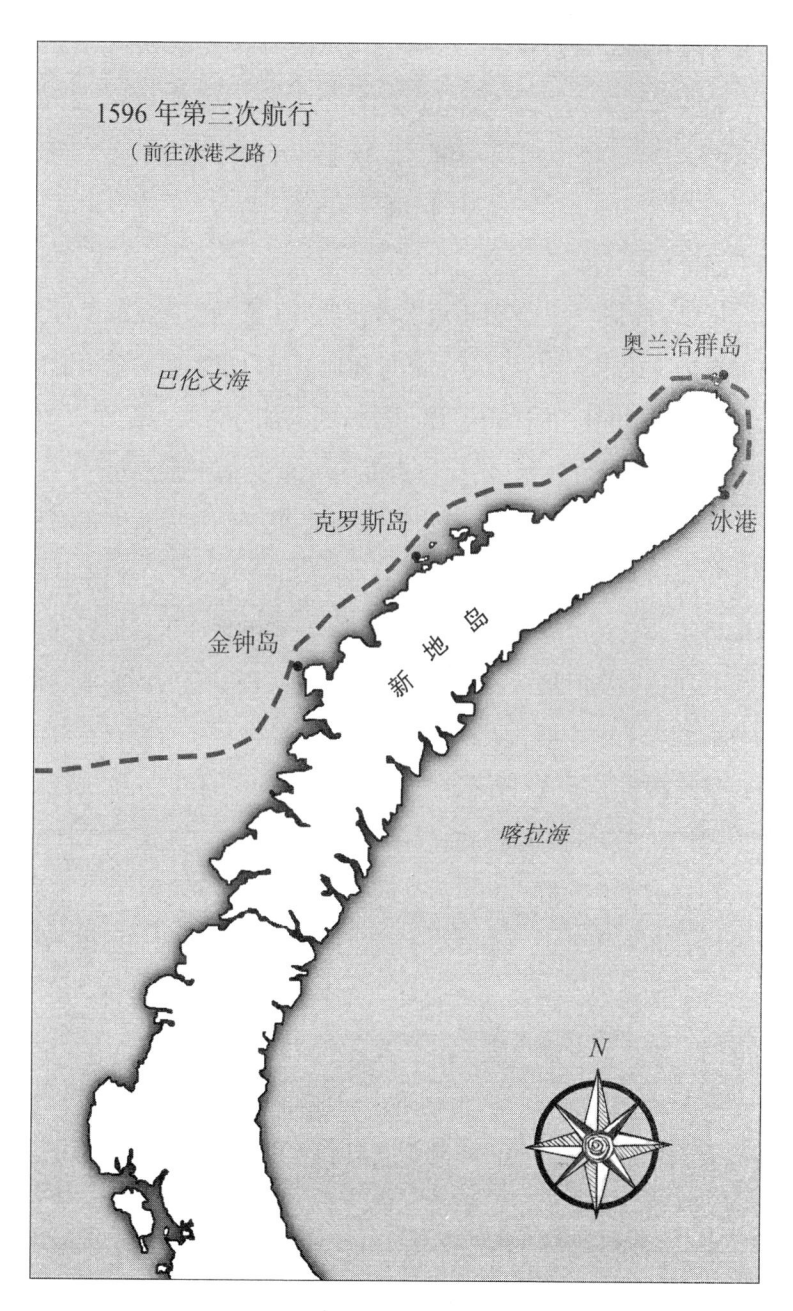

1596年第三次航行
（前往冰港之路）

巴伦支海

奥兰治群岛

克罗斯岛

冰港

金钟岛

新地岛

喀拉海

N

拖着缆绳和锚又逃离开了。

船只航行在充满奇迹的风景中，伴随的只有熊和冰，没有安全的港湾。他们快速驶向第三座冰山，并期待能有个较好的结果。附近冰塔的尖顶已经升到了七十多英尺的高空，其底座延伸到水面下一百多英尺。

8月12日，他们不得不再次转移到另一座他们为其取绰号为小冰点的冰山上，因为它更加靠近陆地，可以试图躲避随水流而行的流冰。和静止的冰山一样，流冰的大部分常常深藏在水中。如果船员们保持在浅水区上，大块的冰块就无法靠近船边。

然而，一旦接近陆地，他们又不得不又要与熊对抗。正当他们在与风搏斗，不能轻易走远时，一只熊向船走来。他们朝它的腿部开了一枪。由于担心它以后还会不声不响地回来，他们在熊一瘸一拐地逃离时追上，抓住并杀死了它，剥了它的皮添加到他们收藏的皮毛中。第二天，他们终于挣脱了冰层，一直在对抗的风也最终转向了对他们有利的方向。

他们向东边的海岸行驶，最终登上了新地岛。然而到8月15日，在靠近奥兰治群岛时，冰又向他们袭来。船员们设法让船脱离困境，并到达其中一个岛屿，但当风向改变时，他们不得不再次改变船的位置，使其远离危险。就在船员们试图挽救自己毁于岩石时，发出的动静惊醒了岸上一只熟睡的熊。

那只动物爬起来，向他们走来。他们不得不把船开进海里。但想要杀死这只熊，他们必须把它赶到水里或冰上，然后再把它赶回到陆地才能抓住它。解决了熊之后，他们才回到了拯救船的工作中。每当事情看起来糟糕的时候，常有更糟糕的事情会随之发生。

当他们快速地赶到了一座停留在水线以下的陆地冰山时，威廉·巴伦支在确定自己安全后派了十个人乘船上岸。那是 8 月 16 日。他们爬上一座高高的山丘，观察着周边一切。背对着北极，他们只看到了南边笔直的陆地。但在他们的左边，朝东南方向，他们看到了开阔的水域，看到了可航行的海面，船员们确信他们即将赢得签定航行合同时所规定的奖励。他们争先恐后地回到船上，把这个消息告诉巴伦支。

他们希望能尽快地赶到那片开阔的海域，于是准备在 8 月 18 日马力全开。但此时冰却狠狠地砸向他们，如果不是因为有锚和用来固定船只的一千多英尺长的缆绳，他们可能已经被冰卷走。巴伦支勉强能把船开回他们被冲走的地方。在那里，他们决定过夜，但这一夜依然没有真正的黑暗。第二天，天气不错，他们再次出发，沿着海岸线稍稍向南转，并发现了一个黯淡的黑土台，像一根狭长的手指一样伸进水里。他们把它命名为欲望角（Cape Desire）。

然后他们一直向着大海稳步前进。船员们对随时可能到达开阔海域抱有着很大的期望。他们成功地绕过了欲望角。在冰再次将他们包围前，他们被迫回到了岸边。他们沿着海岸线向南缓慢航行，随着纬度的下降，海岸线开始向西弯曲。

他们知道自己已经进入了新地岛以东的海面，但冰却阻止他们穿过。他们靠近陆地缓慢行驶犹如爬行，边走边对未知的地方进行命名。8 月 21 日，他们停靠名为冰港（Ice Harbor）的避风港，距离他们绕过岛屿最北端的地方约 50 英里。第二天早上，当他们出发时，洋流却把他们硬生生地拉到了东边。这时起风了。他们再次将自己停泊在一座接地的冰山上，一座他们从未见过的蓝色阴影的冰山。他们直到爬到离船的吃水线 60 英尺高的地方才登顶。船员们在上面发现了一泥土和些许鸟蛋。他们等待着暴风雨的到来，并就他们所处的是真正的冰山还是陆架发生了争论。

8 月 23 日他们又继续出发了，但冰冻而又流动的地貌将他们逼回了冰港。即使在港内，风也可以将冰块推向他们，使船上的舵柄和船舵都被折断。小船夹在主船和挤进来的冰墙之间，被碾得粉碎。主船也可能遭遇同样的命运。他们被牢牢地困在原地，直到 8 月 25 日，天气才变得平静下来。他们决定试着凿开冰层脱困，但没有成功。然而，意想不到地是，到了下午，这些冰山不费任何船员的功夫开始顺着水流移动开。虽然不可能直接往东走，但他们至少可以沿着海岸线继续往南走，顺着海岸线回到瓦伊加奇岛。如果没有机会往更东边的方向走，他们将会绕过新地岛的南端，然后打道回府。

这个计划还没来得及正式酝酿，就被扼杀在摇篮中。风无济于事，船员们无法在冰封的海面上开辟出一条向南的道路，就像向东一样。海水处处对他们不利，任何向南航行都变得不可能。第二天，海面上刮起了大风，似乎要把他们带到北方去。巴伦支决定放弃南下的路线，尝试绕回欲望角，然后按照原路返回。

然而，当他们接近冰港时，他们向北前进的方向似乎被阻止了，因为过了那个点，风就转成大风，促使流冰在他们周围结成连片的冰面。即使刚被行驶过的碎冰也立即开始固化。三名船员爬到船外，开始用手镐和镐头砍，试图解救船只。当船涌回水流中时，这些人差点回不到船上。因为水流将他们所站立的冰面向前进的方向拉去。船员们只能尝试跳上船。其中一个人抓住了船头桅杆周围的橡头。在更远的地方，另一个人抓住了绕在一面帆角上的缆绳。第三个人抓住了从主帆一直延伸到船尾的绳索末端。船员们死死保住手头物。

虽然险象环生，但三人都最后得救了。对于冰会把船带到哪里或在哪里放过船，他们毫无掌控。如果这些人不是恰好在那个时候抓住船，船就会开出去，且再没有办法绕回来救他们。他们则会被留在冰面上，只能等死。

当天晚上，船终于到达了冰港的西侧，并抛下了锚。8月27日，天气转好，但流冰再次将船禁锢。船员们放下一艘小船，向陆地驶去。起风时，冰山向港内的船移动来，且已渐渐溜到船头下，并将船抬升了四英尺。这使得船向后倾斜，船尾已经被压得很低，感觉可能是触地了或者是触冰了。整艘船倾斜不稳。还在船上的人立即放出信号旗，引起岸上人的注意。其余的船员预料到自己很快就会被淹没，便弃船而去，乘坐另一艘小船逃亡。

船员们在水中重新集合后，巴伦支让他们回到弃船上检查。船并没有像他们担心的被倾覆或压坏。到了第二天，冰层的挤压稍微松了些，让船的倾斜一定程度得到回正。巴伦支和另一名船员下船检查船头，用膝盖和手肘撑着，跪在冰面上去检查它的位置和偏移。在检查的过程中，一声巨大的破裂声响起。头顶上的船突然从冰上掉了下来，以至于巴伦支和船员以为他们会命丧于此。

这艘船虽然直立地矗在水中,但还是被困住了。巴伦支和船员回到了船上。一天后,情况也没有好转,于是在8月29日,他们开始用撬棍在坚固的海面上想方设法解救船只,但是进展不大。他们祈求上帝的怜悯。到了第二天,从那片他们无法到达的海面而来的水流,又推进了更多的冰。冰和冰相互挤压地更紧,形成老虎钳的形状,并将船紧紧地擒住。一场暴风雪袭来,在新冰和风寒的压迫下,周围的冰层开始开裂,发出低吟声。他们只能坐在船上,惊恐地看着和听着,并感受船慢慢地从水中升起。

等到风暴结束,情况足以稳定让他们探究自己的困境时,巴伦支再次看到船的前端已经被高高抬起来,使船头比漂浮在开阔水域时高出足有几英尺。然而船尾却没有随之升起,而似乎是卡在了冰缝里。船尾被夹在裂缝中,不但不能保护舵柄和船舵,反而在某种程度上剪断了转向装置,使其再次粉碎。但似乎是因为船尾被卡在裂缝中的原因,使整艘船在不断的冰涌入港湾时,不至于被抬起来搁浅。他们把小船拉出来,放在远离主船的冰面上,以防主船倾覆时,连小船也一同损毁。

当天晚些时候,水流将新来的冰拉走。船最终又恢复了水平,再次平躺在水中。但他们没有时间庆祝,因为他们必须迅速着手制作新的船舵和舵柄。他们把它们挂起来,这样,如果船再一次向上升起,船上设备就可以很容易地得到保护。水在他们下面几百英尺深的地方流淌,但海面上仍然没有他们的路。迄今为止,他们返回新地岛旅途,主要由一系列危险组成,其间还点缀着暂时的得救。只是这些暂时的得救并不能提供永久的救助,只是让他们回到先前的困境中来。

第二天是星期天。他们举行了祈祷仪式。就在他们祈祷的时候，水流再次将冰赶回来，压在船内外的木头上，使得船体再次上升。人们虽担心船体，但船体似乎还能撑住。船员们再次把小船拖到冰面上，然后拖到陆地上安全的地方。

9月2日情形类似，只是船被冰撑得更高了。暴风雪开始了，他们考虑用小船把一桶桶的面包和酒运上岸，在岸上至少不用担心被压死或淹死。

第二天，还是大风，但雪少了。船从停泊处被拉了出来，并失去了用来将其固定在冰上的缆绳。建在船尾柱上用来保护船体不受碰撞的肘板开始弯曲，但它们的倒塌被木板阻止了。虽然只是勉强但木板还是成功地保持了船体的连接。尽管船体被新进的冰包围，但船体整体上是完好的。甲板以下也没有被淹。在数百英尺高的冰山向他们压来时，他们不得不认为这是一个奇迹。

巴伦支和船员们战战兢兢地等了三天，天气才慢慢好转。冰像潮水一样涌动，又像潮水一样撤离。9月5日晚饭后，船身开始向一侧大量倾斜。船体虽又稳住了，但在离家一千多英里的冰面上，似乎并没有简易的办法让船身变正。他们曾看到的任何一次灾难性的冰山崩裂，砸向水里，似乎都能击沉一艘倾斜的船。开会商议方案后，他们把旧的船帆拿出来，用它来运送火药、铅、大小枪支和一些家具上岸，并试图将这艘船翻过来。船员们在岸上做了顶帐篷，在里面储备了面包和酒。他们还带来了修补被压坏的小船的工具，因为如果主船彻底损坏，它将会变得特别有价值。

接下来的一周，他们大部分时间都在陆地和船之间穿梭。一些船员去了内陆，找到了淡水源，以及被冲上岸的木材。此时，保护船尾的肘板终于支撑不住了。船被包裹在3英尺多厚冰层中。两只熊在夜色中接近了船，但被船的号角声和朝它们射击的枪声吓跑了。船员们在这里看不到任何救援。

9月11日，一行八人武装好自己，准备上岸。他们确定有淡水，并找到了侦察员所说的木头。这艘船就这样被困了两个星期。此时秋分将至，暮色很快就会让位于夜晚，而在它之后，将是冬天。他们的惊人努力，在迄今为止的每一次危机中都拯救了他们自己。有时备受打击，有时深受鼓舞，然而常常是两者兼而有之，但却无法将船从冰面上抽出来，也无法在冰冻的海面上开辟出一条道路。船员们再次聚集在一起，承认上帝不会帮助他们离开。格里特·德维尔在日记中写道，巴伦支和他的部下开始制定计划"在极度寒冷、贫穷、痛苦和悲伤中"的条件下于新地岛过冬。

荒岛幸存

125 　　支撑他们活下去的是获救的希望。1630年5月,一艘在北极格陵兰岛的英国船只"礼炮号"的指挥官派出了一支由八人组成的小船。船上有"一支火枪、两支长枪、一个火柴盒和一群狗"。他们被告知猎鹿,作为船只回航补给的一部分。当这些人还在岸上的时候,冰层移动,驱使船向更远的海域驶去。由于不知道这艘船为何远去,他们决定前往他们船队中另一艘船奉命停泊数日的地方。到了那里他们发现那艘船也不见了,于是他们只好准
126 备去找第三艘船。那艘船本来应该和他们一起返航英格兰的,但最后他们意识到,由于没有指南针和领航员,他们已经完全超过了最后的会合点。衣服只有身上所穿的,除了能够捕获或找到的吃的,他们身上没有任何的食物,但他们相信,得救最终是会来的。尽管他们遭受了巨大的痛苦,但他们还是成功地生存了大半年,直到一艘救援船的到来。[28]

　　两个多世纪后,约翰·富兰克林爵士驾驶着"恐怖号"和"幽冥号"从英国出发。这两艘船都是战备炸弹船。船体已被进一步加固,足以抵御与冰山的碰撞。富兰克林在之前的两次旅行中已经到了北极。第一次旅行的目的,正如巴伦支早就计划好的

那样，是通过在北极附近航行，从大西洋到太平洋。他的计划的最终结果，并不比巴伦支的要好，但在1845年，他带着134名船员和至少三年的补给，分乘两艘船驶过了加拿大北部，试图寻找一条通往远东的西北通道。这支探险队拥有当时非同寻常的技术：蒸汽机在风力不济时为船提供动力，海水淡化设备可以将海水转化为可饮用的水。在出海的第一年结束时，他们在离后来成为加拿大努纳武特地区的比奇岛不远的地方过冬。那里有充足的食物和煤炭作为燃料——包括一个中央供暖系统和一座拥有1200册图书的图书馆——他们轻易地度过了第一个冬天。但在1846年春天解冻后，他们驶入维多利亚海峡，却被冰困住。在接下来的两年里，他们从失望陷入恐惧。船上的人再也没有任何消息。

1848年又有两支救援探险队被派出，一支在陆地上，一支在海上，但他们并没有发现富兰克林和他队伍的踪迹。1850年，富兰克林的妻子资助了第三支探险队寻找船只，随后又多次尝试寻找失联的船员。直到约翰·雷（John Rae）率领第一支陆上救援探险队于1854年返回加拿大海岸线进行测绘，并从当地因纽特人那里听到了一个故事，才有了消息。他们谈到有人的大船被困在冰里，直到他们的食物耗尽。因纽特人说，在最后一个人死亡之前，这些人不得不吃自己。

雷回国后，他将自己的同胞从一个国家的圣人丑化为成食人魔。当他的描述受到攻击时，他对为了寻找富兰克林而采访过的土著人进行辩护，并把他们描绘成"最文明人类的光辉榜样"以及"诚实和值得信赖的人"，并将他们与富兰克林的人被困在冰中时的绝望状态进行了对比。当评论家们举例英国的海难者直到死也没有吃自己时，雷却指出，通常在海难中，更直接的恶魔是口渴而不是饥饿。但富兰克林众人手头拥有海水淡化设备，因此口渴就不是问题了。在水源充足的情况下，在这个"寸草不生的荒芜之地"，除了有大量的时间去思考饥饿之外，他们一无所有。㉙

雷的食人报告激怒了小说家查尔斯·狄更斯。他通过详述富兰克林和他的同伙在过往的探险中，遭受险些丧命的艰辛时刻时依然没有吃人肉，来对这些报告进行了剖析。狄更斯为他的读者解释说，"遇难的北极航行者都是精心挑选出来的"，把因纽特人的口头报告斥为"爱斯基摩人的烂事"。他列举了一些二手资料，其中英国探险家誓死不吃人，而美洲土著人则主张吃人。这暗示也许是"爱斯基摩人"自己吃掉了船员。

在出发的时候，全英国上下都在关注富兰克林的探险队。当他们被困住，又无法给家里送去任何消息时，这些幸存者们只能寄希望救援人员最终会找到他们。这种希望可能会让他们坚持了一段时间，即使在被冻住的第一年，到第二年，然后接近第三年。尽管有多年的补给，而且开始有了现代的设备来挑战北极的条件，但他们依然没能坚持下来。在探险队消失150多年后，经过十多次的救援或打捞考察，最后才发现这两艘沉船。这还是因纽特人偶然发现的。

从一个有当地居民的地方进行救援，凸显了欧洲人对北极地区是多么的陌生，难怪在这里会遗落荒岛。在富兰克林探险队消失的时候，因纽特人已经生活在这个地区。他们几个世纪前就已经迁徙到北美洲的北部和格陵兰岛了。他们已经学会了如何捕鱼和猎杀鲸鱼。与所遇到的人群进行贸易则可以追溯到维京时代的北欧人在最西边的航行时期。但他们对那时的北极并不像后维京时代的欧洲船员那样对北极产生恐惧。他们通常只想着可以安然无恙地通过。

随着时间的推移，一些探险家逐渐认识到，北极原住民将会成为极地探险训练的有用资源。在1888年穿越格陵兰岛内陆时，挪威探险家弗里乔夫·南森（Fridtjof Nansen）则采取了截然不同的策略。他带着两名来自挪威北部的萨米人船员同行，还带着因纽特人风格的雪鞋，以及改装过的拉普滑雪板，并且他自己会说因纽特语。最为重要的是，与富兰克林探险队组建的庞大队伍不同，南森只组织了小股合作者，并采用了本土生存策略。在论证其方法的证据中提到，与他一起出发每一个人和每一件装备最终都回来了。㉚

19世纪60年代，美国探险家艾萨克·伊瑟瑞尔·海耶斯（Isaac Israel Hayes）和查尔斯·弗朗西斯·霍尔（Charles Francis Hall）在因纽特人的帮助下，分别前往加拿大北极探险。霍尔在那里呆了五年才回国。1891年第二次格陵兰探险开始时，美国探险家罗伯特·皮尔里（Robert Peary）带着一条断腿在岸上生活了一段时间，并接触了当地的因纽特人（世界最北端的因纽特人群体）。后来，在更往北的探险中，皮尔里将整个土著家庭，搬到关键的中转站去支援，让妇女为他缝制衣服，而男人则陪他走完每次跋涉的最后一段路。㉛

而其他人在没有当地人帮助的情况下，跌跌撞撞地要么走向死亡要么走向荣耀。美国人沃尔特·韦尔曼（Walter Wellman），一个没有任何北极经验的记者在1894年2月的《费城询问报》（*Philadelphia Inquirer*）上宣布，他要出发去北极。韦尔曼没有兴趣长期沉浸在北极，也不了解北极的深奥。"韦尔曼正追求的是一条通往北极的捷径，"历史学家P.J.卡佩洛蒂写道。㉜他幻想着先进的技术，包括铝制的雪橇和热气球，都可以提供捷径。虽然他并不排斥带着探险老手一起去，但他对从土著人那里学习技能却不感兴趣。他的飞船发动机在1906年开启时就自毁了。而重建的模型在随后的几年里使他再次失败了两次。他最远处只到达斯匹次卑尔根岛北端以北的几英里处。威廉·巴伦支在三百多年前也曾在此处被迫折返。

巴伦支和他的手下当时并没有韦尔曼的铝制船。荷兰人也没有富兰克林所掌握的蒸汽机、中央供暖系统和图书馆。他们观察自己所遇到的涅涅茨人，使用他们的雪橇和服装，并征求他们对航海的建议。但他们似乎没有想过要效仿他们的方式来适应气候。此时滞留在新地岛的荷兰人对在北极地区过冬的准备，作为一个人来说是多么惊人得不足。

他们在荷兰经历过寒冷的冬天，因为阿尔卑斯山和其他地方的山地冰川扩张，导致小冰河时期的寒流袭击欧洲。然而他们真正缺乏的是北极服装。当他们报名参加探险队航行时，并没有任何特别的装备被提供。即使是最有经验的船员，也对北极地区的生存一无所知。他们虽剥取了北极熊的皮，但显然这些皮被视为非常珍贵的战利品或送给顾客的礼物，所以他们从未将毛皮缝制成可以保护自己的衣物。尽管巴伦支队希望能在第二次航行时越冬，而且在之前的航行中，船只也差点被冻住，但历史上并没有记载在这种情况下船队有携带任何特殊材料。

乍看之下，这里的景色似乎很单调，但北极地区的日常生活却在不断变化。那里有植被紧贴着地面的世界——矮树丛、苔藓、地衣和黄色的北极罂粟花。这个世界有三英寸高，像巨人一样耸立在大部分景观之上，天空也同样微妙。一片陆地上的云层与相邻峡湾上的云层往往不同。后者又与开阔海上飘动的水汽截然不同。这种组合使得天气变幻莫测。

设备故障、潮汐不配合、风向转变，这些在北极地区随时发生的事情可能不会比其他地方更遭，但不幸的是有可能带来一连串的后果。因此在北极，往往一个错误会引发更多的错误，因为食物和住所是如此的偶然。

即使知道如何在北极生存，谁也不能确保自己成功。1871年，一支乘坐"北极星号"前往北极的探险队由查尔斯·弗朗西斯·霍尔率领。他曾与因纽特人生活在一起，接受过北极条件的训练，但这次航行很快就陷入了危机。船上的德国人和美国人之间的分裂成为公开的冲突。霍尔最后也生病死了，当然后来证实他是被下毒了。十多名探险队成员与船失散，在浮冰上漂流了几个月才获救。在船只搁浅后，剩余的船员和船只也只能受困，因此他们不得不在此越冬并祈祷得到解救。而解救直到第二年夏天才到来。㉝

但滞留在新地岛的船员们没有获救的希望。当巴伦支和他的手下制定过冬计划时，扬·科内利斯·赖普和他的船员们正在他们命名的斯匹次卑尔根岛以北的某个地方航行，前往北极甚至中国。也许他们也受阻，在冰把他们带走之前就折返了，并此时已经回到了家。

无论最后去了哪里，都不曾有船只驶过新地岛海岸的冰港，也不会有带着驯鹿的萨米人或涅涅茨人冒险往北走这么远。即使赖普试图派人来帮忙，但没有人会知道到上哪里去找他们。他们的位置没有出现在任何一张海图上。当时所有的地图上也都无法找寻到。

在第一次北极航行中，巴伦支一直向东推进，直到他的手下拒绝再往前走。在第二次航行中，巴伦支曾主张带着两艘船留下来越冬，并在春季第一次解冻时侦察出畅通的通道，但这个计划很可能引发了公开的哗变，并引发了一场战争。在第三次航行中，他终于在没有人逼迫他回家的情况下，驶上了他所希望的航线，但眼下他要在此越冬了。如同某个黑暗的童话故事一样，他得到了他所要求的一切，但没有一个带来好消息。萦绕在他之前的航行中的哗变问题，最终都已不再是问题。然而这只是因为所有航行回家的可能性都消失了。

在最后剩下的17个人中包含担任这次远征的领航员威廉·巴伦支，以及担任船长并控制货物的雅各布·范海姆斯凯克。如同第二次航行时一样，格里特·德维尔也在现场记录着航行所发生的事件。其余的船员包括一名驾驶员，其掌握巴伦支的部分导航技术，还有一名理发师兼外科医生，两人都姓沃斯。克拉斯·安德里斯（Claes Andries）和他的侄子约翰也在其中。和常规一样，这次航行有一名厨师、一名木匠、一名负责大炮的炮手和各种船员，还有一名负责帮助升降帆和维护船只的船童。

躺在风雨中的这艘船显得太过于脆弱，它无法庇护这些人过冬。即使船体可以提供足够的庇护，但浮冰每天都有可能将其摧毁，因此首要任务是建造一个庇护所。每个船员都有基本的木工技能。即使在海上，船上的木匠也几乎可以施展魔法。以他们随身携带的大量的工具，建造船舱的任务虽是一个挑战，但并非不可能。更大的困难在于沿着北极荒漠的海岸线，找到足够的木材，因为在那里不能长出比两英寸的灌木更高的东西。他们在之前的航行中看到的从大陆冲上岸的整棵树是一个有希望的开端，但在船附近的地方看，他们并没有发现什么有帮助的东西。

他们在陆地上的头几天，虽幸免于雨雪天气，但大雾有时迫使他们呆在船上或岸边，凝视雾中并仔细聆听着熊掌踩在冰上的嘎吱声。即使在晴天，北极熊也可能在船员看到它们之前就闻到了他们的气味。在茫茫大雾中，队员们根本没有取胜的机会。

9月14日，晴朗的天气使得他们可以徒步出去收集浮木。他们开始将浮木拖成一堆。如果大雪再次覆盖大地时，这样则容易再找到。第二天一早，厨师将一桶咸牛肉放在岸上。这一桶咸牛肉打开后，必须在清水中浸泡几个小时，以浸出其中的盐分，使其重新脱水，然后再经过几个小时的烹调，才能可以食用。除了咸牛肉，其他的补给品还包括熏制的培根和火腿，以及干鱼和熏鱼。他们还带着船用饼干。这在欧洲的航行中是无处不在的食物，因为它只由面粉和水，或许还有一点盐组成，并且永远不会变质。除此之外，船员们还吃面包、燕麦、大麦、豌豆和豆子。他们用油和醋来做饭，盐和芥末来增加味道，喝的东西（除了水）有啤酒、葡萄酒和白兰地。

虽然这不是船员们自己所想,但一桶敞开的咸牛肉却成了熊的好诱饵。这把三个不受欢迎的生物带到了岸边。值班的船员发现了不速之客,呼喊伙伴们到甲板上拿枪来。一头熊趴在远处的冰块后面,而另外两头熊则向船靠近。离得最近的那熊把头埋进了桶里,并为自己的野心付出了惨重的代价——头部中枪而亡。第二只熊嗅了嗅倒地的那只熊,沉思片刻后跑开了。船员们期盼它不要回头。但那只熊迈开后腿再次向他们走来,他们只好朝它的腹部开了一枪,它这才彻底跑走。船员们捡起熊的尸体,掏空它的内脏,然后将其竖立起来冷冻。虽然海面已经变成了固体,四周的冰层有一寸多厚,但他们还是幻想着能以某种方式将船解封,并把这只冻僵的野兽带回阿姆斯特丹。

天空依然处于暮色之中,虽不是全黑,但夜晚却越来越冷。白天,冰块会解冻成水,但随着太阳的消沉,水面在第二天天亮前又会结成冰。他们意识到应该尽快开始建造一处避难所。他们找到了一些木材包括大树枝和树干,但他们目前首先要做的一件事就是建造雪橇,以便将木材托运到离船更近的地方。

9月17日,他们进行了第一次雪橇之行,拖着四根原木在冰雪上走了几英里。当太阳再次升起的时候,十多名船员又带着雪橇出发了。这次他们把木料堆积得更高。每辆雪橇有五个人从前面拉,三个人留在后面将木头砍成适合雪橇搬运的原木。人手多,再加上每天可以来回两趟,他们在建造地附近开辟了一个木料场。

他们没有特殊的冬装。他们工作时穿的只到小腿的长裤、宽松罩衫式的衬衫,再加上帽子、夹克和皮拖鞋,唯独没有厚重的冬衣。9月18日，他们在大雪中拖运木材，一旦天气放晴，则可在接下来的两天里，从船上搬来更多的物资。努力搭建船舱框架的同时，船员们仍在船上过夜。船上的炉子是可移动的，它被搬到了甲板烧饭用，但9月21日天气骤冷，外面的东西都被冻住了，他们只好把炉子又搬回到甲板下面。

气温明显下降并没有什么奇怪的地方，因为第二天就是秋分了。整个夏天，太阳高高在上，在天空的穹顶上兜着圈，每天摆动的圈子越来越宽，傍晚离地平线越来越近，最后勉强擦过地平线。那天晚上，太阳消失了，瞬间就进入了黑暗。

黑夜的回归是不祥的，但他们已有心理准备。厄运在第二天到来了，也就是9月23日。船员们在冰雪上艰难地跋涉，拖着装满用于构建避难所所需木头的雪橇，回来后却发现木匠已死。

他是从阿姆斯特丹以北几英里处，毗邻皮尔默湖的皮尔默伦德镇来到新地岛的。在保障生存方面，他瞬间成为了最有价值的人，然而他却是第一个屈服于残酷环境的。对于他们要建的房子来说，这是一个不好的预兆。地面已经冻得结结实实，无法挖动。时间紧迫，可供选择的办法不多。第二天早上，在乘着雪橇去寻找更多的木材之前，船员们把木匠的尸体塞到了山坡缝隙的悬岩下，任凭风吹雨打亦或是被熊吃掉。

严寒已然成为常态，当狂风向西吹来时，至少还能有几天的晴朗。在一段平坦的半岛上，他们规划了一个长36英尺、宽22英尺多一点的长方形。为了做一个平整的地基，船员们铺上了收集而来的平坦石头。由于地面冻得如此坚硬，因此使用所熟悉的荷兰建筑方法或挖地基的想法与给木匠一个适当的埋葬一样不切实际。相反，他们很可能借鉴了在航行中看到的挪威小屋。他们挥舞着斧子从弯曲的树干上削出螺旋形的木材，并把他们收集到的树的顶部削平，还从船上的仓库里运来了储备木料。把大底梁的两端切开，在房子的四角处一个嵌进另一个。他们以一种可辨认的木屋风格建造了一个四根梁高的底座。由于不可能将桩打入地下，所以就用地上的销子成双成对地撑起建筑的四角，并将堆叠的凹槽梁固定住。

他们开始架出临时住所的第一批框架。[34] 在堆积的原木的一端，他们切割顶梁，以支撑门框。他们一边工作，一边看着水流来来去去。一些冰块滑向大海，在水面上留下一片空白。他们看了看那片开阔的海面，又看了看离它有一段距离的船，仍旧被困冰中，损坏着。如果他们不用成天拖运木材，他们有时间把肘板和被撞坏的船尾修好，为返航做准备。船如果没有被困在冰里，盛行的风正好可以带他们离开冰港。

但这只是一厢情愿的想法。此时已经没有逃生的机会了。他们也没有信心能熬过即将到来的冬天。解封水面的景象一直持续到第二天，嘲弄着他们。他们继续在房子上干活，烧一些没什么用的柴火试图取暖。

9月27日，风吹动着他们小屋周围的空气。他们停了下来，还在想是不是有什么奇迹会让船松动，让他们获得自由，但寒冷的空气影响了他们所有人。敲打木板时，他们用牙齿咬着钉子，而当再次用钉子时，却发现钉子已经冻到了嘴唇上。从嘴上撕下，带下了皮肤，也带出了血。浮冰又移动了进来。这里天气太冷了，无法建造房子，但如果他们希望活下去，就只能硬着头皮而上。

虽有白天，但黑夜正在追赶他们。他们深知永远不要单独行走，要结伴而行才能保护自己。在去小屋的路上，他们遇到了一只母熊和她的幼崽，并用枪吓跑了它们。第二天，第二批人从船上拖着工具来到小屋的路上，看到了三只熊开始追踪他们。于是船员们大喊大叫，装模作样，但熊并没有停止接近。人类此时看起来比熊更脆弱。在小屋工作的伙伴们看到了发生的事情，也制造喧哗，将它们驱赶走了。

幸存者们在屋顶中间搭了一个低矮的屋脊，这样雪和水就可以流下来，不过目前看来，这里只有冰。他们知道要生存，屋内需要一个壁炉，所以烟囱是不可缺少的。然而他们很难想象它在冬天会有怎样的用途。

9月30日晚上，风卷残云，大雪纷飞。船员们无法再去搬运木材。他们想把屋外的地面解冻，这样就可以将木屋的底座外围包上土，对建筑进行密封和保温。但事实证明，地面的冰冻程度比他们想象的还要严重。要挖出土来他们必须燃烧大量的木头，然而木头实在太稀少了。

第二天又刮起了猛烈的风暴，使他们在岸上无法逆风而行。到处都飘起了雪花，能见度降到了一百英尺或更低。10月2日，他们已经完成了房子主体框架的搭建。在钉在一起的木头上，挂上了用雪做的五月树作为装饰。接下来的两天是在痛苦的气温中度过的，第一天的气温太低，无法出门，第二天的雪又太大，也无法工作。与此同时，开阔的水面却已经悄悄地靠近了船。他们把船锚固定在冰面上保持船的位置，以防他们不在的时候，风把船拉出海面。10月5日，除了船仍被冻在水线以上两三英尺深的地方，海面上一片开阔。从那里数，大约二十英尺以上厚的坚冰一直延伸到岸边。

他们竭尽所能地持续工作，但最终，他们一直害怕的一刻终于到来了。身处在一个没有大量植被的北极岛上，他们却发现了大量的木材。这些木材，被西伯利亚的洋流，送到岸边已经几个世纪了，是他们徒步走好几英里才找到的。他们一次又一次疲惫地把木材拖到建造地，但最终，这些木材还是不够建木屋的。他们开始撬开船上的木板，由于船前的甲板比主甲板高一些，因此可以从船前甲板上取下来。他们用这些木板覆盖了房子的部分外部，并把它们铺在屋顶上。

但是他们没有拆掉船体，也没有拆掉任何东西。因为如果要彻底拆掉，来年春天他们就不太可能恢复原状了。对船没有用的部分的拆卸，是他们最后妥协。在船和避难所之间的选择题中，他们的未来目前就在冰冷的岸边雪地里。

10月6日，天气条件还是太恶劣，不允许他们工作，所以他们只能呆在室内。第二天，尽管天气寒冷，他们还是拆掉了在船尾搭起用于上厕所的甲板，并用这些木板完成了对小屋的封闭。他们尽可能地封住木板之间的缝隙，使其免受残酷的风和他们所在的那座不大的山顶裸露地形的影响。在地球最遥远的地方，他们建造一栋可以居住房子。

搬进小木屋几乎和建造小木屋一样是个大工程。10月8日，大雪在裸露的高原上吹袭着他们的小木屋，使船员们根本无法立足于风中，也无法在户外行走超过几英尺。第二天，情况没有好转,他们再次全部困在了船上。

10月10日,水位比平时高了两英尺,但天气转晴使得他们终于可以再次上岸。他们已经在甲板令人窒息的烟雾中煎熬了好几天。伙夫只有在那里才能生起炉子,权衡之下,他们别无选择,至少在那里他们可以吃饱穿暖。一个船员为终于获得自由而高兴,他走下船去了。

但没过多久,那个船员就跑了回来并大喊:"熊!有熊!"他几乎被逮个措手不及,一直被追回到船上。那只熊一直跟在他的身后,直到他到了之前被杀死并被开膛冻起来的那只熊的尸体前面。熊的尸体已经被雪覆盖,只剩一只爪子突兀地撑在空中。追赶他的那只熊暂停了对猎物的追逐,审视着这个神秘的邻居。与此同时,逃亡的船员爬上了船。甲板上满是从舱门里爬出来的人。他们被烟熏得只能眯着眼睛。他们虽想帮忙,但起初连熊都看不见。幸运地是,那只熊在决定爬上船之前就游走了。

天气的缓和终于让他们可以开始转移口粮。当天晚上,他们把大部分面包装进小船,拖上岸。第二天,当他们把酒和食物桶从船舷上放下时,又一只熊,也许是昨天的那只熊,但也可能是另外一只,从冰层中爬出来,开始向他们移动。但是那些熊一定是在打盹,因为它来来往往地看到地上的隆起,以为是一大块冰。船员们迅速向它开枪。熊被吓跑并放弃了自己的狩猎。

10月12日,八个人把自己的东西搬过来,第一次睡在房子里。但这非常遭罪,因为他们还没有在地上搭起离地的铺位。更关键的是,虽然船员们规划了一个烟囱的开口,但还没有完成烟囱的建造。而没有烟囱就意味着没有火堆可以取暖。

第二天刮起了狂风。他们开始移动啤酒桶,把它们从侧面吊到冰上的雪橇上。但风暴瞬间把他们逼回了船上。啤酒被遗弃在冰面上,而他们自己则蜷缩在几英尺外的甲板之间。第二天,当他们再回来时,发现那桶云杉啤酒的顶部已经结冰。从那以后,啤酒不断膨胀,把桶底撑破了,像胶水一样冻实在炸散的桶板上。船员们将桶装上雪橇拖回,却发现啤酒早已挥发殆尽。所有的酒都渗透到未冻的淤泥里,而啤酒桶里的冰块却只是水。他们融化了桶里的东西,重新搅拌,结果却令人失望。

10月15日,船员们将自己搭建的小木屋门口的积雪铲掉,并在木屋前垒起石块,形成了一抬升区域。第二天早上,当船员们往回走去取更多的补给品时,他们在甲板上看到了一只北极熊,显然这只熊是连夜上船的。不知是惧怕迎面而来的队伍,还是对新巢穴有不满意之处,当看到船员们越过冰向船上走来时,那只熊就溜走了。

船员们爬上船后,开始拆上层后甲板区的船舱,并把木头搬到岸上,为他们的庇护所构筑了一个封闭的门廊。一个带有入口的大厅与内部的门可以起到双层保护的作用,使寒冷的空气不会随着人们每一次的进出而进入屋内。长久以来,他们一直在适应风的多变性,因此他们在门廊上开了三个外门口,每边一个。他们在出去之前就可以先试探一下风向,从任何一扇最能遮挡风雪的门离开。

船员们花了两天的时间才把门廊建好。10月18日,他们终于把面包和酒从小船上卸了下来。那艘小船是他们几周前拖到陆地上的临时保障品。当时他们第一次担心主船彻底损坏。从岸边望去，海面终于完全结冰了。他们再也看不到任何水了。液态的水彻底消失。

同一天，他们又发现了一只熊。这几乎成了每天都会发生的事。有的熊追着他们来，有的熊比较容易被吓跑。

和人一样，熊也有各种各样的性格。有些熊是有耐心的猎手，一次又一次地回来试探人类，而另一些可能只是简单地调查并继续前进。饥饿非常可能影响了它们调查的方向和深度，并使熊在与人类打交道时可能更具攻击性。

熊的漫游习性也反映出一定的多样性。以海冰为桥梁，有的熊覆盖的地理区域绵延数千平方英里，而有的熊则倾向于呆在离某一地点较近的地方。除了被船员们杀死的熊，这些是可以被证明属于哪一类的，但巴伦支和他的手下所看到的可能是同一物种的来来回回，也可能是刚刚游荡过来的其他新物种。不管是哪种情况，北极熊在冰港的数量明显多于人类。

巴伦支船队的人已经对北极熊有了不少了解。在它的自然栖息地，北极熊和北极一样，是世俗与神话的融合。北极熊拥有不可伸缩的爪子和四十二颗牙齿。这种动物拥有致命的威力，但他们必须找到与它日常共存的方法，因为北极熊其实并不太容易受惊吓。它们已经习惯了冰面上的各种声响，且它们在这遥远的北方并没有天敌，因此没有什么是北极熊需要畏惧的。驯鹿和它们吃的海豹对它们毫无威胁。人类的新奇足以引发它们的好奇心，但还没有熟悉到足以引发恐惧的地步。

1773 年，14 岁的霍雷肖·纳尔逊（Horatio Nelson）——后来成为了英国的海军上将和英雄——应征成为 HMS 卡尔卡斯号

（HMS Carcass）上的舵手，踏上了极地探险之旅，并尝试了巴伦支近两百年前走过的路线。他最远到了北边的斯匹次卑尔根群岛。在那里，他和朋友一起在冰上试图捕捉一头北极熊。他用随身携带的火枪，向熊射击时，只看到装填火药处发出的火星。虽然导火索燃烧了，但它未能点燃火药。他无法向熊开枪，好在最终被船友们救起。船向熊发射了一发炮弹，吓跑了它。据说，是因为熊所在的冰，与纳尔逊所站的部分，突然分开，才让这个野心勃勃的愚蠢少年活了下来。

而巴伦支船上的这个孤独的孩子，并没有这样尊贵的身份。他获取到的与北极熊打交道的经验，和近两百年后的纳尔逊所知的几乎一样多，又或许更多。10月19日，这名男孩和两名男子独自在船上工作。一只北极熊爬上了倾斜着的船舷，强行上船。三人都手无寸铁。面对狂暴的熊在甲板上步步逼近，他们惊慌失措。他们向其投掷木柴，但熊却愤怒地冲向他们，使他们慌忙跑进船舱。男孩和熊一起被困在甲板上。他爬上前桅的索具。这时，岸上的人已经听到了动静，跑过来，用火枪射击，把熊赶走了。

和所有对熊的袭击一样，一旦结束，船员们就不得不回到自己的岗位上。第二天早上，他们又瞥见了远处的开放水域。这使得他们离船的决定更加痛苦。船员们到船舱下找补给品时，发现一些木桶上的铁箍已经被冻碎了。一些木桶本身也发生了同样的炸裂。荷兰人从阿姆斯特丹一路拖来的酒，此刻喝下却不会得到任何的慰藉。

两天的晴朗且平静的天气，让大约几个月的口粮得以有序的搬运。船员们的小木屋里慢慢地装满了木桶和酒桶。但在10月22日,下了一场雪。风刮下的雪越来越大,堆满了房子的四周。呆在屋里的八个人无法到户外去。

他们本想第二天就把其他队员转移进来,正好太阳高升,天空平静。但他们担心暴风雨会再次来袭,然而从船上徒步到小木屋,对其中一个已经病入膏肓的船员来说,挑战很大。10月24日,其他成员终于完成了他们的冬季朝圣之旅。他们用雪橇拉着病号,拖着两艘小船中较大的那艘船,在崎岖不平的地上行驶。到达后,他们把病友抬进屋里,把船倒扣在屋外,这样它就能经受住寒冬。他们希望来年春天它还能用,如果他们能活那么久。

回到船上,他们打量着它那栽在冰原上的朴实的船身,望着一望无际停止的海面,此时最不可能想象的就是水面会再次奔腾起来,把船解救出来。他们收起冰面上的备用锚,把它的缆绳盘回了船上。这样确保其不会在必将到来的新雪下丢失。在回小木屋的路上,他们运走了最后的食物,使船上一夜之间空无一物。

10月25日,他们再次返回船上,为小船收集物资,清理出最后一批要带的装备。将它们装到雪橇上后,他们排好队形,拿起绳子拖着雪橇前进。突然,范海姆斯凯克船长发现有三只熊从船的远处向他们走来,在冰封的海面上蹒跚而行。

他大喊着为船员们拉响警报,同时也为与熊战斗而作准备。船员们放下拖着的绳索,四处寻找任何可以自卫的东西。与运过来的装备一起,雪橇上放着两把长戟。格里特·德维尔捡起一把,范海姆斯凯克抓住了另一把。他们开始尽力保护船员。幸运的是,长戟是一种远距离武器,不需要他们与熊近距离作战。但在没有枪，只有两把长戟的情况下面对三只熊，他们也显得力不从心了。

当范海姆斯凯克和德维尔在冰面上面对熊的时候，其他船员则向船的方向突围。他们可以躲在甲板下面，但在奔跑的过程中，一个船员滑倒了，掉进了冰缝里，被卡住了。熊对武装人员心灰意冷，转身向逃跑的猎物追去。德维尔确信那个倒下的人已经完了。但不知怎的，这些动物并没有注意到或者根本对倒在地上的船员没有兴趣。或许因为那个船员大部身体都在冰面下，从而导致视线上不可见。熊反而向那些登船的人跑去。被困的船员终于爬出了冰面，范海姆斯凯克和德维尔追上了他。他们三个人绕着船转了一圈，要从另一边爬上船。

熊终于还是被激怒了。船员们换了个方式追赶自己的小分队。他们捡起木柴和其他杂物，将所有触手可及的东西扔向攻击者。德维尔和范海姆斯凯克，用他们的孤戟支撑着自己的身体，并意识到这些武器很可能和柴火一样根本无法杀死野兽。

然而，这些熊似乎并没有被攻击所吓倒，相反，它们变得好奇起来，去调查木头和其他被扔过来的东西，就像狗玩扔和捡的游戏。一个船员在下面着急地找来长矛，从炉子上取回火种，但他们无法迅速地生起火来。这使得船上的火炮对他们毫无用处。

当熊发起总攻时，其中一个船员把长戟扔向最大的熊，并成功地劈开了它的鼻孔。熊被吓了一跳，向后退去，并意识到了自己的伤势。过了一会儿，它开始逃跑。两只小熊也转身去追赶它。

等它们走后，船员们又开始了他们的工作。在松了一口气后，疲惫不堪的他们又把自己套在雪橇上，拖着雪橇，一路蹒跚地来到了小木屋前。他们已经完全搬上了陆地，把船交给了大海。当然，并不是所有的人最终都能活下来，并再次回到船的身边。

安 全 屋

147 　　在冰港，巴伦支船队的众人用手头的材料搭建的庇护所，就像荷兰人自己一样，对北极来说都是一处陌生的风景。在一个几乎与海面平齐、被冰层覆盖的低洼地带，有一条短小的上升道可以通向内陆，直至一个平坦的地面高原。在较高的地面上，小屋呈长方形盒子状，一半是木制另一半是茅草，三面临海。屋顶向上倾斜拱起，中心有一条屋脊，在屋脊中间有一座小方塔，窄小的像一座小型的金字塔。屋顶最上面是空桶是烟囱。

148 　　后来的探险家在到达北极高纬度地区后，其庇护所的样式就多种多样了。1895 年，在法兰士·约瑟夫地群岛的杰克逊岛，弗里乔夫·南森和他的伙伴哈尔玛·约翰森（Hjalmar Johansen）在地上挖了一个三英尺的凹洞，然后用苔藓和石头在空洞上搭起了一个小屋。其他类型的住所类似，但都不能遗留下来。1909 年罗伯特·皮尔里试图到达北极时，因纽特人的帮助意味着可以建造冰屋储藏补给品和提供住处，从而省去了探险者携带露营装备的麻烦。

　　就在南森徒步跋涉越来越接近北极的时候，蒸汽船其实已经在夏季的几个月里，将游客从欧洲带到了斯匹次卑尔根群岛。沿着该群岛的西北海岸,一家名为劳埃德的酒店(Lloyd's Hotel)由几英尺宽和长的小木屋所建造。这个酒店使爱冒险的贵族们在回到船上之前,可以在迷你的小木屋前喝上一杯,并在北极高纬度的偏远角落拍个照片。

后来,欧洲的建筑商在北极高纬度地区开发了其他项目。就在巴伦支的伙伴们在新地岛拼凑出一间小木屋后不到 20 年,捕鲸者们开始在西边几百英里外的斯匹次卑尔根群岛狩猎。他们的工作场所和睡房从帐篷发展到木制营房和低矮的砖砌试炼炉——用于熬制鲸油的炉子,且每年都会回到这里。[35] 1630 年,当"礼炮号"的船员在格陵兰岛海岸猎鹿时,被抛弃的船员们为了躲避冰的逼近,从附近的炼油场借来瓦片、木材、木板和砖块,建造了一个避难所,以等待来年春天他们的船返回。

随着时间的推移,庇护开始变得更加优雅。随着煤矿开采在北极高地扎根,公司高管短暂停留期的住所也被设计出来。后来,在 1926 年,挪威探险家罗阿尔德·阿蒙森入住了斯匹次卑尔根群岛上位于新奥勒松(Ny-Ålesund)港口的一栋两层房子。在那里等待着发射他可以飘浮在北极上空的"挪威号"(Norge)飞艇。

这些小木屋中,有几座已经存在一个世纪或更久,为顽强的游客提供全部或者部分的配给,或作为救生的地标,为迷路的探险者重新定位。随着时间的推移,有几座小木屋慢慢变成了研究前哨。但在巴伦支抵达冰港之前,欧洲人从未在这么北的地方建造过避难所。唯一靠近极点的人类建筑,都是由土著人建造的。他们通常会随着时间的推移向南迁徙,寻找更多的资源和更舒适的气候来繁衍生息。

在巴伦支航行前的几个世纪里,因纽特人就已迁徙到了格陵兰岛北部的沿海地区。图勒人在暖和的月份住在皮帐篷里,而在冬天则住在他们地上自己挖的住所。在这些人之前,北美洲和格陵兰岛的多塞特文化,就建造了30多英尺长的石头长屋,配有齐臀高的墙,但没有屋顶。这很可能是因为他们在岩石的围墙内搭起了睡帐。㊱

随着时间的推移,这些文明的文物将被发掘出来,并进行艰难地解读,但解读威廉·巴伦支的小木屋的结构和用途所需的工作则要少得多。"Het Behouden Huys"——安全屋,是荷兰人对该建筑的称呼。它在三百多年的时间里基本保存完整。

到了十月下旬,当所有荷兰人都在小木屋里安顿下来的时候,狭长的屋里已经堆满了食物和设备。在远离大门和离地高的地方,有六张可能是轮流值班时睡觉的高架床铺。它们沿着一面墙排列着。小屋中间放着一个壁炉。它的烟向头顶的烟囱和桶飘去。当时由于病重而无法转移的船员,在火炉旁有个专门的草垫子,用来取暖。长枪直立地靠在入口附近的墙上,随时可以使用。

船上并不是所有的东西都能装进船舱,许多物品也不能轻易地运到陆地上,但船员们带来了必要而实用的东西。他们拖上了最值钱的货物——锡盘和烛台,还有一包昂贵的猩红色布料。令人不解的是,此刻他们还保存着一些不太值钱,打算用来交易的物品,其中包括数千副堆放在一起的廉价版画。这些拙劣版画却恰恰表现了艺术史上最丰富的时代之一的萌芽。他们希望将尽可能多的货物归还给主人，以昭显他们是负责任的管理者。

然而，这些保存的货物并不是他们最重要的物资。除了食物，他们最有价值的物品是工具和衣服，还有巴伦支的地图和海图。这些东西可能会帮助他们生存下来或找到回家的路。他们还有相当数量的带刃武器，从剑到戟再到斧头，当然还有枪。除此之外还有锤子，十几种用于穿刺或挖洞的锥子、凿子、手钻、手锯，以及用于刨平木头的扁头斧。他们有木制和金属制的啤酒桶龙头，一个在地图上测量距离和绘制路线的标记罗盘，还有一个鞋匠的楦头，脚掌形的光滑木块，一本羊皮纸包着的小书——《中国大帝国的历史或描述》(The History or Description of the Great Empire of China)。此时远东看起来比他们从阿姆斯特丹出发时还要遥远。

大家一起坐在小木屋里的第一天，天气开始骤冷，无法长久在户外作业，但他们还是成功地捕获了一只北极狐，然后剥了狐狸的皮，把肉烤了吃。那味道像极了兔子。剩下的时间就是呆在室内做些有用的杂事。

除了在一个没有什么东西可以维持生命的地方之外，安全屋里最特别的东西也许就是那座船钟了。它与膝盖同高，宽和深与张开的手指差不多长。外框架是灯笼的形状，大小也和灯笼差不多。钟冠上有一个优雅的铸钟。这座钟由锻铁制成，圆形的表面上有箭头指针、上弦键。透过外露的侧面可以看到里面齿轮的运动。在这个太阳和天空似乎每分钟都在变化的地方，指示着有序的时间。除了时钟，小木屋里的还有沙漏。通过翻转沙漏，作为又一种方式来划分黑暗日子里的二十四小时。

船上的每个人在午夜的阳光下共同度过了几个星期。按照逻辑，极夜也会随时而来。但永久的夜晚对跟踪他们的熊来说意味着什么？当口粮减少时，那些可能让他们活下去的动物又会怎样呢？巴伦支众人还能抓到狐狸吗？一旦黑暗来临，生活在完全的黑暗中又会是什么样子？有了船上的时钟和沙漏，他们就有办法交叉检查时间的流逝，给自己的生活抛出了一张可以预测的网。他们可以计算距离新年，太阳回归以及春天的到来还有几个星期。船员们准确地标记时间的流逝，仿佛在冬天让他们拥有了某种控制感。

在这样的新家上好发条后，当第一声钟敲响过后，大家就开始为漫长的冬天拾柴。为建房找到的木材，仍是可靠的燃料来源。漂流木会被继续洋流冲到同一个地方，但这个地点距离小木屋有好几英里。

船员们开始了他们的徒步，但在途中，一场风暴吹来，迫使他们转身回家。当天晚上暴风雪平息后，三个人冒险去查看那只被他们杀死并被冻僵的熊。他们想拔掉它的牙齿。然而，尽管熊有着令人胆怯的身高，但此刻它却不见了踪影。风雪已将它掩埋了。当他们寻找摆好的尸体时，暴风雪再次刮了起来，让他们措手不及。更多的雪倾盆而下，能见度为零，他们只能闭着眼睛摸索前行。空中飘落的雪，地上的积雪和傍晚天空之间的界限也被模糊了。他们沿着自以为是来时的路，摇摇晃晃地穿过了暴风雪。在寻找房子的过程中，船员们差点完全错过了它，错过即意味着死亡。

其他的灾难也在无时无刻地逼近。屋顶原来并不防风雨。他们钉在框架上的松木板，不能紧密地抵挡风暴。10月29日，他们从海滩上收集了几块石板，压在了从船上带来并铺在屋顶的船帆上。第二天天气晴朗，在10月的最后一天和下月的开始，一场考验新屋顶的暴风雨把他们困在了屋里。

11月2日，太阳还是出场了，但没有完全露出脸来。在日落之前，太阳一直沿着地平线的沟沟坎坎滚动着。趁着能见度尚可，其中一个船员用斧头杀死了一只狐狸，为大家提供了一顿丰盛的晚餐。

一周前曾恐吓他们的熊似乎已经完全消失了，但白天也跟着它一起逃走了。第二天，只能看到太阳的一角，这是几个月来一直照亮他们的，最后一盏灯的遗迹。巴伦支用太阳顶端残存的一角的高度来计算了他所处的纬度。第二天，太阳就彻底消失了。

16名幸存的船员全部搬进了小屋。船上的外科医生汉斯·沃斯（Hans Vos）给船员们制定了一套健康方案。将水或雪倾倒在置于空酒桶中，并把它放在椅子下面铺的热石上，形成了一个卫生的桑拿房。11月4日，船员轮流洗蒸汽浴时，他们很可能已经有一段时间没有洗过澡了。

脏在当时并不稀奇。在法国历史学家儒勒·米什莱（Jules Michelet）称为"千年不洗澡"的中世纪，洗澡作为一种习俗虽并没有完全消失，但它通常是在有限的场合下出于特殊原因的需要。澡堂是存在的，但在14世纪，黑死病使其普及程度下降。在巴伦支所处的时代，正在崛起的新教对澡堂所夹带的社交和性乱的恶名仍然心存疑虑。

但在陆地上和船上，人们仍然相信澡堂有其独有的用途。一个多世纪后,英国船长詹姆斯·库克(James Cook)——他曾航行到新西兰和澳大利亚——在试图绑架夏威夷国王的过程中丧生。他为他的部下制定了冷水浴和其他卫生措施。即使在巴伦支的时代,医生有时为了医疗目的,以健康的名义主张某些做法,对船员进行预防性治疗。

但荷兰船的外科医生名声不佳。这些名声在很大程度上是咎由自取地。许多人接受的不过是理发师和临时牙医的训练,很少得到的正规学习。船上的外科医生年龄最小的只有13岁,但更多的是在20岁以上的初级外科医生。然而,如果第一外科医生和外科医生的助手生病或死亡的话,即使是初级外科医生也需要负责所有的医疗服务。㊲

船上存在潜在的传染病风险,而船上医生缺乏专业知识可能会造成真正的伤亡。在巴伦支航行的数十年后,荷兰船长威廉·邦特科(William Bontekoe)在他的日记中写道,外科医生"在公海上游荡……像个刽子手一样",折磨着无助的船员。㊳

事实上,在有的时候,外科医生并没有坏处,甚至大有益处。在冰港的房子里的第一个星期,人们就很享受自己的蒸汽浴。"这对我们有很大的好处",格里特·德维尔写道,"对我们的健康有很大的帮助。"这也可能只是他们对短暂几分钟的温暖而抱有的感激之词。

第二天早上,一些船员出门去查看他们的船。从远处看,它仍然侧躺着,被锁在冬天的监狱里。当他们跋涉到坚实的海面上,月亮照亮着他们的路。随着太阳的消失,白天和黑夜的概念变得越来越不重要了。黎明前或黄昏时分的黯淡光芒虽还在,但每天不断减少了几分钟。太阳从地平线下发出的黯淡光芒与月亮的光亮也越来越难区分。这景象有时会在天空中长达一周之久。

天空明朗时,月亮可以很好地照亮地物,足以看清一英里或更远。事实上,夜晚就是阴天没有月亮,或是月亮每月在天空中周期性地消逝,但每当它的光亮被阻挡时,新地岛险峻的地形就会被黑暗笼罩。

11月6日,船员们设法拖着一架雪橇的柴火来到小木屋。第二天,他们发现时钟停了,因此他们已完全不知道时间了。那天他们一直呆在床上,甚至都没有去雪地里解手。由于时钟的失灵,站在外面的他们分不清当下是白天还是白天已变成了黑夜。通过对天空的仔细观察,他们最终推断出是在中午前后。但是,他们在船上明确的生活规律已经消失了。该规律既催生他们一天的所需,也是由一天的所需而催生。

11月8日,船员们又拖着堆满从几英里外的海岸线上收集来的木头的雪橇。他们再次捕获了一只北极狐。海中的开阔水域引起了他们的注意,但任何返回海中的行为似乎都应该是几个月以后的事了,甚至更久。他们已经默许自己留在岸上了。船员们撬开一个木桶,分出了接下来八天所需的硬面包。这些面包还不到五磅重。以前,一桶面包能维持五六天,但现在他们要开始考虑如何让那个夏天出发时准备的给养能持续一整年或更久。

然而,最悲哀的是,他们发现啤酒所剩已经不多了。虽然他们早已知道大部分的啤酒先前已经洒了出来,并且冷冻后分离成酵母和冰块的酒桶味道和以前完全不一样,但安全屋的居民还是失望地发现自己的口粮在减少。

在巴伦支的时代，船员们在冬天每天都要喝将近半加仑的啤酒，夏天要是船上的库存够，喝的就更多。[39] 它虽比几个世纪后生产的啤酒度数小，但它还是含有酒精的。啤酒与面包或船用饼干，是人体所需的维生素 B 族和热量的来源。比船用饼干更重要的是，它还有维持生命的作用。

船员们对饮水普遍持怀疑态度，这是理所当然的。虽然他们不了解细菌的危害，疾病的病菌理论也尚未出现，但他们明白，在陌生的土地上，水源会让他们生病。将啤酒与水混合，能杀死在船舱中放置数月的淡水桶中生长的藻类和细菌。

各种形式的酒为许多船员提供了主要的补水手段[40]，但巴伦支船队的人被困于北极地区，可以说是非常幸运的，因为他们可以饮用融化的积雪。大量地喝这里的水，对船员来说是陌生的，除非是在最窘迫的情况下。失去了部分酒的配给，意味着他们已经与自己所信赖的世界脱离了平衡。

11 月 9 日，天色渐渐暗了下来。第二天，他们徒步来到船上，想看看船在冰面上的情况。他们打开舱门，下到下层甲板上，窥视着下层船舱，发现船舱里充满了水，并淹没了用于压舱的石头。从缝隙中透进来的水已经迅速结冰，使船体作为屏障的作用不断减少，慢慢丧失了将船舱里和船舱外的海面分割开的作用。任何一艘漂浮的船上，哪怕只是船舷有个洞或者更甚不可修复的损坏，在这种情形下的解决方案都是把水抽出来，但冰是抽不出去的。他们只能暂时让大海占有他们的船。

船员们也开始把注意力转移到了更受控制的事情上。狐狸是很好的食物，但并不是唾手可得，尤其是当这些人大部分时间都需要在室内度过时，且只能在月光或黑夜里打猎。为了实现捕猎的自动化，他们用缆绳编织了一个圆环，然后编成了一张网，并做了一个陷阱，只要有狐狸在网下爬过，陷阱就会落下。11月11日，船员们设置了陷阱，当天就得到一顿热腾腾的晚餐作为奖赏。

在北极地区捕猎是一门艺术，也是一种遗产。在巴伦支之前和所处的时代，该技能几乎完全由北方土著居民所掌握。图勒人、因纽特人的祖先，在格陵兰岛建造过狐狸陷阱。这些陷阱按有可滑动的石门。开口仅与动物的宽度一致，用诱饵吸引动物进入，但没有给它们留下转身逃跑的空间。被撑开的石门上，可能会直接掉落一块石头砸到被困的动物身上，将它们压碎。这或许也是触发悬空石门滑落的机关。

捕捉北极熊的陷阱也可以如此布置。等到熊陷入其中，已经没有空间可以转身用其锋利和强壮的前爪来拆除洞口。运气好的话，当捕猎者回来时，动物已经饿死或冻死了。但巴伦支的人还无法娴熟地捕捉这只北方巨兽，只好用狐狸来凑合，反正他们更喜欢吃狐狸肉。

充足的鲜肉带来了好消息，但在11月12日，啤酒开始按人头分配。他们每天融化一些雪水喝以保持身体内的水分。在接下来的一周里，他们几乎都是在室内度过的，没有什么事情可做。11月18日，天气更为寒冷。负责贸易商品的范海姆斯凯克拿出了一块用于贸易的粗毛布，并把它展开然后剪开，分发给需要保暖衣服的船员。第二天，他又打开一箱亚麻布，为自己缝制了一件衬衫。

接下来的一天，天气晴朗而平静。船员们在小屋的火堆上烧开了一锅水，用于洗衣服。当他们把衬衫铺开晾晒时，最靠近火堆的布仍然是湿的，而离火最远的布却冻得像平木板，无法抖开。为把布料层层分开，他们不得不把洗好的衣服再次扔回沸水中。

船员们比在船上更闲，而厨师却要为大家融化足够的水，砍柴维持炉子的运转，且还要做一日两餐的饭菜。11月21日，为了分担负担，其余人同意接过劈柴的工作。除了探险队的领队巴伦支和范海姆斯凯克外，大家轮流倒班。

第二天，从阿姆斯特丹运来并带下船的奶酪也接近殆尽，只剩下最后的17块了。他们每人分到一整块，并且自己可以决定自己在任何想吃的时候就吃。

随着冬天的到来，他们看到了越来越多的狐狸。船员们因此设了新的陷阱，希望能捕获更多的狐狸，但这些陷阱有些不一样。沉重的木板上压着石头，木板四周再用小段划桨围上，诱使狐狸触发木板的下沉，然后将它困住。木条则能防止狐狸从陷阱侧面逃出来。

11月24日，外面狂风暴雨，小木屋里面的几个人开始感到不适。四名船员轮流在桶式桑拿房里洗澡，然后由外科医生给他们注射清肠剂。清肠剂以排空肠子，来清理身体里的毒物，但这种治疗对身体系统造成了暴力性损伤，而且可能不能带来任何真正的好处。但是船员们有时会把身体的极端反应，作为治疗非常有效的证据。正如格里特·德维尔所写的那样，净化剂"给我们带来了很多好处"。

如果他们需要更多的好兆头，则完全可以从他们当天用新的木板陷阱抓到的四只狐狸身上找到。他们在设计上进行了改进，并增加了一个弹簧，于是很快又抓到了两只狐狸。但晴朗从来不会太久。11月26日，一场暴风雪袭来后，雪铺满了地面，然后越堆越高，高过小屋的四面，越过门槛和台阶，堵上了门，最后堵住了所有的出口。他们无法离开，陷入绝望中，也不得不在屋内被封上的前廊内解手。

第二天，他们制造了更多的弹簧陷阱，也抓到了更多的狐狸。咸牛肉不多，他们也很乐意用新鲜的肉来补充陈旧的配给。但11月28日又是一场暴风雨，把他们困在了屋子里。第二天，他们像蠕虫一样爬出小屋，用铁锹挖出一扇门，但他们的陷阱却完全被埋在雪地里。他们不得不清理木板，这才使得狐狸有可能落入其中。

更糟糕的事件正在悄然发生。他们还不知道，自己已经受到坏血病的侵袭。在巴伦支第二次航行时出现在一些船员身上的疾病症状，在这次航行中也不可避免地开始出现——关节僵硬、牙齿松动和牙龈病变。这些疾病的症状，在上一次远征开始仅仅四个月就出现了，而在新地岛安全屋过冬的16名船员现在已经在海上呆了六个多月。

抗坏血酸，即维生素C，对构建人的结缔组织至关重要。它的缺失致使这些组织首先感到异常。一种由缺乏维生素C带来的病症——坏血病悄悄地、无情地剥夺了身体保持完整的能力。随着病情的恶化，旧伤口上的疤痕组织溶解。部分船员们开始拉肚子，且骨骼变得越来越脆弱。人类没有长期储存抗坏血酸的场所，这意味着坏血病对最强壮的身体也会造成破坏。其实早在没有维生素 C 的前两个月内，身体就会发生一些微小的变化。

坏血病以昏昏欲睡和疲劳开始，就像 1595 年他们远征瓦伊加奇岛时经历的症状一样。如果不能获得维生素 C，他们的身体就会慢慢地崩解。船员们就会慢慢地面临肿胀、黄疸、严重的自发性出血、抽搐，最后死亡。同时，由于他们的软骨消失，他们移动时骨骼吱吱作响。[41] 症状不仅仅是身体上的痛苦，随着疾病的发展，也会出现抑郁和幻觉。

对船员来说不幸地是，巴伦支航行在坏血病最为黑暗的时代中。直到航海技术的改进，使航程可以持续数月后，坏血病才发展成为一种常见疾病。从十五世纪到十八世纪，从西班牙第一次征服美洲到全球大部分地区的殖民化，大约有两百万船员死于这种疾病。

然而，有些人已经知道它的治疗方法。十六世纪，墨西哥人给那些抵达他们海岸的患有坏血病的西班牙船员吃橘子、柠檬和酸橙。英国探险家和海盗理查德·霍金斯（Richard Hawkins）给他在巴西的船员送去了数百种柑橘类水果。在 1622 年的一封信中，他推测了这些水果有对抗坏血病的价值。"我看到的最有成效的方法是食用一些橙子和柠檬……我希望有一些有学问的人能够记叙它。它是海洋上瘟疫，是航海者的灾难。"[42] 霍金斯声称，在他二十年的海上生涯中，曾见过成千上万的人患坏血病。许多航海国家的船长都会像霍金斯一样，带着预防措施，但也有人没有这样做。坏血病在十九世纪仍是船员们的一大威胁。

因为在新地岛的最北端几乎没有植物生长，即使巴伦支的人了解这种疾病，他们也不会有任何的橘子或柠檬，甚至土豆或西兰花来拯救自己。在北极高纬度地区，他们找不到任何可以吃的植物用来治疗坏血病。除了人类，还有蝙蝠、灵长类动物和豚鼠，是少数不能合成维生素 C 的动物。其余大多数动物都能自己合成自己所需的维生素 C。北极狐就是其中的一种。巴伦支等人吃的狐狸肉是新鲜的，没有经过过度烹调的，因此肉中含有少量的维生素 C。在不知不觉中，他们的生存已经变成了一场疾病加速和能吃多少狐狸之间的竞赛。

同时，捕猎让他们忙得不可开交，也给他们带来了一些期待。他们喜欢吃肉，于是想到了对狐狸的另一种利用方式，就是把剥下来的狐狸皮毛做成狐皮帽子。他们终于在制作适合天气的衣服上前进了一大步。

11 月的最后一天，天气晴朗。六名携带武装的人员在中午时分去到船上，查看它是否移动了位置。在甲板下面，他们抓到一只好奇的狐狸，并将其杀死，但没有看到任何熊。第二天的天气变得更糟糕，暴雪再次来临。门又一次被堵住了。整个房子都被雪覆盖了。由于火堆上方的桶状烟囱无法通风，屋子里充满了烟气。这些幸存者们面临着冻死或被烟气呛死的选择。一天里的部分时间不生火，他们只能蜷缩在铺位上，在烟雾中忍受着煎熬。到了煮肉做饭的时候，他们也享受着高温。12 月 2 日，同样的窘境出现了，这次他们把石头加热，搬到床上取暖。

当他们没有点火或点灯笼的时候，小木屋里无论白天还是黑夜都是一片漆黑，弥漫着被坏血病折磨的人和火炉烟的复合气味。即使在安静的时候，也能听到 16 个人的呼吸声，也能听到冰在海面上移动或撞碎时的低沉声和碎裂声。这声音大的让他们怀疑自己所见过的最大冰山是否正在互相撞击。

火断断续续，热量从不密闭的屋中流出。先是结霜，然后冰块开始在内壁上堆积，最终在屋内部，甚至屋顶，形成了两英寸厚的冰层。错综复杂的船钟，在不止一次地停摆后，彻底地冻住了。他们在它的齿轮上挂上更重的砝码，试图让它们动起来，但机械结构却纹丝不动。三天来，船员们一直呆在他们的铺位上。铺位的两边也铺满了冰。为了避免时间的遗漏，除了转动沙漏，他们几乎一动不动。

12月4日，暴风雨停了。他们意识到，挖出大门将是一项惨不忍睹的浩瀚工程，于是他们开始实行倒班制，确保每个人都有一个班次。范海姆斯凯克和巴伦支再一次免去了这项杂务。他们不仅是探险队的领队，也是最有可能在明年春天把船员送回家的成员。如果有人能活那么久的话。这两个人有着非常实际的作用，对他们很珍贵。

第二天又迎来了晴朗的天气，船员们也变得雄心勃勃，到外面去清理和重置陷阱。但12月6日，面对更加恶劣的天气，他们当初在风暴结束时的希望和活力又散尽了。整个屋内都感受到这剧烈的狂风，他们同样也害怕随风而来的寒冷。船员们开始担心自己会被冻死在床上。他们试图生火，但尽管有火苗，里外结冰的小屋还是不能被温暖。他们渴望温暖内心的雪利酒，已经冻成了固体。他们试着在火上融化雪利酒，最后却只剩下刚够每个人喝上一杯的量。

恶劣的天气一直持续到第二天。船员们商量着如何才能活下去。他们明白自己无法再忍受严寒。此时其中一个船员,想起了他们从船上运到小屋内的煤矿。他们确信,它能提高房间里的温度,足以让他们活下去。

煤矿比一般的木头烧得更热,但众所周知它的气味很难闻,太难闻了,以至于用它煮肉很难不破坏味道。于是,船员们等到傍晚时分,用煤燃起了好大一团火。它如此温暖,以至于他们同意把烟囱和门封起来,尽可能地把热量困在小屋里。也许,这时他们到达此处后,第一次舒服地躺在床上互相交谈。他们渐渐开始打瞌睡了。

但还没睡的人开始感到头晕目眩。久病不愈的船员们最先感受到了烟雾的影响。大家突然意识到自己都病了,并认识到这是烧煤的结果。他们中受影响最小的人跳下床去打开烟囱,然后推开门。第一个打开门的人呻吟着倒在雪地里。听到呻吟声,格里特·德维尔从床上跳下来。看到自己船员倒在地上,他抓起醋,泼在昏迷者的脸上。倒地的人醒了,站了起来。他们打开了其余的门。德维尔意识到,几个小时前还威胁要杀死他们的冷空气,现在却提供了他们唯一的救赎。当寒冷的气温侵入屋内时,烟雾逐渐散去。

这几乎是他们最后一次安心地入睡。他们来之不易的热量现在已经消失了,但至少他们还活着。船长多发了一份酒给每个人,以纪念这次险情。第二天的天气依旧恶劣,但寒冷如斯,大家却再也没有烧煤的意愿了。

12月9日,风雪放晴,按照新的日常,他们再次清扫房门,重新设置陷阱,于是又有两只狐狸跌跌撞撞地跑进来。这些狐狸被大快朵颐后，船员们也因此有了更多的帽子。12月11日，面对更厉害的严寒，皮鞋被冻得结结实实，穿不上了。光脚是不可能的，所以他们做了木屐作为拖鞋穿，羊皮做了鞋面。第二天气温进一步下降时，他们坐在小木屋里，身上的衬衫结了冰霜，衣服上也开始结冰。他们召开会议，争论是否在室内再生一个煤火，但最后这个决议被放弃了，因为担心煤比残酷的低温可以更快地杀死他们。

在新地岛暖和的日子里，气温可能会接近三十二度，但在冬天的几个月里，零下三十度是家常便饭。在那个温度下，保护不足地暴露十分钟，就会引发体温过低。再比这个温度低十度，则只需要五分钟就够了。

体温并不需要大幅骤降，就能产生严重的损害。当体温降到低于正常值三度以下时，就会出现颤抖、虚弱和混乱。躯体将会将从四肢分流血液，试图保持温暖。当身体的核心变得更冷时，失忆和无意识也随之而来。当人体达到八十度时（译者注：华氏度，相当于26.7摄氏度），就会出现死亡。㊸

体温过低者，还是可以被复苏的，但必须小心翼翼地进行。在巴伦支航行北上的几百年后，一群丹麦渔民在北海水中漂浮了一个半小时后，被救起带到了另一艘安全的船上。他们喝下了一杯热饮。由于体温上升得太快，16人全部当场死亡。㊹

但如果新地岛小屋里的人的体温降低到危险点以下，是没有人会跌跌撞撞地上岸救他们的。没有人会把他们带上船或者帮他们复苏。他们的小木屋矗立在冰港上几个世纪都没有被发现。

12月13日，他们又抓到了一只狐狸，并小心翼翼地清理和重置了所有的陷阱。这已经成为一项复杂的劳动。在外面呆的时间超过几分钟，耳朵和脸就会肿胀和起泡。

然而，完成某些工作却成为了本能。虽然太阳已经消失了，但威廉·巴伦支还是走出了小屋，通过巨人座里的一颗星星——猎户座，代表野兽追逐和屠杀者的猎户座——的高度来计算所处的纬度。代表猎户座肩膀的星星，无论是参宿四（Betelgeuse）还是参宿五（Bellatrix），在太阳消失的情况下，都告诉了巴伦支所需的位置信息。站在三面面向冰封大海的雪地上，巴伦支把冰港小屋的位置信息记录了下来。

任何解冻都还需几个月。他们每次查看被冰封的船，发现吃水线一次比一次高。范海姆斯凯克和巴伦支意识到，他们可能无法乘坐带他们来的船回去。如果没有后续救援，回程的时候，这些人不得不挤在两艘小船上出海。巴伦支掌舵一艘，范海姆斯凯克担任另一艘的船长。坏血病已经让人感觉到了它的存在。他们生病了，而且很可能在离开这里前病得更重。正如航海史学家希尔伯伦（Siebren van der Werf）所写的那样，"重要的是，不仅是他们两个，而是尽可能多的船员……掌握导航知识。"[45]巴伦支很可能用不同的天体反复量测，并以此来训练船员，同时给船员提供更多的练习。万一他或范海姆斯凯克生病或者死了，无法进行导航时，船员们还能继续航行。

到12月16日，他们已经烧完了屋里储存的所有木材。他们开始在外面的雪地里，挖出被埋着的一堆原木。他们成对地出去，虽然每对人不能久留，但他们必须把堆的高高的积雪铲平，然后再寻找木头。他们希望再也不用拖着雪橇在凹凸不平的地势上一路走到漂流木岸边再回来。即使出去的人，穿的衣服翻了一倍，戴上狐狸毛的帽子，由于"说不出的且难以忍受的寒冷"，而且房子周围的地形被高高的雪覆盖，因此这是一项极为痛苦的活动。

在天气晴朗的第二天，也就是12月18日，7名船员在黑暗中第一次登上了船。他们爬上船，穿过甲板。这些人想再评估一下船的状况，同时希望能再抓到一只狐狸。为了万无一失，他们关闭了船上所有的炮孔和开口，以捕捉任何隐藏的动物。踏上通往下层甲板的楼梯，他们被黑暗吞没了。

极夜时分，没有比在冻入北极冰层中的船舱里更深沉的夜晚了。他们点燃火把，向漆黑一团的船舱望去。光线照出了一只狐狸，他们杀死了它。他们测量出舱内的水，并发现水位又上升了一指。但新水和旧水一样，很快就被被冻住了，因此水泵也毫无作用。装满淡水的桶子，毫无疑问里面肯定早已结冰了，被海水包围着，紧紧地粘在船体内部。

无风的天气又陪伴了他们一天。他们意识到这一天是12月19日。虽然前面还有最漫长的黑夜，但他们推断，随着冬至的到来，极夜很快就会过半。在冰封的海岸上，没有什么可以安慰他们的，他们渴望阳光，"这是上帝赐予人类在地球上最大的安慰，也是让所有生物活蹦乱跳的源泉。"

第二天，他们又抓到了一只狐狸，但那天晚上的一场暴风雪又把他们赶回了屋里，再一次把小屋变成了坟墓。他们也有过短暂的喘息时间。在这期间，他们把自己从雪中挖出来，修好了陷阱。但第二天风暴来袭，又不得不再次挖出自己。接下来的几个月，同样的苦差事不断反复。但在 12 月 23 日，他们的精神又振作了起来。即使是最初级的船员也明白太阳正在南方。巴伦支知道太阳正将它的温暖，直接照射在三千多英里外的摩羯座上。但屋内的人也知道，太阳正处于离他们最远的弧线上。每过一天，它都会离自己越来越近。

听着海面上的冰块撞击和碎裂，船员们在平安夜的当天醒来时，发现天气还算不错。打开门，他们注意到天空晴朗，月亮是如此的明亮。他们可以看到所有的开放水域。在冰块之间的，有着一条条航道隐约可见，但它们也可能是幻觉。傍晚时分，一场风暴又再袭来，并再次将他们"活埋"。

圣诞节那天，除了坐在屋里听风雪之声以外，他们几乎没有什么事情可以做。飘飘洒洒的雪花，犹如被拆开包装的白色粉末堆满了房子的周围。尽管暴风雪的噪音很大，但船员们还是听到了头顶上的脚步声。最初对熊的惊恐，都不及眼前的一切现实。熊对于他们用脆弱的木板和风帆拼成的屋顶来说是一个沉重的存在。他们的访客肯定只是只狐狸。不过，一些比较迷信的人还是宣称，这是一个不好的预兆。

月亮处于自己公转周期的第 26 天，天蝎座开始显现。就像安全屋屋顶上的脚步声一样，星象可以被解释为迷信或科学，有时两者并存。在巴伦支出海的最初几十年里，比利时占星师科尼利厄斯·盖玛（Cornelius Gemma）会尝试利用星象和占卜来理解人类在神的宇宙中的位置。然而他也是最早在 1572 年就观测到一颗超新星，并在 1577 年确定一颗经过地球上空的彗星位置的人之一（他也是第一个为后人画出低级别绦虫的人[46]）。

像许多同时代的人一样，当他们面对不可思议的事情时，被困在新地岛上过冬的荷兰人倾向于关注实际情况，即使他们仍然尊重来自超自然的影响。虽然小屋内的一些船员害怕屋顶上的脚步声，但其他船员却唱反调，并不觉得脚步声会有不好的含义。最后所有人对不好的信号达成唯一的共识点，就是因为天气太恶劣，船员们无法捕捉和烹调这些入侵的狐狸，因为把这些生物放在肚子里比放在屋顶上要好得多。

暴风雪还在继续，他们尝试了所有能想到的策略，生火，堆上层层衣物，用石头和炮弹加热床铺。12月27日，他们坐在火堆前，尽量靠近火堆，烤着他们的小腿。然而，他们的后背上依然布满冰霜。这让他们想起了那些在冬天的早晨驾着雪橇，经过一夜跋涉后，到达镇大门口的荷兰农民。在暴风雨和寒冷中，住在木屋里的人三天都不敢出门。

第四天，一个勇敢的船员在门前的雪地里挖了一条小隧道，出去查看情况。他回来了，在冻掉耳朵的担忧中，告诉大家雪已经把房子包围了，堆得和屋顶一样高。他们完全被埋住了。

12月29日，暴风雪又停了，下一个负责铲雪的人，挖了一条隧道出来，并在积雪上凿了一组楼梯，让他们可以爬上去透气。他们已经好几天没有抓到狐狸了，但在清理陷阱时，他们还是发现了上天准备的礼物，一只死掉的狐狸，冻得僵硬，但一点也没有腐烂的样子。

第二天，他们所做的工作被磨灭了。头上的雪堆得更高了。隔日清晨，雪就更多了。他们觉得自己就像囚犯一样，当他们坐在火堆前取暖时，他们的长袜还没感受到热度就着火了，只有布料燃烧的气味提醒他们所处的危险。巴伦支的人在1596年最后的几天里，痛苦和疑惑地蹲在火堆旁补着袜子上的洞，想象着未来几个月他们将被埋在小屋里。虽然他们在永恒的黑暗中一次次的得救，但每次的得救都好像离最后的死亡更近了一步。

新地岛之王

171 　　"在经历了巨大的寒冷、危险和艰辛，我们结束了这一年"，格里特·德维尔在他的日记中写道。"我们进入了到1597年，它的开始与1596年的结束是一样的"。

　　光景并没有得到缓解，雪、暴风雨和寒冷一直困扰着他们。他们被困在小木屋里度过了新年。他们每隔一天喝一点分配给自己的酒。有些人则选择暂时不喝，因为他们想象着未来的困难重重，认为把他们的"奢侈品"存入"银行"以备将来的所需，可能会更好。

172 　　除了他们用的火光，空气中没有任何光亮出现。墙壁内侧的冰块掩盖了外界的声音，但狭小的空间里充斥着浓郁的人类气味。蔓延在船员中的坏血病，透过未洗的衣服和身体散发出特有的臭味，使屋内更加压抑。最糟糕的是堆积在避难所一头的尿液和粪便。

　　1月2日的情况和元旦当天的情况差不多。他们再次被困在屋内，从周围收集到的柴火只剩下最后一根。在那一刻，获得更多的木料是不现实的，因为他们不可能在外面长时间地生存下来。他们开始撬掉门框上非必要的部分。接着，他们砍掉了处理鱼所用的案板。平时鱼从桶里拿出来就放这个案板上处理。

不过,小木屋里没有多少多余的东西可以烧了,第二天的情况依然未有好转。无论他们如何小心翼翼地算计木材,供应最后都降到了零。

船员的命运与天气和风向息息相关。除了船的位置外,这些天气信息,是每天首先记入日志的细节,即使他们困在岸上不航行的日子也一直保持着该习惯。但到了1月4日,天气更为寒冷,以至于他们都不敢开门几秒钟来获取日志中所需的风向等信息。取而代之的是,他们在半截长杆上绑上了一小角布,从烟囱里推上去,然后观察风向。即使这样也还是很棘手,他们必须在杆子升出烟囱的一刻立即注意布被吹向什么方向,否则,几秒钟之内,这个临时风车的各个部分会被冻成了一根坚实的杆子。

他们日复一日地继续记录风向是正确的选择,因为到目前为止,自己依然算是在海上。被困在小屋内,就像暴风雨中的小船,对他们来说,不仅黑夜挤掉了白天,而且空间和时间也改变了位置。他们只是不再在水中摇晃,也不需要因为一个个掀起的浪花而时刻保持船的稳定,因为他们的住所是静止的。然而,海上天气却从无静止的时刻,在他们周围风起云涌。就像一路上为船寻找安全的港湾一样,现在他们在等待着几天的平静天气,以允许他们走出小屋。就像在未知的海域一样,他们几乎不知道接下来会发生什么,也不知道如何才能活得更久以便他们找到温暖和干燥的地方,更不知道什么时候才能离开他们的临时住处去寻找补给。

在海上,威廉·巴伦支一直是探险队的领队。他负责制定航行路线并确保船队依照计划线路航行，同时还负责时刻观察和解读天空与海洋。人们相信他的知识，并接受他对前往中国的路线的设想。

他们已经走到了最远的地方。他们对中国的梦想已经消亡了。船的肘板已经损坏且船还在漏水，而大部分的冬天还在前方。他们现在被迫完全依靠时间作为媒介进行移动，而不是穿越数英里的未知海洋，寻找去远东的路。如果他们能活到日光的回归，他们就已经实现了那唯一仅剩的追求目标。因为只有那样才能返航回家。

如果他们能活到足够长的时间离开这里，巴伦支的作用就是把先前去中国的愿望倒转为回家。就像他们曾经相信他能带领大家去中国一样，现在他们明白他能把自己送回荷兰。范海姆斯凯克仍然是负责人员，船员们向他汇报。巴伦支在这个大家庭中的日常事务，已基本成为仪式性的。他阅读和解读天空，直到海流和天气让大海重新开始运动。

1月5日，平静的天气到来。他们趁机开始工作，出去找木头，并把家里的废物挖出来，然后尽可能地打扫和整理小屋。房子又一次被雪覆盖，直没屋顶。他们预料到自己很快又会成为俘虏，于是把通往门廊的三扇门中的一扇拆掉，并在门廊外的雪地里挖了个坑作为厕所。

临近工作结束时，他们想起今天是第十二夜，也就是主显节的前夕。主显节是庆祝在圣婴在出生十二天后，三王（或称智者）跟随一颗星星经过长途的跋涉来到他的身边。主显节本身在天主教会中是一个圣日，但当时还没有被列入荷兰的宗教节日简表中。然而，第十二夜的盛宴既是宗教的，也是世俗的，而仍然是荷兰一年中最重要的家庭庆祝活动。

在阿姆斯特丹，人们会排着队伍，唱着歌，拿着点亮的油纸和蜡烛制作星星，在各家各户停留，并索取礼物。其他人则会聚集在酒馆或家中抽签，得到一个角色分配。根据他们抽到的签，参加聚会的人将在当晚扮演倒酒的人、仆人、看门人、小丑、厨师、忏悔者、王后或国王中的一个。仆人、农民和乡绅可以坐在一起。孩子们会跳过点燃的烛台，有时是三个烛台。每个国王有一个火焰。穷人会有饭吃，且会获得慈善捐款。

谁抽到了正确的签，或者吃到了包有唯一颗豆的蛋糕，谁就可成为国王。他或她在平时可能是仆人或主人，可能是大人或小孩。当聚会者在全场欢呼"国王喝酒"时，国王喝下第一口酒，并开启宴会。国王还会戴着一顶纸质王冠，上面往往印有勋章。他将负责今晚的活动。如果庆祝活动发生在酒馆，他很可能要为大家埋单。⁴⁷所有他们习惯的社会交往规则，会因为角色扮演而带来世界的反转，并可能在这一个晚上被颠覆。

当新地岛的幸存者们意识到今天是第十二夜时，他们请求船长允许他们用在家乡的那种宴会来庆祝。范海姆斯凯克同意了。船员们打开了两磅的米粉。这些米粉本来是用来做枪支纸筒的胶水。米粉被煎成饼。作为更丰盛的款待。每个人都得到了一块船长特有的麦面饼干。由于几个人攒了好些天每日配给的酒，因此酒足够大家喝了。

当晚，他们设宴庆祝节日，并向三位国王敬酒。他们是探险家，在星星的带领下进入了未知的神秘世界。按照欧洲的传统，他们将抽签决定谁会成为国王。船上的炮手,赢得这一殊荣,成为比他船员更有特权的人。这天晚上,这个炮手甚至比威廉·巴伦支和雅各布·范海姆斯凯克更尊贵。一夜之间,他成了宴会的国王,也就成了新地岛的国王,成了他们担心自己会死在这块令人生厌的荒凉土地上的君主。

他们并不是唯一一支在未知世界开派对的探险队。1860年冬天,捕鲸船"乔治·亨利号"(George Henry)被派往加拿大北部海域寻找下落不明的富兰克林探险队时被困在冰层中,船员们乐观地庆祝了圣诞节,并举行了宴会和礼物交换等仪式。其中查尔斯·弗朗西斯·霍尔船长送给他的因纽特向导塔库利图克(Taqulittuq)一本由辛辛那提基督教青年联盟提供的《圣经》。1896年新年时,弗里乔夫·南森和哈尔玛·约翰森被困在法兰士·约瑟夫地群岛的小木屋里。他们将把衣服反过来,以迎接新的生活和新的一年,并在一起旅行两年多后,首次同意彼此不用"先生"和"教授"的正式称谓。几个世纪以来,欧洲人试图在一个经常阻挠他们轻松通往梦想北方的路上,重现他们可居住世界的盛会。

但是,宴会、即兴的庆祝活动和礼物并不能抑制他们唤起对家的渴望。在与南森一起在"弗兰姆号"上航行时,也在他们反穿衣服过新年前,约翰森写下了船员们在三年航行过程中的所有庆祝活动。1893年的第一个圣诞节,南森带着从家里带来的给大家准备的小礼物出现在晚餐时。礼物有刀子、香烟、烟斗和飞镖盘。他们的啤酒一直喝到了圣诞节。他们还吃了蛋糕、杏仁和葡萄干。但到了第二年,他们的高兴劲和啤酒都消失了。尽管发明了一种发酵粉和云莓果酱的"极地香槟",但约翰森记载到,他们每个人都很清楚在离家这么久和远的地方,无法享受任何庆祝活动。㊽

> "然而,似乎缺少真正的节日氛围,今年的圣诞节不是很热闹……我们在冰雪荒漠里被安置得很好,很温暖,但我们此刻是囚犯。我们躺在远离世界的地方,在冰封的海面上。在那里所有的生命都灭绝了。"

当探险家的英雄时代到来时——一个拥有跨大西洋电报和飞机的时代——南森和阿蒙森都知道,在这样的时代里,自己的事迹会被记录下来,不管他们在极地旅行中成功与否。但是,巴伦支和他的手下却没有这种待遇。没有人知道他们在哪里。他们也不知道自己会发生什么事。当他们在第十二夜里,坐在小木屋里,穿着冻僵的衣服,喝着配给的酒,扮演着他们的新国王时,他们就像地球上的任何人类一样接近死亡。

巴伦支和他的部下们聚集在离他们污秽之物不远的石头地上,喝着他们最后剩下的酒渣。谁都不知道他们之中的谁可能活不过冬天,甚至活不过某个夜晚,但他们还是坐在那里向三位国王敬酒。他们已经远离了家乡,并目睹了人类从未见过的奇迹。

午夜的太阳与虚假的黎明

庆祝活动结束后的第二天早上，巴伦支和他的部下又开始了单调的生存工作。在恶劣天气里的间隙，他们清理了陷阱，挖了第二个地窖用来存放柴火。但随后暴风雨再次来袭，这让他们感到害怕，因为他们不知道面对这种恶劣的天气，自己还能经受多久。但第二天，他们开始在地平线上看到了一丝曙光，这让他们感到欣慰。太阳虽然还在视野之外，但每天早晨，在世界边缘发出了它黎明的光芒。

然而形势却越发严峻。每个船员都病得越来越重。他们的身体在不断地消瘦。一名船员在壁炉旁的托板上躺了几个星期。坏血病折磨着他们所有人。根据化学原理，它带来的后果是不可避免的——随着时间的推移，他们会死在维生素缺乏的状况下。而那些患有其他疾病或年龄偏大的人可能会更快地屈服，而巴伦支就比他的许多船员都老了几十年。他的健康对每个人来说都是一个讳莫如深的话题。范海姆斯凯克和德维尔只参加了巴伦支的第二次北极航行，即前往瓦伊加奇岛附近的海域，但没有参加第一次。这意味着巴伦支不仅是他们的领航员，也是他们中唯一一个曾从新地岛西海岸北端一直航行到南端的人，而他们肯定要依靠这条路线才能再次回家。

1月10日，众船员在晴朗的天气下徒步上船。他们准备全副武装地出发了。虽然他们在极夜里没有遇到过熊，但他们也没有在外面呆太久。爬上船舷后，他们发现了几只熊曾留下的圆胖脚印，有的来自成年的熊，也有的来自幼小的熊。看来在他们不在的时候，这几只熊一直在船上作祟。打开舱门，船员们来到甲板下，点燃了火堆。这样他们就可以拿着蜡烛下到船舱里。在熊的威胁和黑暗的笼罩下，船员们测量了新形成的冰层，发现相比于三周前的查看，冰层已经上升了一英尺。

第二天的温度没有那么严寒，所以他们冒险走了一英里，来到了一个高地，找到更多适合加热床铺的石头。第二天的夜里，天气放好，星光灿烂。他们在屋外发现了天空中的金牛座，并记录了那颗毕宿五（Aldebaran）星星的高度。从那里，他们又记录下了自己所处的纬度。他们离春天还有不到三个月的时间。

1月13日，空气感觉更暖和了。船员们冒险在外面呆了很久，尝试玩他们从船上带过来的旗杆顶端的圆球。第二天，他们再次抓到了两只狐狸。15日，一支特遣队再次回到船上，发现他们前次来时用来堵洞的一件船员外套，被熊拖了出来。经过几个月的海上航行，这件外套散发着浓重的主人气味，然而发现它的熊，却没有发现可以吃的肉，尽管它满是猎物的气味。大衣已经被撕成了碎片。

人们普遍认为运动可以阻止或治疗坏血病，所以在第二天，当天气转好时，他们又到外面跑步、打球。虽然眼下还是冬天，但即便是地平线下的光亮，也让他们感到了一丝温暖。冰块从小屋的屋顶和两侧滑落，固定他们床铺的墙壁内侧的冰块也同样开始解冻。然而所有的温暖都在黑暗中消散。冰块又重新形成。

火仍然是他们日常生存的手段，但捡拾木头的速度远远跟不上烧的需求。寒冷让他们再一次陷入绝望。他们一致认为，应该试着再烧一次煤，只要门和烟囱上不被堵上，不困住之前差点要了他们的命的烟气即可。

但他们也在酝酿另一个计划，一个让他们对烧煤犹豫不决的计划。如果他们最终不得不驾驶小船，从北极海域航行回家，那么他们就不能穿越开放海，而是要一路拥抱海岸线向北驶过新地岛，然后再下行数百英里到它的南端，最后再跳向大陆上方的岛屿。

乘坐小船的计划，意味着每艘船上大约需要载有八个人。其他任何东西都会让空间更紧张。他们的煤比木头烧得更热、更久，占用的空间也更小。在那一刻，出发肯定像一个遥远的梦。然而他们不得不想象，也不得不希望。于是他们寄希望能找到其他的方法来度过冬天，并保存他们的煤。

同时，他们还得想办法忍受其他的困难。船员们数了数自己的面包桶，并每隔一段时间就会再打开一次重新数一遍，但他们发现，有些桶里并没有装满。这意味着口粮将不得不被削减。一桶被留在船上的额外面包，被计入了剩余天数的补给品。但徒步到船上的船员们，一直在偷偷地从中取出饼干，这使得实际的时间比计算的时间更短。

1月20日的阴天下，他们呆在屋里，燃烧着打碎的空木桶。在他们住进小木屋的头几个星期里，狐狸一直很丰富，但现在却很少了。这可能只是聪明的狐狸学会了躲避陷阱，而不那么聪明的狐狸已经被吃掉了。但船员们也记得，一旦熊开始消失，狐狸才愿意出现。食物源的离去，让他们不仅担心鲜肉供应的减少，更担心熊的回归。

在1月22日的扔球游戏中，一些人开始相信，太阳离地平线越来越近。日光很快就会到来。但威廉·巴伦支说，现在期待天空重新调整还为时过早，还需几个星期才能看到太阳。格里特·德维尔陪着另外三个人来到船上，在那里他们为自己还活着感谢上帝，并谈论着有朝一日可以回家，然后撬开作为额外惊喜的木桶盖子，偷去更多的船用饼干。

1月24日，德维尔和范海姆斯凯克，以及另外一人，一起出发去看新地岛南面的海景。当他们进行观察时，仿佛瞥见了太阳圆盘的边缘正来到地平线的上方。他们几乎不敢相信自己的好运气。事实上，这似乎是不可能的。巴伦支也曾说过，还有几个星期太阳才会回来。他们急急忙忙回到小木屋，把看到的事情说了出来。巴伦支也很疑惑。虽然船钟已经停了，但他们用12小时的沙漏一直在计时，并与天体观测结果进行核对。怎么会误差整整两个星期呢？

太阳似乎不可能在那么早的日期，出现在他们的极北纬度，所以巴伦支裁定他们三个人亲眼所见的事情是错误的。德维尔和范海姆斯凯克没有退缩，他们坚定自己的说法，尽管他们也意识到，这在某种程度上"违背了太阳和地球是圆形的本质"。船员们开始打赌能否在第二天早上再次看到太阳的光辉。

但在接下来的两天里，云层或雾霾遮住了地平线，使得人们无法判断地平线上的光亮是黎明前的光芒，还是太阳真的回来了。同时，他们还面临着更直接的担忧。他们发现一只熊，从西南方向朝小木屋走来。这是几个月来第一次看到熊。通过发出吵闹声，在没有战斗的情形下，他们赶走了熊。

在连续朦胧的日子中的第二天，在火堆旁的床上躺了几个月的男人变得更加虚弱。当夜幕降临时，船员们试图安慰他，但无论是坏血病，还是它带来的另一种足以结束他的生命的疾病，他们都没有办法治愈他。这是自木匠以来，他们失去的第二个船员。这个船员在1597年1月27日午夜后的第一个小时就死了。现在只剩下了15名船员。

趁着天清晰，他们锯开地面，为同伴刨出一个坟墓。挖掘似乎是不可能完成的工作，尽管天气平静，但空气还是冻坏了他们的肺和皮肤。他们轮流工作，让外面的人进来烤火取暖，其他人则出去轮换。当他们从无情的土地上挖出七尺深后，便立即举行了一场葬礼。他们在他的尸体上念着祈祷文，唱着诗篇，把自己的伙伴放进了挖好的洞里。回到空荡荡的小屋，他们吃了早餐。缅怀着与死者共度的时光，并悼念他的一生，但他的名字却消失在了历史中。

他们的木匠是在前一年的九月下旬去世的，就在太阳开始消失到地平线下。就在他们等待太阳重新出现时，这个伙伴也离开了他们。在这之间，他们学会了各种生存的方法，但他们也意识到，只要留在新地岛上，就会一直处于危险之中。在他们的丧葬餐上，他们思考着如果暴风雪堵住了他们的门，并一次又一次地覆盖了房子，就像迄今为止多次发生的那样，该如何生存下去。

他们灵机一动，想到从烟囱爬出，而不是用门廊门离开小屋。当场，范海姆斯凯克丢下晚餐，尝试着新的路线，朝着自己木屋的屋顶，从敞开的木桶里爬了出来。

在木屋里，他们突然听到范海姆斯凯克的呼喊声。当他们走出门外时，抬头看到了太阳。他们站在那里被眼前的景色迷惑了。他们面前躺着的不仅是一条狭长的太阳叶片，而是一整个圆盘坐在地平线之上。这种景象完全不合常理，因为它打破了一个多世纪以来，被用来全球航海的、可靠的天象规律。然而，他们等了几个月才看到的东西是不会错的。

巴伦支没有答案。但他们一致认为"上帝的一切工作都是神奇的"。"我们将把这归功于他的全能"。他们会继续数着他们转动沙漏的次数，记录着日子的流逝，并认为这样的事情是不可能的。但他们都看到了。他们既不能把这现象作为理论，也不能算作无稽之谈，最后，只是简单地描述了他们所看到的东西，并坚持了记叙下来。

1894年2月，在德维尔目击事件发生近三百年后，挪威探险家弗里乔夫·南森也目睹了同样的现象。他也感到震惊，但同样对自己的所见充满信心，并在他的航行回忆录《最远的北方》（*Farthest North*）中描述道：

> "我们已经好几天没看到（太阳）了，所以我的感觉是相当的痛苦和失望。我们一定是漂浮在比我们所设想的地方更往南了。所以，我很快就高兴地发现，那不太可能是太阳的真身。海市蜃楼起初就像地平线上的一

条扁平可以发光的红色条纹；后来有两条条纹，一条在另一条上面，中间有一个暗色的空间；从上面我可以看到四条，甚至五条这样的水平线直接重叠在一起，而且都是等长的；这就好像一个正方形的暗红色的太阳，上面有横着的暗色条纹。我们下午进行的一次天文观测表明，实际上中午时分太阳一定在地平线以下2°22'的位置。"

在极地地区，一年中有一部分时间太阳完全消失，然而在那里有可能出现一个反转层，即较暖的空气被困在较冷的空气之上，产生一种既真实又不真实的海市蜃楼。如果反转层不间断地绵延数百里，且反转层内的温度变化速度恰好合适，阳光就可以沿着大气层中弯曲的隧道折射出来。处在地平线以下的真正的太阳，经过短距离的折射，在地平线之上呈现出闪烁、扭曲的形状。

过早出现的太阳之谜要经过近四个世纪才被解开。[49] 这种海市蜃楼的现象在俄语中称之为新地岛效应，以此来纪念巴伦支和他的同伴在1597年1月看到的过早出现的太阳。

在记录大气事件的过程中，巴伦支和他的人，进入了纯科学的领域，作为商人的使命似乎已经暂停。但德维尔每一次的观察，小到对植物、动物和天气的参考，都为后续解读北极提供了丰富的信息。

除了他们在1597年的平凡观察，以及无法解释的天象奇观之外，荷兰人所能做的只是感激能让他们再次看到任何形式的太阳。1月28日，他们又到外面扔旗杆球和跑步，以消除他们因被禁足和患坏血病而产生的昏昏欲睡感。

在接下来的两天里，他们被雪所包围，所以他们选择从一扇门开始，向外挖了一小段距离。但大部分时间他们都呆在屋里，直到一月的最后一天，天气变得晴朗，他们才得以出去清理屋子并再次设置陷阱。他们窥见一只熊朝他们的方向走来，便悄悄地回到屋里，待熊慢慢靠近时，然后近距离向熊开枪。爆炸声惊动了熊，但并没有杀死它，这让它在雪地上溜走了。

二月的头几天，在暴风雨中，船员们都在小屋里紧闭双眼，自责先前关于看到太阳就意味着气温升高的想法。这不仅仅是哲学层次的反思——转暖的天气意味着寻觅木材的时间更短。现在，他们又发现自己在刺骨的寒冷中，在小木屋附近的雪地里寻找散落的可燃烧的木料。

第二天，当恶劣的天气再次摧残他们时，船员们效仿范海姆斯凯克之前的做法，不是从门出去，转而从屋顶上的木桶里爬出去，这样门廊的门就彻底让给了新堆积的雪。那些病得不能从天花板上出去的人，就被迫连续四天在室内解手。虽然提前造访的太阳具有欺骗性，但对于被困在小屋里的人来说，天花板是他们唯一的天空。从这里看，他们得到的光线比以前似乎更少了。

2月9日，当期待的直射日光回归的时候，他们感受到了阳光的温暖。他们的幽闭恐惧症开始缓解。在一连几天的好天气里，他们又一次听到了屋顶上的狐狸声，同时也看到了另一只熊。在虚弱的状态下，他们无意与动物搏斗，只希望能在足够近的距离通过任意方法射杀掉熊，以保证速战速决。

未曾抵达的彼岸

到了 2 月 12 日,情况变得更好了。他们出去清理狐狸陷阱,但引起了另一只熊的注意,这只熊比最近的其他到来的熊更加好奇。当熊向他们走来时,他们又一次溜进屋里,并尝试把熊往门口引诱。当熊走到门口时,他们一枪射穿了熊的心脏。子弹穿过了它的胸膛,从后背射出,伤口炸的像一枚硬币一样平坦。那只熊被冲击力击退,转身想跑出小屋,但没跑多远,它就倒在了地上。当船员们走近查看瘫倒在雪地上的熊时,这只怪物抬起头来,"好像想看看是谁对它做了这种事"。即使在熊奄奄一息的状态下,船员们也不愿意与它战斗,于是又向它开了两枪,直到确定熊已经彻底死了。

船员们剖开它的肚子,把它的内脏挖出来,然后把尸体拖回小屋,然后在那里把它的皮剥掉,并从肚子里掏出了一百多斤的脂肪,融化了做油。这些油足以让他们通宵点灯——由于缺油,通宵点灯对于船员们来说是一件一直想做而没做的事情。宰杀的熊使每个人的床边可点燃一盏灯笼,用于缝纫、写作或仅仅是消遣。在极夜里,这礼物显得更加珍贵,但这时大家们还是犹如往常一样。

2 月 14 日,他们去查看船,发现船情形并没有多大变化。随着海水淹没船身越来越多,舱里的水也在不断地上升。第二天当船员们发现自己再次被困在小屋里时,他们听到外面有狐狸的脚步声,好像正聚在一起搜刮熊的尸体。他们这才意识到,这具尸体可能会引来另一只食肉动物。这可能会让他们措手不及,因此他们发誓,一旦天气晴朗,就把熊深埋在雪地里。但第二天的天气依然阴沉,还下起了大雪。船员们突然意识到今天是忏悔日

（Shrove Tuesday）又叫忏悔星期二，是大斋期祭祀前庆祝和放纵的日子。他们在"巨大的悲痛和烦恼"中喝了一杯，并假装春天会再次到来。

2月17日，天空晴朗，船员们终于可以出门了。他们把北极熊的尸体从狐狸吃过的地方拖出来，重重地拖进了地窖，想办法把它烧掉。这样那只熊就葬身在雪地里的坟墓中了。他们就把洞口封上，希望气味不要传播出去，但这个策略可能不太成功，因为北极熊有能力在数千英尺外闻到猎物的气味。他们再次清理了陷阱，然后查看了船的状态。这一次他们观察到了很多来来往往的爪痕，并意识到北极熊可能已经把这里当成了一个经停点。

第二天晚上，船员们躺在灯火中，再次听见了屋顶上的声音。这一次，他们听到了冰块破裂的声音。这声音听起来不像是狐狸，而更像是熊。他们害怕地听着。但当他们第二天早上上屋顶侦察时，在烟囱周围看到的却只有狐狸的脚印。在漫长的冬天里，他们变得更加恐惧，且时常吓唬自己。

一段时间以来，船员们一直无法测出太阳的高度，因为这需要晴朗的天空，清晰的地平线以及足够的阳光从航海家星盘的孔中照射出来。他们当即制作了一个象限仪，用两个瞄准器设置一条线，然后用绳子吊着一个铅垂物。结合太阳的高度和它与赤道的偏角，船员们再次记录了自己的纬度。

2月20日，残酷寒冷的天气提醒着船员们，冬天还没有过去。第二天，风雪在小木屋周围肆虐，让他们很是绝望。他们已经没有任何木头可以烧了。船员们在地板上寻找松散的碎片，并从小屋内部折断更多的木材。

2月22日，当太阳在晴朗的天空中升起时，11个人带着枪、刀片和雪橇出发，去寻找更多的浮木。但他们平时去的水湾已深埋在雪里，根本无法寻找木头。他们只好拖着虚弱且寒冷的身体，走到更远的海岸线上碰碰运气。等到他们好不容易搜刮到几根木头的时候，他们感觉自己的身体已经完全被这趟行程所掏空了，但却没有什么大收获。彼此都在想，自己是否还有余力完成类似的行程。当离小屋越来越近时，他们回望大海，终于看到了自圣诞节以来第一次解封的海面。想要离开的念头只能暂时支撑着他们。回到屋里，他们又开始了单调且难以忍受的生存任务。

第二天，船员们又抓了两只狐狸。这无意中又一次延缓了坏血病的影响。如果没有维生素C，致死的坏血病可以在短短五个月内使人死亡。[50] 现在距离小木屋的居民从阿姆斯特丹出发已经过去了九个多月。

2月24日，他们在漆黑的天里，重新设置了陷阱，希望能再次收获昨晚的晚餐，但这次却一无所获。在暴风雪里憋了一天后，他们又阴沉着脸出来，进行锻炼。木材再次燃尽。大家已经基本没有心思去寻找燃料了，但到了3月1日，他们又不得不再次拉着雪橇出发。因为有些船员病了，不能加入队伍。留下来的那个人因冻伤最终失去了大脚趾。

那天，他们最终还是吃力地拉着雪橇来到了海岸线，随后他们决定，今后将对每天使用的木材进行定量供应，以减少这痛苦旅行的次数。他们还决定只有为病人加热石头，让他们呆在自己的床上，还有晚上才可以用木材生火，白天大家只能硬抗度过。虽然这有些困难，但对于部分日子来说，似乎还可以勉强忍受。

3月3日，天气好转，甚至一些病重的人都感觉自己好了些，并在床上坐起来开始打发时间。但他们很快就发现，劳累让他们付出了代价，且只会让他们感觉更糟。

与此同时，北极熊也全面回归。第二天，有一只熊徘徊在小木屋前，因此惹祸上身而被射伤，但它却成功地逃走了。同一天，五人外出探访，他们毫无意外地发现熊在船上曾居住的迹象，但同时也发现了一些新情况。熊们一直在忙碌着，它们从雪下扯下厨房上方的舱门，拖下船，然后丢到了冰面上。

他们不得不在3月5日，再次从雪的掩埋中挖出自己，但收获的是，他们看到远处有更多开阔的水面在流动。仿佛是为了嘲讽这闪现的希望，第二天的一场暴风雪又将他们掩埋。但这次他们爬出烟囱后，发现开阔的水面似乎已经无处不在了。主船虽仍旧躺在被困几个月的冰里，但随着风暴的不断袭来，巴伦支和他的部下开始担心有一天他们早上醒来，却发现船已经漂走了。

几天后，大雾散去，让他们看到了更远的海面。虽然他们来时的路上似乎有一条清晰的水路，但冰雪仍然挤满了去往中国的东边和东南方向的航线。他们一边讨论着各种可能性，一边从雪中挖出门洞，清理了门廊上的排泄物。只要船能解冻就好，那天的海面看起来好像可以送他们走。他们在岸上的小船似乎比他们的主船要脆弱得多。即使他们考虑放弃主船，但坐敞篷的小船离开着实太冷了。

当天晚上，他们再一次没有了木头。九名船员拖着雪橇来到船上，开始拆除甲板上的结构，为小屋生火取材。他们保存了船体和主甲板，这艘船很快会被解封。

3月11日，天气晴朗，他们可以使用星盘再次测量太阳的高度。十二个还能站立起的船员，长途跋涉去寻找更多的木头。这让他们陷入了一种凄惨的境地，并请求范海姆斯凯克给自己一杯酒，以减轻外出的痛苦。除了每天笼罩在头上的死亡威胁，没有任何事情可以让他们在这个时候外出。他们发誓，愿意用所有的工资来换取更多的木头，如果有地方可以买得到的话。

当他们欣喜地看到开阔的水面时，冰雪又来了。寒冷又一次扼杀了他们的希望。一场来自东北方向的暴风雪，在他们所处的小山丘上倾泻下一片雪海。成千上万的雪花像活物一样沙沙作响，他们着实被吓到了。冰雪包裹着一切的景象再一次让他们绝望，这是他们迄今为止，经历过的气温骤降最厉害的一次。这让病了的人更加病重。他们被钉在屋子里一个星期，身体越来越虚弱。木材储备又几乎被消耗殆尽。他们不知道还能做什么。生火是维持生命的必要条件。然而他们太虚弱了，无法去寻找更多的木头。他们用粗布做了毡鞋，希望天气能有所好转。

春分来了，又过了，但天气依旧没变暖。他们省下了煤，为的就是有一天能离开这个岛，把煤带上船。但他们意识到，这对将死之人毫无益处。墙壁结上了冰，天花板也冻住了。有的船员认为，他们应该每天烧一点煤。3月24日，他们仍然无法出去，于是只好把房子封闭起来，多拿出些煤来烧。

在接下来的六天里，他们在天气较好的时候，两次出去寻找木头，并察看主船。当他们查看时，船上已经空无一物，而且熊已经占据于此，并在船上大肆破坏。3月30日，又有两只动物来到小屋附近，但还没有近到给船员们带来麻烦的程度。过了一段时间，这些动物又游上了船。在远处，人们很快就看到了浮冰在横冲直撞。几天前还开阔的水面上已经被冰相互碰撞，挤起了"大山丘"。4月1日，天气虽晴朗，但依然寒冷。他们已经身体虚弱，无法再跋山涉水去收集港口的浮木，于是决定再多烧点煤。

巴伦支再次获得了太阳的高度，他们也再次尝试"伸展关节"，以对抗他们的坏血病，但这显然都是徒劳。他们兴起制作了长棍，玩起了类似曲棍球的游戏，并把他们称为高尔夫（译者注：英文为"Kolf"，是高尔夫的起源）。当风向改变的时候，所有健康到可以行走的人都去查看了船的情况，并给船舱锚上系上缆绳，以防止船在他们不在的时候，被冰雪融化以至于漂走。

然而，到了4月5日，持续好天气结束了。船不但没有解封，反而在原地打转，被比以前更多的冰包裹着。第二天晚上，糟糕的天气不仅限于风或寒冷，空气中还弥漫着雾气。有人发现一只熊向小屋靠近，里面的船员们进入了他们惯常的反应模式——准备好枪支，等待动物近距离的那一刻。当这只动物向他们冲来，他们开枪了。但枪没有响，因为他们的火药湿掉了。这只熊没有意识到它的死期已到。它继续沿着他们在雪堆上开凿的楼梯往下走。它现在完全站在船员们的视野中，朝小屋门走来。范海姆斯凯克疯狂地试图关上门。虽然门框上放着一块用来栓门的木板，但船长在惊慌和恐惧中，还是用自己的身体将其抵在了门上。

面对关上的门，熊放慢了节奏。最终，它转身回到了楼梯上。男人们松了一口气，晚上终于安顿了下来。但两个小时后，也就是夜幕降临后，他们又再次听到了熊的脚步声。它绕着小木屋走了一圈，咆哮着。巴伦支等人惊恐地听着外面。他们没有枪，又处于虚弱状态，即使在白天与北极熊交手，都不是其对手，更何况是在黑暗中。这只动物爬上屋顶，在上面徘徊，一直敲击烟囱。他们一度甚至认为烟筒会碎掉。熊抓起临时屋顶上的木板和摊开的帆，砸向屋顶。当他们在等待屋顶是否能够阻挡熊咆哮着进入他们的庇护所时，巴伦支众人听到了他们上面的厚帆布撕裂的声音。

好在烟囱所在的地方没有出塌陷洞。屋顶并没有妥协，也没有北极熊从头顶落下，并向他们挥舞着爪子。他们忍受着这只动物在几英尺外的肆虐，一直到它离开。在一直持续到第二天的恶劣天气中，他们仔细探听着熊的声音，手握着枪随时准备射击。不过，那只动物最终没有来。他们及时上前勘察屋顶上的损坏情况。帆从烟囱边的固定处被撕裂了。

在接下来的第三天和第四天里，天气依然恶劣，但在4月8日，他们听到了冰块随水流漂的声。从岸上望去，他们又看到了大海。这使他们又重新燃起了希望，并认为过不了多久，他们就可以回家了。当海岸上冰块被消融时，恶劣的天气似乎还可以忍受，但风和水流却是变幻莫测的。4月10日，所有的冰又回来了。在接下来的日子里，冰越堆越高，把所有的东西都覆盖在了锯齿状的山丘上。

他们无暇绝望，4月13日又拖着雪橇去找木头。他们做了新的毡鞋，虽然很累，但还是为有新鞋而高兴。这双鞋在冰雪中比他们的木鞋或皮鞋要好用得多。现在每个人都有了属于自己的一双。

　　第二天，他们从远处观察主船，看到周围的冰比以前更多。看来，这艘船被冰压碎，已经在所难免了。4月15日，他们近距离检查船，却惊奇地看到它还几乎完整地保存着。在回小屋的路上，船员们看到一只熊在跟踪他们，但他们用长矛做了自卫性的动作，野兽就溜走了。

　　走在冰层堆积的海岸线上，仿佛从水下升起了一座城镇，外围有完全成型的堡垒和塔楼。他们向熊来的方向走去，在冰层中发现了一个洞。它有一个狭窄的入口，他们走近它。将刀刃插入黑暗的洞中。队员们没有在其中发现其他活物。其中一个人爬进了洞口，但洞口狭小，无法深入进去。

　　在他们下一次查看船的时候，一群船员鼓起勇气尝试了过去不曾做过的事情。他们从船上爬下来，沿着冰形成的山谷走，尽量靠近开放水面。一只小鸟游了过来。看到他们，就飞快地逃走了。他们推断，如果这只鸟可以潜水，则说明冰面下一定有更多的水。他们觉得这是一个好兆头。

　　4月18日，剩下的15名船员中，只有11人身体健康，可以参加一次寻找木料的探险活动。当天晚上，当他们躺在床上再次听到屋顶上有熊的声音时，他们策划了进攻行动，拿起武器到外面去。他们靠近的声音吓坏了熊。第二天，五个人轮流利用木桶来蒸桑拿。

　　4月20日，船员们再次把雪橇拉到有浮木的岸边。为了节省在不平整的冰雪上拉更重的木头所消耗的体力，同时也减轻一路拉回小木屋的辛苦，他们这次装上了水壶和衣服，因此做饭和洗衣服的问题都能解决了。他们在岸边生火烧水，把换下来的衬衫，洗出来晾干。

随后几天天气晴朗。在其中的一天，又有一只熊来到屋子边。他们向它的身体开了一枪，驱走了它。这一切都被第二只熊看到了，因此第二只熊决定给船员们一些空间。

在这个月的最后几天，他们又看了看太阳，玩了玩球和高尔夫，然后依旧查看船的情况。在四月的最后几个小时里，他们在夜里仰望天空，看到太阳在几乎降到地平线以下，然后又升起。在随后的几天，甚至几个月里，太阳总是会悬挂天空，没有任何黑暗来增加他们的恐惧。他们总算熬过了极夜。

这是个不小的成就。一般关于极夜探险的描述将包含谋杀、船员喝下溶剂，以及医务人员服用过量麻醉剂等。[51]2018年，在俄罗斯别林斯高晋（Bellingshausen）研究站的极夜里，一位旅行者用刀刺伤了待在一起数月的同伴的胸部。

新地岛的荷兰人没有奢侈的麻醉品，让他们度过几个月的黑暗，但他们还是抑制了任何互相攻击的冲动。冬天之后的5月1日是个好日子，午夜的太阳照亮了天空，船员们煮了最后一桶咸牛肉所剩的肉渣。这桶牛肉虽然在前年就被装入船舱里，但仍可食用。船员们对牛肉的唯一抱怨是，现在已经没有了。

随着口粮的稀少，加上周围都是明媚的阳光，他们的心思开始转向是否能很快离开新地岛。冰虽已离开了海岸线，但他们的船仍然被困在冰港。在某些时候，他们会有所行动，但大海必须更近一步，才能允许船的自由行动，才能让他们真正有机会驶向家园。船长想等到六月底再尝试出发，届时午夜的太阳已经在冰面上炙烤数月。为了让船员们有足够的体力来完成准备出发的工作，范海姆斯凯克打开了最后一桶咸猪肉，开始分给大家，每人每天分一次两盎司的配给，比手掌还小的一块。

自3月中旬以来，主船一直在离开水面的岩石范围内侧翻着，但赶回来的冰块仍在不断地积累，直到侧翻的那一面越来越多，而且还有更多的冰冲进来阻挡他们的自由。他们还没有完全失去自由的梦想。但距离开放海的距离越远，则意味着船的解放机会越少。即使他们把主船交给了新地岛，长长的冰面也标志着他们必须拖着两艘小船，在冰的山丘和峡谷中上上下下，装载着他们敢于携带的所有财产和食物。所有这些都必须在他们开始航行之前就完成。载重、对小船毁坏的恐惧，以及最重要的是这些坏血病人的疲惫，都是出发的障碍，非常令人沮丧。

然而，他们渴望出发。傍晚时分，太阳开始在天空中渐渐升高，远离了地平线。海水每天都在向岸边逼近。但在5月7日，一场暴风雨迫使船员们退回到小屋里，他们变得不安和沮丧，担心他们永远无法逃脱。第二天，他们决定和范海姆斯凯克谈谈，并主张离开港口。冰似乎永远不会从港口消失。他们知道自己要争取让船长把出发日期提前近两个月，并争论谁是提出这个大胆要求的最合适人选。但当他们无法就信使的人选达成一致时，计划失败了。

船员们一天比一天不高兴。5月9日，他们选择了威廉·巴伦支来为他们辩护。此时他已经病倒了，但他拒绝了他们的恳求，并使他们冷静下来。他听完了他们的诉说后，却无法打消他们的恐惧。他们并没有叛变的准备，就任由自己的要求被劝说掉。第二天和其他许多日子一样进行着,船员们记录下太阳的高度,同时又在冰释的水面上开始勘察。

5月11日,船员们再次来请巴伦支与船长交涉。这次他答应了。

船员们又回到了日常关心的问题上。日子一天天过去了,午后时常伴有暴风雨,海面上越发的流动。他们还在欣赏自己的新毡鞋,并再次徒步到浮木海岸,拖回了满雪橇的木材。但5月14日,他们的耐心开始耗尽。队员们提醒巴伦支,他答应要和范海姆斯凯克谈谈。

第二天,队员们试图通过步行、跑步和玩高尔夫来康复他们病重的身体。与此同时,巴伦支与船长分享了船员们希望立即离开的愿望。范海姆斯凯克同意在6月底前离开,但他并没有给他们想要的一切。他们会在5月剩下的两个星期里观察和等待,看船能否挣脱冰或从冰中被释放出来。如果届时他们能带着自己的物品,回到一艘正立漂浮在水面上的船上,则会尽快出发。如果不能,他们将开始改装他们的两艘小船,并准备在没有风雨遮挡的敞篷船里航行一千多英里回家。

脱　　险

199 　　几个月来，他们一直处于半死的状态，差点就成为落难荒岛，然后死的悄无声息的众人中的一分子。他们以前的探险队友，在斯匹次卑尔根岛与他们分道扬镳的船只和船员，可能也处于同样的境地，或者更糟。但现在新地岛的弃儿们至少可以展望一下他们未来可能的离去。

200 　　当他们考虑返航的时候，他们知道自己很可能将从一个苦难走向另一个苦难。在先前的几个世纪里，试问有哪位弃儿在无人居住的远方地区，生活接近一年，然后自行找到回家的办法？他们渴望做的事情，似乎是史无前例的。然而他们高兴的是范海姆斯凯克愿意比计划的时间更早离开，即使他们依旧担心船长妥协同意的日子，仍可能会因为不必要原因造成延误。船还是稳稳地卡在冰中，没有任何解冻的迹象。小船目前的状态，根本无法经受住船员们所考虑的航行。他们需要为这次旅行做上几周的准备。如果等到五月底才做出弃船的决定，那么最终他们可能会被困在新地岛直到六月。

　　两艘小船中，较小的那艘格外脆弱。船员们可以利用手边上就有的木头和工具，把船锯成两半，然后通过加长船身，使其更适合长距离的海上航行，但重新设计船只只是第一个挑战。船员还得想办法把船从小屋里运到海里。即使是较小的那艘，想要越过锯齿状的山丘和冰层上的裂缝，拖到开阔的水面上，仍然是一项艰巨的任务。如果再把船加长加重，其过程只会更加艰辛。

三天的好天气让他们开始为出发返航倒计时。他们从小屋直接徒步到海边，查看了主船，并寻找拖船入水的最佳路径。5月20日，晴朗的天空消失，最后一桶咸猪肉也在同一刻被清空。

由于海岸线上的冰层越来越厚，中午时分，船员们再一次告诉范海姆斯凯克，如果希望回去的话，最好立马就开始艰苦的工作，这样才能赶在启航前完成。范海姆斯凯克回答说，他和他们中的任何人都一样珍惜自己的生命，但要乘坐哪艘船，要等到五月底才能决定。他敦促他们在此期间开始做好准备，并处理好个人的杂事，如补衣服和修理工具。

第二天，他们开始认真准备。5月22日，由于木料供应不足，他们把前廊的一部分拆掉，扔在火上。第二天早上，他们又开始在岸边烧水，洗衣服。到了5月24日，冰层消融得差不多了。海面上能看到的冰层已经很少了。巴伦支再次测量了一下太阳高度。还有六天这个月就结束了。

第二天，在晴朗的天空下，风把更多的冰块赶了进来。5月27日，凛冽的天气也是如此，把冰块和石板堆成了一堆，这简直就像是厄运在港口不断地"碰撞"和"积累"。船员们更加迫切地提出了自己的观点，并告诉船长现在已经过了可以开始准备的时间了。范海姆斯凯克终于同意了。

在没有办法解脱的情况下，这艘载着他们从阿姆斯特丹出发的主船现在已经属于大海了。他们必须从船上取走他们需要的东西，并准备好两艘小船去进行一次航行。在历史的记载中，巴伦支亲自驾驶船进行航行仅有一次，且那次所使用的船是一艘比现在这个小船更大的船。虽如此，船员们还是走到船边，开始翻找船上任何有用的东西。他们扒开冰层，带走了部分工具，还有旧的船帆。他们需要为小船制作可以用的船帆。

5月29日早上，船员们开始寻找那两艘小船中较大的一艘。它是一艘平底船。他们计划把它拖到房子里去维修，使得它可以重新使用，毕竟在冬天来临前，那艘船就一直停放在那里，一个起初他们并没有发现的地方。这艘船深埋在几个月的积雪之下，把它挖出来则让船员们筋疲力尽。当它被挖出来后，他们站在那里看着它，意识到自己太虚弱了，已经无法把它搬到房子里。他们希望回家，但眼前的巨大工程让他们犯难，并丧失了信心。

船长告诉他们，如果想回家，就必须打起精神来，做更多看起来不可能的事。否则，他们只能作为新地岛的居民留在那里，死后葬在这个岛上。他们对自己的无助很失望，虽然他们自己很想工作，但却无法哄骗自己的身体去服从大脑的指挥。他们已经有三个多月没有抓到一只狐狸了。所得的坏血病现在正在肆无忌惮地恶化。范海姆斯凯克和船员们把那急行船留在雪地里，空着手蹒跚地回到了他们的住所。

下午回到小屋，他们稍微振作点，决定检查一下已经躺在小屋附近的那艘小船。他们将它被翻转过来，开始加厚船舷，以便更好地抵御海浪。正在专心致志地工作时，一个船员抬头看到一只北极熊向他们走来。

脱　险

　　他们飞快地跑到小屋里，准备就位。拿着长枪的船员，分别移动到前廊扼守三个门。第四个拿着火枪的射手像狙击手一样爬上烟囱。这只熊比以前见过的任何一只都更凶猛地冲向小屋，直奔其中一扇门的台阶而去。而那个门口，拿着长枪的人此刻正转向另一个门口，但是他并没有看到北极熊的到来。猛然间，那只熊靠近了他，近到几乎可以碰到他的身体。

　　队友们在里面大声喊叫，并警告他。船员朝熊转过身来，抡起枪管完成了近距离射击。子弹射穿熊的身体，从另一边射了出去。熊随即逃离了现场，但倒在离小屋不远处的地上。里面的人带着剩下的枪和他们的半截长矛跑去杀死这个动物。那种类型的武器很容易发生走火了，如果走火真的发生了，熊可能会抓住他们，或者再次闯进小屋。他们最终把那只熊的肚子剖开，在它的胃里发现了"被整个吃掉的海豹的残骸"。

　　第二天，最为健康的人在屋外的小船上工作，其余的人则留在屋内制作船帆。但当外面的工作人员专心致志地改装船的时候，又有一只熊靠近了。他们按照已经熟悉的程序再次进入屋内埋伏，并以同样的方式对熊开枪。当它彻底死后，船员们就爬到屋顶上，开始掀开屋顶上的木板，用于加固船体。

　　五月的最后一天，这些人回到工作岗位上，却看到第三只熊向他们走来。格里特·德维尔指出，熊的频繁造访，似乎是它们"已经嗅到了我们会离开，并想在离开前先尝尝我们的味道"。他们回到安全屋，拿出了枪，开了三枪。两枪从门口射出，一枪从屋顶射出并击倒了动物。

　　他们其实并不喜欢他们在航行中杀死的第一只熊的肉。这差不多已经是一年前的事情了。但随着口粮的减少和时间的流逝，使他们更加敏锐地打量着熊，并改变了想法。他们把动物的内脏挖出来后，清理出了肝脏并煎熟，其味道其实比他们之前吃的熊肉要好得多。

他们对自己的饭菜很满意，但熊似乎有意报复。船员们开始感到不适。每个人都病倒了。最终巴伦支和他的部下全都中毒了，究其原因是因为北极熊的肝脏中含有足够的维生素 A。这对人类来说却是致命的。虽然船员们对维生素 A 过量的影响并不了解，就像他们对缺乏维生素 C 导致坏血病一样不了解，但两者都对船员们的身体造成了破坏。症状包括嗜睡、头痛、肝脏受损、意识改变和呕吐。第二天早上，范海姆斯凯克拿起还放在火上的那盆肝脏，把它扔到雪地里，因为其中的三个人很快就接近死亡了。

当天船上没有任何工作，中毒最轻的四个人回到了主船上，看看还能收集到什么东西，以便在回家的航程中使用。他们回来时带了一桶咸鱼，每个船员都得到了两条。

病痛继续困扰着他们，但那些能动的人，继续在为回家的航程做准备。他们研究了从船到开放海域的最佳路线。尽管船的附近有不少的浅滩和小山，但无可争议的是较短的距离依然是最实惠的途径。到了 6 月 4 日，也就是他们吃了北极熊肝脏的四天后，大部分船员都恢复了，但病得最重的三个人的皮肤却从头到脚，一层层地剥落了下来。

他们所处的地理环境所特带来的苦难，对他们来说是一种考验。虽然坏血病摧残着许多船员，但只有在极地地区，才会如此缺乏战胜它的手段。如果没有严寒的气温，就不必求助于煤火，而煤火在第一次燃烧时却差点要了他们的命。而猎杀他们的北极熊，以及其致命的肝脏，也只有在极北的气候中才能出现。

然而偏远寒冷的地理位置在某种程度上对他们也是一种恩赐。像黄热病这样的疾病，玛雅人称之为"呕血病"。它诅咒了许多在北美的探险队，并影响了村庄和城市数百年。这种病却在高纬度的北极地区很难生存。在世界其他地方造成船员死亡的疾病如瘟疫、疟疾，再到天花，在这遥远的北方也根本见不到。

更多的时候，船员们会带着疾病进入新的世界。从天花、流感和瘟疫，帆船是许多疾病进入其他国家的媒介。1855年，一艘载有黄热病的船停靠在弗吉尼亚州的汉普顿路，导致数千名居民死亡。在十四世纪，来自克里米亚的船上携带了具有黑死病的老鼠，这在欧洲造成了空前的摧毁。即使在巴伦支时代，在跨大西洋奴隶贸易的极端条件下，天花也十分容易地传到了美洲。但远在巴伦支和他的部下过冬的北方，除了彼此，没有其他人可以把病传给他们。

虽然巴伦支、范海姆斯凯克和船员们幸免于热带疾病的侵袭，但在北方他们已经遭受了足够的痛苦。除此之外，更为幸运地是，三个病得最重的人都从肝中毒中恢复了过来。如果再有三名船员在离开新地岛之前就死了，可能就没有足够的船员来承担准备出航的任务，也无法完成最害怕却要临近的苦差事，即把船拖到开阔的水域。

经过六天的努力，他们终于把小船调整到适合航行的状态。然后，他们清楚地意识到，必须去取之前因为太虚弱而无法拖到小屋里的那条船。因此一大早，十一个人就下到沙滩上，开始搬运。不知是雪已经被压实了，导致他们更容易行走，还是小船的工作更坚定他们的信念，这一次，那艘大一点的小船似乎更加配合了。他们把它拖向主船，其中三个船员开始对其作业。

这是一条捕鱼船，因此船尾很窄。他们把船背砍掉，把它重建成方形，这样可以降低它在水中的速度，因此在海上行驶就可以更稳。同时他们还像划艇一样，加高了船舷，以提供更多的保护，甚至抵御海浪。两艘船都不够大，无法提供船舱或任何船员可以躲避风雨的地方。他们已经做好了，要在海上航行数周，甚至数月，且没有任何喘息的准备。

三名船员加紧装配那艘大一点的小船，其他人则在小屋里收集食物和设备，并把它们装上两只雪橇。他们计划把从房子里运来的东西，存放到主船上，这样就能节省小船准备出航时的装运配给时间。令人悲哀的是，主船似乎并没有从冰面上要挣脱的迹象，仍然躺在小屋和开阔水域之间。但它可以作为口粮和装备的传送点。这肯定是他们迄今为止最艰难的日子之一。传送点很有帮助，它可以确保配给不被狐狸和熊发现。随着工作的进行，他们的心也变得轻快起来，心想毕竟有可能"离开这荒凉、烦躁、恐惧和寒冷的国度"。

但近一周的好天气却以冰雹和大雪结束。6月5日，坏天气又把他们困在了室内。他们整理并收集了桅杆和船帆、船尾的舵，以及他们将在船头使用的船头桅杆。他们还收拾了被称为下风板或胡须的圆形木鳍，连接到船的两侧。这些下风板可以降低或升高，以防止船只向岩石或冰面侧滑。这对他们必须贴岸行驶来说是一个真正的危险。

第二天，较好的天气让"木匠们"再一次来到小船上，而其他船员则拖着已经装好的雪橇。他们带着食物和一些最值钱的商品。如果运气好的话，他们希望把这些东西还给荷兰的投资者。但到了中午，天色又变得很难看，不仅带来了冰雹和雪，还带来了雨水。他们已经把屋顶上的木板拆了下来，准备用在船上。现在，保护他们免受头顶上风雨侵袭的只有一张帆。在各种形式的水的重压下，帆很快就开始漏水，并从液体到固体。他们浑身湿透了。在冰雪中对他们意义重大的毡鞋，也因为通往小屋的道路上的泥泞而变得湿漉漉的。他们把简易的鞋袜放在一边，拿出冬天被冻得硬邦邦的皮鞋。

6月7日，他们收拾了更多的商人货物，并为可出售的货物制作了油布罩，希望它们在敞篷船中免受各种形式的损坏。第二天天气晴朗，可以把装好的东西搬到船上了，而"木匠们"则又在小船上连续工作了三天。

之后，他们聚集在一起，尝试把小船从小屋运到主船旁，并把它放在了另一艘小船的旁边，现在来说，已经快完工了。他们把连在船上的绳索套在肩上，双手紧拉，让身体尽可能多地做一些工作。希望和坚定意志的结合使工作变得愉快，他们为自己的成功感到高兴。

6月9日，那些被征召为木匠的人完成了相对大的那艘小船内侧的护板铺设。没有在这艘船上工作的人则趁机在岸边最后一次清洗自己衬衫和亚麻布，也不知道什么时候才有机会再洗一次。第二天，他们拖着四辆雪橇的物品，回到主船。剩余的酒都装进了小桶里,以便分装在两艘船上。他们也意识到,如果遭遇冰冻,小桶更容易被吊出船放到冰面上,为船节省空间。至少在旅程的第一段,他们肯定会遭遇到。

6月11日,恶劣的天气又一次占据了上风,西北风猛烈。当风在周围咆哮时,他们坐在小屋内,担心船连着冰和所有的东西会被吹走。他们担心会失去生存所需的一切。但随着时间的推移,关在小屋里几个小时的痛苦结束了,他们什么也没丢。

第二天,他们徒步来到船上,拿出了斧头、大戟和铁锹。接下来的工作就是在小船和开阔水域之间的锯齿状冰坡上开辟出一条水路。他们砍出一条粗糙的走廊,把能抬起来的冰块扔出去,把不能抬起来的冰块推开,然后把剩下的冰块挖出来。仿佛是为了告别,一只熊在他们的劳动过程中,从海里冒出来,在冰面上向他们走来。此时,只有船上的外科医生带有一把火枪。

格里特·德维尔向船上冲去,想多拿些枪,但却成功地吸引了熊的注意力,于是熊开始转身追赶他。北极熊在大多数条件下都能跑得比人类快。对于在新地岛上呆了9个多月的船员们来说,他们其实并不在最佳状态。当熊开始赶上德维尔时,船员们在后面追着,并设法引开了它的注意力。当熊转身面向他们时,外科医生朝它开了一枪,熊受伤跑了。然而港湾冰面上的丘陵和山谷的凹凸不平使得熊不容易走太远。大家追赶着它,把恐惧变成了愤怒,最终在熊倒下的地方,砸碎了它的牙齿,并把它彻底杀死了。

6月13日,天气还算不错,木匠们终于完成了两艘小船的改造工作。风向很好,船长下去看了看水面,水面似乎也很开阔,可以保证他们离开。回首这几个月的困境，曾有过二十三只熊出现，而且曾不止一次地差点结束了巴伦支的生命，另外还有拯救过他们生命的二十六只狐狸。剩下的工作就是把船从冰的边缘弄到水里去。

范海姆斯凯克回到小屋，见到了威廉·巴伦支。他已病得太重，无法完成体力活。船长解释说，万事俱备，可以出发了。他命令船员们"把船和船桨带到水边，以上帝的名义开始从新地岛出发"。

巴伦支在他生病期间写了一封信，以防他们在回家的途中全部死亡。他把写出来的信留在了小木屋里。巴伦支把信卷成卷轴，塞进一个牛角火药筒中，挂在烟囱里面。虽然他们的住处可能永远不会被人找到了，但如果有人偶然或故意找到它，那就会发现十五个荷兰人，在新地岛上生存了三个季节，并试图回家的记录。

范海姆斯凯克写了另一封信，描述了他们的困境，以及他们计划在没有船的情况下起航，并把自己的命运交到上帝手中。

> 到今天为止，我们一直在等待时机，希望我们的船可以解救我们，但现在已经没有什么希望了，因为它很快就被冰再次封住，而且在三月底和四月初，冰开始大量聚集，以至于我们一直在思考如何把我们的两艘小船都弄到水里去，或者到哪里可以找到一个更合适下水的地方。把主船从冰中弄出来，似乎已经无望。因此，我与威廉·巴伦支以及其他高级船员一起，考虑如何才能保住我们自己的生命和一些商人的货物。我们找不到更

好的方法来修补我们的主船和随行的小船,也无法获得生活的必需品。但我们时刻准备着,以防错过神所派来的任何合适的机会。因为我们必须把握好时机,否则我们一定会因饥寒交迫而死。而这恐怕会使我们的工作陷入困境,因为我们只有三四个人在工作,且得不到额外帮助。我们中最好的、最强壮的人也因长期忍受寒冷和疾病而变得非常虚弱。我们每个人只有半个人的力量。我们担心,时间越久,情况会更糟。我们的面包已经不能撑到八月底了,而且很容易变质。天气对我们不利,在其变好之前,我们将无法到达任何可以为自己购买任何食物或其他用品的地方。到现在,我们已经尽了最大努力。因此,我们认为最好的办法是不要再在这里停留了,因为我们必须考虑自己的利益。因此,我们决定离开这里,并在1597年6月1日由我们大家共同签署完成。同一天,我们准备好了,刮着西风,风和日丽,海面波澜不惊,我们以上帝的名义准备好了,搬上我们的船,以最快的速度运到了冰面上。尽管在我们准备出发的时候,刮着西风、北风和西北风,但天气并没有改变,也没有好转,因此我们最终放弃了。

沿着他们在冰面上开辟的道路,他们把小船拖到了开阔的水面上,留下一个人在上面照看它。那些还能健康工作的人又回去准备搬另一艘船。他们一次又一次地往返搬运食物和酒,整整搬了十一个雪橇的东西。他们从箱子中翻出了最贵重的商船货物。

"六包最好的羊毛布,一箱亚麻布,两包尿布,两个小箱子里装的是钱,两口大箱子里装的是男装,比如衬衫和其他东西,十三桶面包,一桶甜牛奶奶酪,一桶培根,两小桶羊毛,六小桶酒,两小桶醋,还有其他属于船员们的包和衣服,以及许多其他杂七杂八的东西"

当把值钱的和保证生存的物品都收好后,他们就拿了一个雪橇回到小屋里,把威廉·巴伦支放在雪橇上,拖到水边。巴伦支上船后,他们又返回去找同样病了很长时间的克拉斯·安德里斯,把他抬到另一艘船上。

范海姆斯凯克拿出了两份他起草的文件。底部写着"日期:13 号",然后他让每个人在上面依次签名。

雅各布·范海姆斯凯克(Iacob Heemskerck)

威廉·巴伦支(Willem Barentsz)

彼得·彼埃特兹·沃斯(Pieter Pietersz. Vos)

格里特·德维尔(Gerrit de Veer)

麦斯达·汉斯·沃斯(Meester Hans Vos)

莱纳特·亨德里克斯(Lenaert Hendricksz)

劳伦斯·威廉姆斯(Laurens Willemsz)

雅各布·伊安兹·薛达姆(Iacob Iansz. Schiedam)

彼得·科内利斯(Pieter Cornelisz)

雅各布·伊安兹·斯特伦伯奇(Iacob Iansz. Sterrenburch)

伊恩·雷尼尔兹(Ian Reyniersz)

212

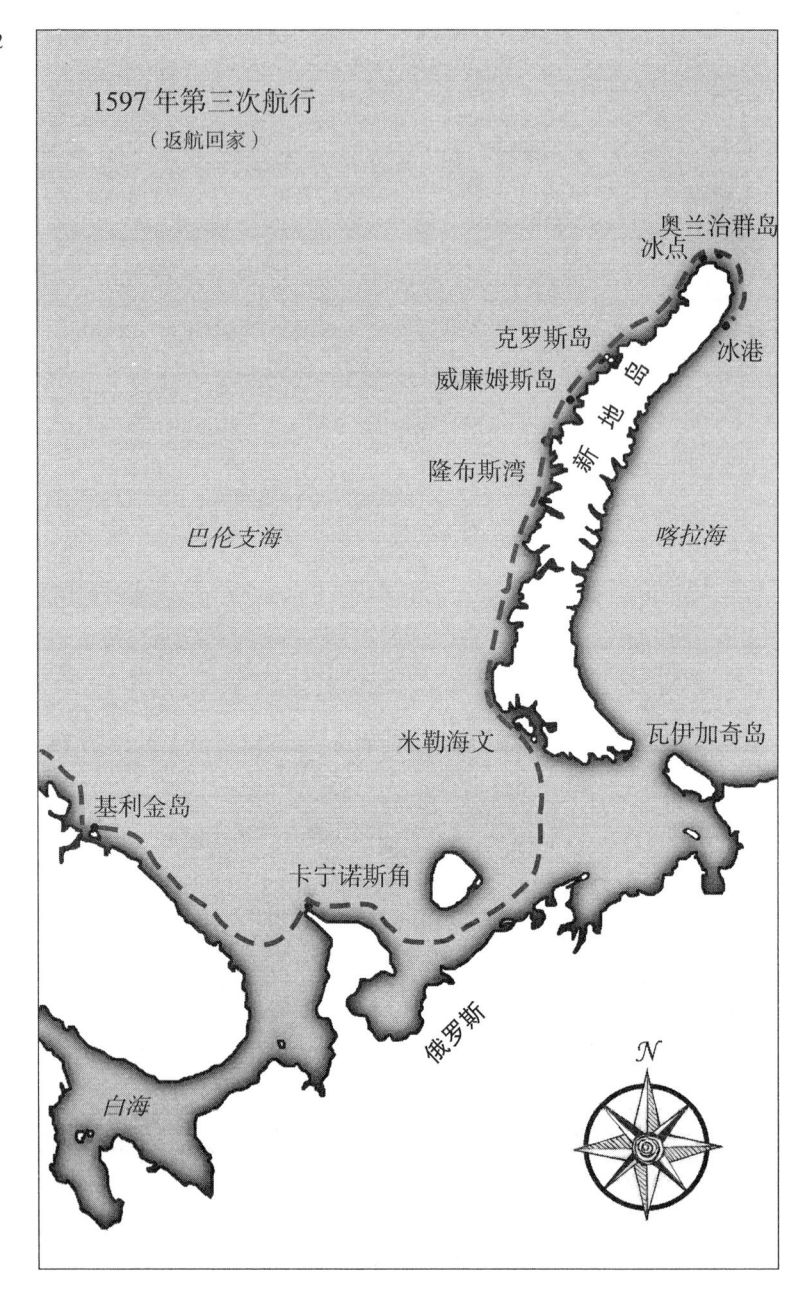

1597年第三次航行
（返航回家）

奥兰治群岛
冰点
克罗斯岛
威廉姆斯岛
冰港
隆布斯湾
新地岛
巴伦支海
喀拉海
瓦伊加奇岛
米勒海文
基利金岛
卡宁诺斯角
俄罗斯
白海

包括克拉斯·安德里斯在内的另外四名船员，没有签上自己的名字。他们要么是不识字，要么就是病得太重，无法签上名。范海姆斯凯克在每条船上都放了一份，以防他们由于风吹雨打被分开，或者任何一艘船在海上遇难。

1597年6月14日凌晨4点半，他们来到了冰的边缘。格里特·德维尔在他的日记中写道"我们遵从上帝的旨意和命令，迎着西北风和解封程度不一的水域，准备出海了。"

改造后的船通过了第一项也就是最基本的测试就是浮力测试。当风把它们从冰港带走时，他们来时的主船逐渐在视野中变得模糊不清。被留下的主船可能会慢慢被解冻，在这北极特有的缓慢的环境变化中逐渐解体。货舱里灌满了越来越多的水，直到船的内部和外部已经完全是同一种介质了。他们留下的物件有：大炮、被留在甲板下的货物、四分之一甲板的木板、三根高大的桅杆，以及带有吊索和船帆的索具都会沉入海底或者随着洋流缓慢地漂向大海。这种变化可能需要观察者观察一周、一年或一个世纪才能察觉。这艘船在四百年内将不被人类碰触。

他们的小屋坐落在低矮的小山丘上，可以看到船的消亡，而其自己也将消失在历史中长达三个世纪，里面堆满了被丢弃的廉价版画、锡烛台、一个荷兰人膝盖高的冰冻时钟，以及威廉·巴伦支丢弃的关于中国风景和历史的书。

借助西风，巴伦支和同伴从冰港向东北方向航行。他们出了港，但最担心的事情很快就发生了。船被浮冰挂住了，无法解开。四名船员上岸后，爬到高处，想看得更清楚。当他们沿着悬崖行走的时候，运气还不错，因为他们用石头打死了四只鸟。这是他们几周来第一次吃到新鲜食物。

6月15日，冰开始移走了，他们得以再次出发，并沿着锯齿状的海岸向北航行了五十二英里，到达欲望角。第二天，他们又航行了三十二英里，到了新地岛东北海岸外的奥兰治群岛。船员们把木桶和水壶搬上岸，然后将冰雪融化作为饮用水，并带出海去。他们生起火来，尝试捕猎更多的鸟类或蛋来给病得最重的人做饭，但却空手而归。

范海姆斯凯克和德维尔的运气稍好，他们和另外一个船员一起横穿冰面，来到了两个岛屿中较小的一个。锯齿状的小路通向了陡峭的悬崖顶部，在那里的岩石缝中有筑巢的鸟，他们触手可得。由于这些鸟儿还不习惯人类的存在，船员得以抓住了三只。但当他们在通过两岛之间不长的路把猎物运回时，范海姆斯凯克摔下了冰面。冰面下强大的水流把他拖走了，但他还是自己从冰冷的水中拉起了自己，并爬了回来，一直在火堆旁坐到身体干了为止。与此同时，抓住的鸟儿经过料理后，喂给了患坏血病最严重的人。和狐狸一样，鸟肉也含有维生素C。虽然这不足以让他们摆脱坏血病，但至少可以让他们多活一段时间。

在融化了十六加仑的淡水并将其装入船中后，船员们又在"令人昏昏欲睡的天气"中出发了。船只没有任何可以供人庇护的地方，因此每个人浑身上下都是湿漉漉的。他们向冰点驶去。冰点在他们绘制的地图上赫然在目。一旦两艘船都到了，他们就互相靠拢，以便可以清晰地交流。范海姆斯凯克向另一艘船上的巴伦支喊话，问他感觉如何。巴伦支回叫道："挺好的，伙计。有希望在到达沃德韦斯前可以自行走动。"

脱　险

　　他们都知道，过了冰点就意味着他们绕过了新地岛的北部，很快就可以往南走了。那里的气温会开始变暖，冰层可能会减少对他们的困扰。巴伦支和德维尔共乘同一船。领航员从与范海姆斯凯克的谈话中转过身来，问道："格里特，如果我们能够靠近冰点，请把我抬起来一点。我必须要再看一次那个点。"

　　在到达冰点后，他们很快就停了下来，并把船固定在冰上，这样就可以安心地吃饭了。午饭过后，天气变得恶劣了。他们很快被浮冰卡住，因此他们在午夜的阳光下度过了一夜，但清晨只会有更多的危险堆积在他们周围。一年前的同一时间，他们的船在冰山的碰撞中行驶，当时大家都被吓的够呛。坐在脆弱的改造小船里，水流把他们在冰块间拉得呼呼作响，非常可怕，并且让人觉得船可能随时都会被撞得粉碎。如果他们不能将船固定在远离险峻漂浮物的地方，他们就可能会命丧黄泉。每当两艘船被分开的时候，他们只能绝望地看着彼此。

　　有人提议到，如果他们能在海岸上或水面下的陆地上或固定的冰上，固定一根绳索或吊索，也许就能把船拉到安全的地方了。一旦船远离了岸边，就有可能被陷在急流中。他们怎么才能应付得来呢？他们中的一个人必须离开船，拿着绳子穿过移动的冰，走到陆地，期间需要穿过各种大小形状不同的冰，而且许多冰块很滑。任何敢出去的人都必须从一个浮台爬到另一个浮台，且不知道它们如何移动，也不知道它们是否能支撑一个人的重量。

　　格里特·德维尔相信，无论谁试图到达湍急的冰面，最终都很容易被寒流带走。但如果没有人尝试，他们肯定会全部丧命。

德维尔知道自己是船员中最轻的一个，因此他抓住一根绳子，爬下了船，踏上一块移动的冰块。他努力向岸边爬去，从一块冰块上爬到另一块冰块上，且身后拖着缆绳。当他上岸能够找到一处稳固地方时，他就可以把绳子绕在那里系好。如果德维尔试图靠自己的力量把满载船员的船拉到岸边，收效可能不会太大，但一条牢固的绳索则让一切变得不同。因为另一端的船员们可以用力拖拽，将船慢慢地靠向安全地带。

当两艘船都被带到冰旁被固定后，那些还有力气背着伙伴的船员们，把巴伦支和其他病号抬到了冰面上，并在他们身下铺上衣服，尽量让他们保持舒适和温暖。病号之后是供给品，在船可能会被砸成碎片之前，那些供给品被匆匆吊起。等船上的物品都清空了，船员们再把船从水里拖上来。他们在那里呆了一整天，并对被冰损坏的船只进行了修理。与此同时，他们还搜寻到了足够用来生火的木头。这让他们可以融化沥青来修补船的缝隙，从而也可以让他们铺上油布做防水。

当船又可以出海时，一些船员上岸为生病的同伴找寻鸟蛋。找鸟蛋的过程中，他们在冰面和陆地之间的某处摔了一跤，全身湿透且差点丢了性命。虽然他们没有找到鸟蛋，但他们还是带着四只鸟回来了。第二天，冰包围了船舷致使他们无路可逃。他们已经放弃了经常感觉不足以抵御严寒的小木屋，现在他们不得不蜷缩在冰面上的小船里。他们想到自己可能会死在那里，但对这种可能性却不以为然。通过回忆起船遭遇的其他剐蹭，船员们互相安慰着，就感觉像是神的干预，才让他们逃过一劫又一劫。

6月20日上午，病中的克拉斯·安德里斯身体进一步衰弱。

船上的船员们意识到他可能快不行了。他的侄子约翰也曾经在航行中在生病，但没有那么接近死亡。船长来到威廉·巴伦支和另一艘船上的船员面前，告诉他们，安德里斯的时日不多了。

在船长告诉他们之后，巴伦支也开口说道："我想对我来说，可能也活不了多久了。"

这句话让德维尔和其他船员们大吃一惊，因为他们没有想到巴伦支也躺在了死亡的边缘。德维尔和他的伙计谈了很久。他给巴伦支看了他绘制的他们迄今为止的航行图。巴伦支与他讨论了地图，直到最后他把地图放在一边，说道"格里特，给我点喝的。"

巴伦支喝下了格里特给他的东西后，躺在那里。随后，他的身体开始抽搐起来，眼睛向上翻卷，失去了知觉，没有了脉搏，甚至都来不及叫范海姆斯凯克从另一艘船上过来交代遗言。就这样，威廉·巴伦支死了。

· · · · ·

克拉斯·安德里斯比巴伦支多活了些时间，但不久后也死了。然而，巴伦支的名字却将成为不朽。

即使在他的一生中，巴伦支也比大多数人活得更精彩。他是第一个出版地中海地图集的人，同时还在地球上最极端的条件下生存了近10个月。他是三次进入未知世界的探险家，绘制了欧洲人从未见过的地方，在某些情况下甚至可以说是人类从未见过的地方。在巴伦支的时代，俄罗斯人把斯堪的纳维亚和新地岛之间的海域称为摩尔曼斯海（Murmans），意指他们曾在那里遇到过挪威人。但在1853年，巴伦支的名字取代了之前的名字。他在三次向东航行的这片海域将被称为巴伦支海（Barents Sea）。百年后，它的险恶环境导致一些人称它为"魔鬼的舞池"。[52]

随着时间的推移，纪念的机器猛烈操控着巴伦支的名字。荷兰人将把他作为一个民族英雄来拥护。他被转化为一个偶像。他的实际成就和英雄事迹被曲解成对帝国伟大的赞颂，但他作为一个技术娴熟的海员、一个科学的观察家，一个坚定的探险家是远远不够的。留给历史的那些为数不多的个人传记的细节将全被挖掘出，然后被填补和改造。巴伦支来自特谢林岛（Island of Terschelling）的可能性对许多人来说，变成了他起源的明确表述。他的生活经历——如他是一个农夫的儿子，二十岁时是须德海战的老兵——在找不到任何可考的实证前，就这样被编造了出来。[53] 此外，还有两个小镇也声称是他的出生地。

在巴伦支之前，其他欧洲人，如哥伦布、麦哲伦和瓦斯科·达·伽马等人都因探险而名声大噪，或许是因为在他们的帮助下都找到了新的大陆，又或许是因为他们找到了环绕大陆的海上航线。他们的探索带来了有形的资产：金、银，以及可以贸易和居住的新土地的股份。

当然，巴伦支也发现了新大陆，但他的传奇故事却以另一种形式出现。虽然他比任何一个欧洲人都要向北航行，但他没有找到一条公开的海路。其他人则继续探索东北和西北通道。瑞士—芬兰探险家尼尔斯·阿道夫·埃里克·诺登斯科德（Nils Adolf Erik Nordenskiöld）于1879年完成了前者的探索，挪威人罗阿尔德·阿蒙森于1906年完成了后者的探索。

尽管如此，巴伦支的名字还是拥有了惊人的持久力。在巴伦支之后，极地地区不再是简单的可能通往东方的通道，而是本身就是一个新的疆域，是一股不可忽视的力量，是一个大障碍。

这种转变发生的部分原因是，当这些幸存者们试图从新地岛返航时，其他荷兰船员也在返回荷兰的路上。两年前，巴伦支第二次航行时出发寻找南方航线的船队残余人员正在返航，并将于当年的8月抵达。四艘船载着248人绕过了非洲，然后继续前往了东印度群岛。皮特鲁斯·普兰修斯提供的地图，将船队带到了南太平洋的爪哇（Java）岛和巴厘（Bali）岛。这已经差不多半个世界了。

皮特鲁斯·普兰修斯根据葡萄牙人和其他情报绘制的海图，起到了很好的效果，足以让船只到达目的地，但对于航行的其他事情来说，却是无能为力的。远征的头几个月，坏血病等大规模的传染病猖獗，使得一艘船被故意烧毁，以防止传染给整个舰队。舰队指挥官科内利斯·德·霍特曼的拙劣谈判技巧，破坏了与一位希望与荷兰贸易的苏丹谈判，于是遭到了抵抗。除此之外，他们还误解了一个土著皇室家族在路上迎接他的仪式，德·霍特曼反而还向他们开了炮。考虑到这次航行中发生的事件，因此发生了一场反对他领导的叛乱也许并不奇怪。最后舰队返回时少了一艘船，只带回了87人，还有少量香料和黑胡椒的货物。近三分之二的船员都病死或在战斗中丧生。

除了在公海上患坏血病这一共同的且几乎是普遍的经历外，巴伦支的最后一次航行与南方探险队的航行大体上是相反的。新地岛的船员们有意驶入未知的海域,而不是沿着先前探险家建立的贸易路线航行。在任务中,他们没有谋杀当地人,即使在面对非人的条件下,也没有发生叛变行为。虽然巴伦支和探险队中另一艘船的船长争吵过,也曾分道扬镳过,但他们的分歧并没有以派系之间的叛变而告终。然而巴伦支、范海姆斯凯克和他们的船员们,却没有像另一支探险队完成任务——为荷兰人争取到一条通往太平洋的航道。

对于东印度群岛的远征,无论其执行情况多么卑劣,但它确实建立了可行的贸易伙伴,可以哄骗或欺压葡萄牙人离开。由于这个原因,加上其少量但有利可图的香料收获,它被誉为一次成功的航行。因此第二次航行很快就有了计划。

随着东印度群岛的远征为年轻的荷兰共和国带来了全球贸易的未来,威廉·巴伦支在北方徒劳无功的努力却变成了另外的故事。巴伦支的探险和死亡,为探险者们带出了另一个身份——受困的极地英雄。虽然这些英勇的探险家,并没有成功地将一个人类居住地与另一个人类居住地相连,但是他们的故事本身却因为将难以理解的痛苦和忍耐力联系在一起,而成为传奇。

历史的另一种可能——找到一条贸易路线,它不起源于对当地居民的屠杀,也不起源于将荷兰人带入奴隶贸易的非洲航点——已经消失在了空气中。除了巴伦支和船员们在航行中进行的科学测绘,剩下的只有寒冷、苦难和他们不懈的生存尝试。

在巴伦支出发之前,俄罗斯的波莫尔船员以及英国人休·威洛比(Hugh Willoughby)和马丁·弗罗比舍(Martin Frobisher)都曾各自寻找过大西洋和太平洋之间的北方航线。阿瑟·佩特和查尔斯·杰克曼曾一路驶过瓦伊加奇海峡,和巴伦支一样,看到过喀拉海。但是,巴伦支在第三次探险开始时,就尽可能地向北航行,正如十九世纪荷兰探险家科雷曼·拜内(L.R. Koolemans Beynen)所说的那样。科雷曼·拜内称之为"第一次真正的极地航行"。另一艘由扬·科内利斯·赖普掌舵的船,在与巴伦支分道扬镳后,虽也努力地遵循着继续向北航行,但巴伦支最终在距离极点数百英里的新地岛上越冬,只会让他们的故事更为伟大。巴伦支的失败来自于他所面临的巨大逆境。随着时间的推移,这种逆境本身将成为他成名的缘由。

随着他在北极高纬度地区的越冬,无论多么的偶然,巴伦支都会成为众多极地探险家的第一张面孔,后面将还会有许多其他探险家跟上。在巴伦支之后是亨利·哈德逊,他在1608年也曾试图驶抵新地岛并越过那里,但却未能到达巴伦支所到之处。近三个世纪后,一系列的探险队都曾试图到达巴伦支的小屋,但都失败了。

1819年,曾编写过他所处时代的荷兰国歌的亨德里克·托伦斯(Hendrik Tollens)写了一首关于巴伦支越冬的夸张而不准确的诗,来传唱这个故事。在这首江湖诗中,雅各布·范海姆斯凯克决定了在荷兰人已经建立起通往印度群岛的南方贸易路线后,去寻找另一个挑战。且远征队的两艘船,并不是因为实际上的航海纠纷而分裂,而是被一场风暴所驱散,并最终在新地岛过冬。这首诗还讲道,有一次船员们在黑暗中睡在雪地里,而一只熊却偷偷摸摸地把一个船员拖走,带回到它的窝里吃了。当其他船员们醒来后,却不知道发生了什么事。最后当他们点名数数时,才发现其中一个人不见了，他们最后只看到了他们注定要死去的朋友留下的血迹。除此之外，诗中还讲道，他们建好小屋后，一下子就被几只北极熊围攻了。这首诗把巴伦支进行了狮子化，并把巴伦支的名声刻在每一个荷兰小学生，甚至许多外国人的心里，但这是以丧失准确性为代价的。

在 19 世纪里，巴伦支将变得超凡入圣，因为极地探险家的神话在这个时代将得以实现。随着技术的发展，电报、报纸和后来的无线电，每一种媒介都使人们有可能追踪探险家们向更远更北的方向前进，直到他们最终抵达、甚至越过北极点本身。

但在 19 世纪，探险队还是会以可怕的方式出错。技术和金钱都不能保证他们的成功。历史学家博·瑞夫伯格（Beau Riffenburgh）解释说，在经历了富兰克林探险队的食人恐怖事件后，对自然的热爱以及驶向未知世界的浪漫都被"填满地图上的空白"即征服自然的义务所取代。难怪巴伦支的名声在这个时代越来越大。他的苦难和死亡可以被扭曲，并融入到新的北极探索观里——作为人类与自然的斗争，北极一直是人类试图统治的地域。

同时，随着世纪末的到来，市面上也出现了对苦难的崇拜。报纸之间的发行量大战以及对各种探险家和探险队千篇一律的戏剧化描述，迫使观众几乎实时地与英雄一起遭受着痛苦折磨。虽然报纸将发挥关键作用，但书籍仍将是建立探险家名声的主要工具，正如叙述巴伦支的三次航行的书一样，在他的那个时代里曾席卷欧洲。

书籍再配上探险家的世界性巡回演讲，是声名鹊起的常见方式。尽管并不是每一个向往这种地位的人都能做到这一点。弗里乔夫·南森、罗伯特·斯科特、罗伯特·皮尔里和罗阿尔德·阿蒙森都成了公众英雄。他们的充沛体能和无畏精神使他们变成了小神仙。但是，像设计并驾驶"挪威号"行驶过北极的翁贝托·诺比莱（Umberto Nobile），或者与南森和阿蒙森一起出海进行极地探险的希亚尔马·约翰森这样的人的贡献会被削弱或被忽视。即使是那些名声大噪、探险成功过的人，也常常难以吸引到资助人。

当然，巴伦支几乎在所有方面都未能完成他的北极任务。他经历了一次叛乱未遂事件，目睹了另一全面的叛乱，然后死在远离家乡的地方。他既不是与熊搏斗而死，也不是被船员毒死，而是刚刚离开饱受一年折磨的陆地，却无法逃脱可视范围内的冰面而死。

不过，巴伦支的还是有比生命更重要的东西。他活了足够长的时间，看到了他所有史诗级的计划都失败了。他把船和生命都押在了对北方航线的追求上，即使他失去了一切。他是忠于错误的守护神，活在错误的后果中。他既没有找到北方航线，也没有找到通往中国的道路。他甚至不是完全主导这次探险的。然而，当船员们迫切地想说服船长放弃安全屋回家的时候，大家却都来找他。如果说范海姆斯凯克是他们的骑士——包括他离开小岛时与人争吵、与格里特·德维尔站在三只熊的面前拯救船员、守住门廊大门抵挡住另一只愤怒的熊——那么巴伦支就是他们的魔术师。他可以看着太阳，确定他们的船在地球上的位置。他可以看星星，告诉他们所处在哪一年中的哪一天。他知道太阳什么时候出现在固定的地方，什么时候时间已经偏离了轨道。

最后，威廉·巴伦支虽成功地在新地岛度过了冬天，但却死在了新地岛和大海之间的某处冰面上。虽然没有记录显示他们挖了一个坟墓或在他的尸体上铺上过石头，但他的坟墓还是有被寻找到的可能。俄罗斯探险家德米特里·克拉夫琴科（Dmitri Kravtchenko）和彼得·博亚尔斯基（Pyotr Boyarsky）把历史参考资料与当代的地点联系起来，认为在新地岛的海岸线上可能有巴伦支遗骸的石碑和标记，包括附近的一个北极熊头骨，上面有一个类似子弹造成的缺口。[54]

同时，荷兰海事专家迪德里·克怀德曼认为，这些人在绝望、虚弱的状态下，是不会花力气埋葬的。他还说道，很有可能，船员们没有足够的时间，或者说没有足够的力量来埋葬威廉·巴伦支。也许船员们在新地岛和大海之间做出了选择，帮他最终"逃离"了活着的时候无法逃离的土地。

虽然关于他的传说已经发展得面目全非，但他的实际成就足以令人震惊，既有人情味而又不平凡。将巴伦支的尸体留在海上或岸上——永远被囚禁在不会再对欧洲人关闭的北极高地上——范海姆斯凯克和其他人不得不在没有巴伦支的依靠下继续前进。这被格里特·德维尔描述为"我们的主要向导和唯一的导航员，我们依赖他，但我们无法与上帝作对。"

步履蹒跚的回家路

225　　　　幸存的 13 名船员又在冰封的船舷上呆了整整一天，直到海面上冰消散到足以让他们再次冒险。现在他们已经离家整整一年多了。他们已经被认为已经死亡了。世界在他们不在的日子里，已经继续向前了。

　　　　他们已经失去了首席领航员，伴随他离去的还有对自己最后能否完成这令人绝望的事业的信心。回家路线再也无法依靠巴伦支擅长的天体导航了。

226　　　　即使在巴伦支还活着的时候，船员们也没有打算原路返回，即沿着已经把他们从斯匹次卑尔根，带到新地岛东海岸七十五度线的开放海域。他们必须补充所剩不多的补给，还需要获得淡水，这就需要他们沿途登陆。即使有足够的食物和水来维持他们的生活，他们的小船在只航行了一个星期后就已经急需修理。他们肯定会需要更多的修理。但即使不需要修理，船也太小了，无法在开放海域上航行。大浪可能会把他们整船吞没。

　　　　相反，他们计划一路向南航行数百英里，沿着新地岛的整个海岸线，到瓦伊加奇岛，也就是第二次探险队失败的地方。从那里，他们可以沿着俄罗斯海岸线和附近的岛屿，向大陆架向西的方向前进，这样他们就可以蜿蜒地到达拉普兰（Lapland），然后抵达挪威。这条海岸线几乎在他们前两次航行中已经被全部测绘出来了，而德维尔此时还拥有第三次航行的海图。如果他们一直保持在陆地的视线范围内，就不会迷失方向，并且可以在沿途寻找安全的港口，在那里停下来。

6月22日早上，他们看到了足够的开阔水域，并认为可以逃离了。但水位并没有上升到他们冰山上营地的高度。面对这一残酷难题，他们在冰港时就已经有了答案。如果水不来找他们，他们就得去找水。因此，他们选择再一次让船沿着冰壁滑下水面。船里面装满了病危的船员和配给，还有红布以及其他至今保存下来的最宝贵的货物。

当到了他们到了与海域之间的另一座冰山时，他们爬上了冰山，并把船只吊到了第二座冰山上。他们拖着船和所有的补给品行进了一百英尺，然后再把船降到另一侧可起航的水中。船员们憔悴又疲惫。他们知道死神正在数着日子，直到彻底夺走他们，但他们眼下只能继续前进。

他们终于回到了开阔的水域，在冰再次找到他们之前，他们选择向西和向南航行。然而，在毫无征兆的情况下，他们被再一次被困住了。冰就像运河上的闸门一样裂开了，他们冲进去，只能眼睁睁地看着冰把他们围住。他们趁着被囚禁吃了点东西，但吃过之后，船仍然被困住。砍劈和凿冰并没有用，他们只能被迫等待水流为他们开辟一条路。

第二天，他们决定在冰再次堵住他们的去路之前，设法走到离新地岛海岸100英里处的舒适角（Cape Comfort）。他们用航海家的星盘记录了太阳的高度，并更新了他们的航海图，但此刻他们的心思却在别处。虽然到处都是雪，但他们的淡水几乎没有了。他们决定把雪铺在了船上，让太阳的热量把它们融化。他们一把把地把雪放进嘴里，让它更快地液化。这是航行的头一回，可怕的口渴开始缠绕着他们。

船员们虽然强烈地渴望有开阔的水域和稳定的风，但可通行的航线却越来越窄。他们已经习惯了在危险的背风岸航行。强风可把他们吹向陆地、岩石和冰上，到时候船只会被撞碎。但现在，猛烈的风正把他们吹离岸边。这也同样危险。虽然这可能会让他们死得更慢，但在开放海上航行得太远，大海浪会将船淹没，且他们离任何淡水源都将越来越远。他们别无选择，只能放慢速度，在冰中择路穿梭行驶，同时尽可能地沿着海岸线。

6月24日早上，他们仍在高耸的冰山间寻找空隙，因此他们拿出船桨，试图划过高耸的迷宫，尽管他们看不到任何开阔的道路。当天晚些时候，冰山间出现开口，他们迅速驶入其中，并试图绕过一块突出的陆地，但浮冰又挡住了他们的去路，他们只好决定向岸边驶去。六个人在海滩收集火种，寻找鸟或鸟蛋，但是最后只带回了一些木头。再次上船后，他们把一锅碎饼干和雪混在一起煮成粥，他们叫称为"马萨摩尔"（Matsammore），这至少能让他们的胃暖和些。

同时，风越刮越大，他们把船固定在牢固的冰上，以防被吹向海里，但被绑的冰松动了，船被拖离岸边了。他们不得不努力在彻底迷路之前把自己解救出来。6月26日，他们把自己绑在另一块冰上，但南风又无情地持续了一天，同样也把他们用来固定船只的新冰吹跑了。他们无法快速移动，也无法阻止接下来的事情。在毫无征兆的情况下，两艘小船都被拖进了海流中，并被分开了。

在格里特·德维尔的船上，人们拿出桨，试图划回岸边。但他们无法逆流而上，因此无法取得真正的进展。因为风大，他们不情愿地升起了前帆，希望利用它的力量来实现桨无法实现的目标。但细长的前桅很快就裂了，然后折断了，这对小船来说是毁灭性的打击。

他们不能让自己被拉到远海去，因为在那里即使不翻船，他们也会渴死。虽然风还是一样致命地吹着，但他们还是升起了主帆。即使他们知道这样会冒着主帆被折断的危险。水很快就涌过了船舷，直到他们严重地向一边倾斜。船员们俯视深渊，看到下面"只有死亡"。趁着还没有彻底和船一起被淹没前，他们把帆收了进去，静等命运的安排。

突然，风向发生了变化，他们谨慎且恐惧地回到了海岸上稳固的冰上。当船驶入平静的水域时，他们开始找寻另一艘船和它的船员。他们沿着海岸线找寻了四英里，但一无所获。大雾和水汽遮住了他们的视线。他们充满了恐惧，因为一半的同伴不见了。一个船员掏出一把火枪，装上子弹。一阵枪声之后是一片寂静。

然后，一声应答的枪声传来，虽不是从任何可见的地方传来的，但却是一个清晰的回答。在不远处的某个地方，另一艘船上的船员还活着。他们继续前进，发现同伴的船卡在了浮冰和固定冰之间，无法移动。他们爬到与另一艘船之间的固定冰，合力将补给品卸下，拖过冰面来到开阔的水面，使船只重聚。有的船员已经取来了木头，当两艘船再次漂浮在水面上时，面包和水都热好，趁热送上。

第二天，风灌满了帆，把他们吹过了自己希望提前到达的拿骚角（Cape of Nassau）。但随后的天气已经对他们不利。他们收起帆，拔出桨，选择了划船这种不那么优雅且更痛苦的方式前进。他们从未离海岸边的固定冰太远，同时他们还发现成堆的海象分布在冰面上。更棒的是，他们发现了鸟在大雾中扑面而来，于是他们决定射杀并捕获了十几只鸟。在失去能见度后不久，船又滑到了快速移动的浮冰中，他们不得不再次固定自己，等待恶劣天气的过去。

6月28日，冰山更加猛烈地逼近，再一次让船员们担忧自己的船会在冰山下被磨成碎片。他们知道要做的事并不能安慰自己，因为这些事情做起来太痛苦了。他们又一次卸下了货物和供给，又一次把船吊到冰面上，把船帆像帐篷一样铺在船上，看着四周的冰层被挤压得更坚硬。他们安排了一个人守夜，其余人躺下睡觉。

午夜的太阳仍在闪耀，并且遮住了星星。当太阳移到北方时，船内帆下睡着的人，听到了守夜人的喊声。"三只熊！三只熊！三只熊！"船员们争先恐后地拿起武器，然而这些武器根本没有装填可以射杀熊的子弹，而是装满了前一天在岸边猎杀鸟类的子弹。他们向这些巨大进攻者一通乱射，吓得它们纷纷后退。

当熊蹒跚而去时，船员们迅速装回了猎熊子弹，向逃跑的动物开火。其中一只被直接杀死，另外两只跑到了看不见的地方。

两个小时后，幸存的动物又绕了回来。这些人发出了各式的喧闹声，把它们再次吓跑了。他们意识到在冰上熊已经是标配产物，但他们此时没有小木屋或墙可以保护他们，因此这对于船员来说并不是什么愉快的事情。与此同时，冰层堆积地几乎与地平线齐平，将他们困在了原地。

自两周前乘船出发以来，这是他们第一次见到熊。第二天，尽管他们在前一天晚上发出了噪音和子弹，但这些生物还是会回来吃那些死去的"同伴"。在赶走熊之后，他们想把熊的尸体，放在从船能看到的高处，这样他们就能提前看到熊的到来。他们对这些野兽的力量感到惊奇，因为他们刚刚看到一只熊"轻巧地叼着它死去的同伴，仿佛嘴里什么都没有"，而四名瘦骨嶙峋的船员却非常艰难地移动着熊的尸体。

6月30日，他们向海面上望去，看到两只熊踩着一块冰向他们而来，好像打算进攻，但动物们却逡巡不前。他们怀疑它们就是那两只跑掉的熊。这两只熊在没有使用暴力的情况下选择了撤退，但此时另一只熊出现在岸边的固定冰面上，并向船队冲去。最终，熊还是轻易地被船员们响亮的回应吓跑了，只留下了人类在雾气和风中不断地观望与担忧。

第二天早晨，那只熊或另一只像它一样的熊，从浮冰中爬下水面，向他们游来。它爬到了船员们所在的岩壁上，但他们又把它吓跑了。冰层已经开裂，这足以让北极熊游动起来。他们想，这也许也足以让他们可以出海了。在当天晚些时候，流冰却又向岸边固定的冰开进，结束了所有人离开的念头。来袭的冰山与他们所在的冰壁相撞，将其撞碎。冰块在他们的脚下碎裂。冻结的冰块与船员的物品一起翻滚下去。船员和船只也掉了下来。补给品和货物最终都掉进了冰冷的水中。

船员们首先去救小船，并试图爬上残存的冰，把它拖到离陆地更近的地方，使其脱离危险。其他的人开始救食物和货物时，只顾得上抓住最贵重的东西，眼睁睁地看着其他人落入水中。那些去救小船的人，却发现了更多的麻烦，因为所在的冰面坍塌，船员和船都陷入了充满冰的急流中。那些试图收拾船桨的人也同样失去了立足之地。当船在凹凸不平的海面上，船员们蹑手蹑脚地准备走过去时，脚下的冰还在不断地破裂。

虽然两艘船中有一艘相对较大，但也和他们一样被海浪无情地拍打着。这艘船为了航行而改造的地方包括桅杆、支撑物，以及一个生病的船员和一箱钱所在的船角，都在接缝处裂开了。当他们去救另一艘小船时，自己所站的那块冰面向侧面快速滑开，救像梭子一样飞速地撞向岩壁底部。船消失在了冰层的覆盖中。

船员们无奈地看着彼此。此时小船已经无法承载他们这么些人，而且沿岸也没有足够的时间和木材来建造一艘新船，况且也没有了船橹，这就等同于他们已经失去了方向。

没过多久，冰层居然毫无征兆地又开裂了。他们再一次看到了另外那艘小船。在情形再次转变之前，他们赶紧跑到那艘小船旁，把受损的船架拖到固定的地方。由于遭受外力，船已经被弄坏了。当天所剩的时间全部都耗费在艰苦的劳动中，也就是对它进行初步地修理，帮助它可以重新漂浮起来。

这是迄今为止航行中最糟糕的一天，比失去威廉·巴伦支还要震惊和悲痛。虽然他们最后救下了船，但他们差点被淹死。海水夺走了一箱船员服、一箱亚麻布、一包猩红天鹅绒、导航设备、油、奶酪和两桶珍贵的面包。更令人沮丧的是失去了一桶酒,酒桶被砸开后,里面的酒全部流到了冰面上,一滴不剩。他们筋疲力尽地瘫坐在那里、寒冷且惊恐地看着幸存一切。此刻他们已经无法思考在他们和家之间,还隔着条遍布锯齿的冰峡谷。

7月2日早上,是巴伦支与扬·科内利斯·赖普的船分开向东驶向新地岛正好整一年的日子,但他们却在这天看到了一只熊在跟踪他们,这让他们很不愉快。船员们不费吹灰之力就把熊吓跑了,然后又开始着手修复船。六个人把船内的一些底板拉出来用来修理,还有六个人去找漂上岸的浮木和石头生火。石头可以防止木头被弄湿,火可以让他们融化沥青做防水处理。他们还希望能找到足够大的原木来替换断裂的桅杆。

当船员们回来的时候,他们带着石头和木头,发现其中一些木头是被斧头加工过的。人类劳作的痕迹在此时显得意义非凡。巴伦支和他的手下向中国进发,希望能找到一条通往古代文明的新路线,现在他们却成了发掘遗迹的考古学家,并试图找到一条回到他们现存世界的道路。虽然这些雕刻的木头可能和漂流木一起来自远方陆地,但这也是他们重新回到有人烟的土地的标志。

船员们生起火来,融化了沥青,然后继续修补船。完事后,他们把之前打到的鸟儿煮了,这是两个星期以来他们第一次得以吃饱。

第二天,两名有力气的船员,在严寒的水中去探险。他们找回了遗失的一双桨和船舵,还有那包衣物和那箱亚麻布。这些东西对他们俩来说太多了,无法全部带回,只能把能带的都带了回去。其中包含一顶装在箱子里的帽子，这表明冰已经把箱子砸开了。听到这个消息后，范海姆斯凯克又带着五个人回到了现场。在那里他们把能找到的东西都从水里捞了出来。那包布和那箱亚麻布被水淹和浸泡过，变得太重，即使一群人也无法长时间搬运。船员们把它们丢在冰面上沥干，心想着再次起航前来取它们。

当船员们躺下睡觉的时候，一只熊来到了他们的哨前。站在一旁守值的人，却没有注意到这只动物向他们走来。这只动物几乎要抓住他，好在另一名船员看到熊时，并叫他当心。他逃开了，此时第三名船员则向熊开了一枪，把熊吓跑了。

7月4日，新地岛迎来了近些天最好的天气。他们融化了积雪，用清水冲洗被盐水浸泡过的红布，然后晾干。这些奢华的布料虽然对他们接下来的旅行没有任何好处，但为保存这些布料所做的努力，会让探险队的投资者看到，这些探险者们已经尽一切可能保存了他们所携带的最有价值的货物。

第二天，来自哈勒姆的克拉斯·安德里斯的侄子约翰（John），躺在冰面上，咽下了最后一口气。至此，船队失去了第五个人，也是三周内第三个死在海上的人。现在这群人只剩下12个。如果他没有被埋葬在陆地上，则很可能是在祈祷声中被放入海中的。

冰没有对死者表示敬意，因而继续出现在海面上，使他们的前进又停滞了一天。当他们确定无法脱离时，其中六个人上岸寻找柴火准备煮肉。7月6日，这一天开始时，雾气弥漫锁住周边的海面。临近傍晚时，天空才开始放晴。

一些船员在第二天，扛着上满膛的枪走上了开阔的海面上，并打死了13只鸟。猎人骑着流冰捡起这些猎物，把它们带回到固定冰上处理干净。7月8日天气虽然变得恶劣，但他们还是成功地把鸟儿煮了，坐在冰崖壁上吃着他们的无价大餐。

7月9日，冰块又开始顺着水流向外移动，在他们所在的冰崖壁靠近岸边的一侧，开了一个口子。船长带头收拾了一些收在外面晾晒的包袱和箱子。船员们把它们装进了小船。但为了不陷入另一次坍塌中，他们把船拉得离冰山边缘很远，这样船员们不得不拖着船走了一千多英尺，才找到了一处可以下水的地方。患坏血病一年后，原本在新地岛上岸的17人现在只剩下12人，拖船的过程令人痛苦不堪。

好在最终他们迎着东风又再次出发了，但航线依然不够清晰，无法持续航行。当天晚些时候，他们被迫转回固定的冰面上。第二天早上，他们又进行了一次尝试，小心翼翼地划着船，穿过一个个移动的冰块迷宫。但当原本的危险过去后，又出现了另一个障碍。正前方的两座硕大的冰山已经融合上了，他们失望地看着它们之间开放的道路被关闭。冰山太大，无法绕过，他们只好再次爬上冰山，把船拉上去。上来后，再拖着船只走了250英尺或更多，横穿冰山，回到水中。

当他们再次回到海中后，船只在另外两个移动的冰山之间滑行。正在滑行时，冰山居然开始又融合。船和两边的冰墙之间的缝隙越来越小。自己很快就会被挤扁。他们希望能逃过死亡的厄运，于是拉出船桨，竭尽全力地划着船。

船在通道关上之前飞快地穿过了。船员们在满嘴西风中急速前进。他们活了下来,但此刻什么也做不了,只能任由自己被吹向岸边,并找到固定的冰块把船拖上去,直到风和水请他们回去。

7月11日早上,他们扎营在冰崖,一只熊从水里冒出来,向他们跑来。三个人迅速拿起火枪射击,并在三十步的距离内同时打中了目标,使得熊掉进了水里,在那里漂浮着,似乎毫无知觉。脂肪从它身上开的洞里流出,水面上绽放出油花。

在新地岛越冬时的铲雪和找寻木头的循环劳作已经结束,转而是无休止的射杀熊和拖船,以及当自己变得越来越虚弱时,将自己托付给冰。偶尔的食物来自于鸟,让他们暂时得以维持生计,但他们不知道自己还能坚持多久。一块流冰把船员们带到了熊的尸体旁,他们把它拖了回来。那只熊周长约8英尺,他们把它的牙齿砸了进去。这个举动超越了任何自我保护的需求,俨然成为一种仪式了。

天气放晴后,三个船员去探索前一天发现的一座岛屿。上岸后,他们在西边看到了更多的陆地,并认出那是克罗斯岛。船员们走过两岛之间的坚冰,寻找俄罗斯人在夏天到过那里的任何痕迹。但结果是,那里似乎没有明显的人类生活迹象。船员们发现了70个翘鼻麻鸭(Burrow-Duck)的蛋。一位船员无法将这么多易碎的宝物拿在手中,于是他脱下裤子,将裤脚在底部打结,然后把蛋装进裤子里。在返回的路上,两个船员小心地抬着。第三个人则拿着火枪,以防熊的袭击。

船员们一共行走了约24英里,共花费了十二个小时,才满载而归。他们衣衫不整地回到船上与一直担心他们会死掉的同伴们会合。虽然船员们被困在冰面上,但他们大快朵颐,每个人都吃上了几个蛋。船长让他们喝完最后所剩下的最普通的酒。每人都分到了三大碗。此时,他们离家还有2000多英里。

接下来的四天,他们依然被冰包围着,只好在岸上闲逛,继续找寻木头和有趣的石头。第三天,三个人去到离他们最近的岛上,射杀了一只翘鼻麻鸭,并把它带回去分享。

7月16日,一只熊从他们所在冰块的陆地一侧跟踪他们,导致船员们在雪地上一直没看见那只熊,直到最后一刻才看到它。他们开枪射击,吓跑了它。第二天,船员们正在为耽误了这么久的航行而发愁时,决定到近处的岛上去寻找开阔的水域。在半路上,他们碰到了之前想要射杀的那只熊。

当他们走近时,那只动物逃走了,但其中一个船员跟在后面,把携带的尖船钩插入了熊的身体。这只动物后腿倒退,船员又想用矛刺它。但它却把船钩击的粉碎。船员向后倒下,熊向他转来。另外两个船员走近了,对着熊躯干开了枪,其支撑腿慢慢地倒下,最后不能动弹。他们又开了一枪,打掉了它下巴上的牙齿。

第二天,三名船员回到岛上,寻找可航行的路线。自船员们在航行中第一次看到新地岛已经有一年的时间了。当时,他们一直在向北寻找开阔的水域。现在向南望去,他们希望能把冰完全抛在身后。他们站在最高处的有利位置看到远离海岸有大量开阔水域,但距离似乎太远了。他们担心不可能把船拖到那么远的地方去。

那三个人回来后和全体船员讨论了这个想法。船员们决定

238 要试一试。他们把船吊到冰面上，卸下船上的货物，拖着船走了近半英里的路程到了冰的另一侧，然后回来再把自己的东西搬过去。他们的力气在中途几乎耗尽。他们自我暗示，这将会是最后一次这样搬船了。

7月18日傍晚，他们把船开到了开阔的水域，准备再次出发，但很快又遇到了冰。就在他们自己以为越过航程中最后一个冰层的一天后，他们发现自己不得不再次把船吊出水面。他们在冰山上，可以看到克罗斯岛离他们只有4英里远了。第二天早上，七个人去到对面，并爬上高处眺望。向西边看去，到处都是开阔的水面。他们带着这个好消息匆匆赶回船上，还带了一百个蛋以备不时之需。他们迅速地把鸡蛋煮熟，并说服自己最后再拖一次船。

他们把船拖了大约500英尺后放进水里。突然，一阵大风刮起，很快把他们带离了克罗斯岛。48英里后，他们通过了内格罗角（Capo Negro）。到了7月23日晚上，在又走了32英里后，他们到达了金钟岛。数百只海象躺在冰山上，他们把船开到近处，把这些生物从冰上赶到水里。海象习惯了自己对大多数北极生物的统治地位。它们向这些人游去，包围了他们的船，并开始发出声音，似乎随时准备发动攻击。即使是一只重达2000磅的海象，只要它使出力气，也能轻易地掀翻或击沉载着船员们的小船。船员们和他们的小船因为一阵强风而得救，让他们从差点挑起的战斗中逃了出来。

239 7月22日，他们在没有冰的情况下走了68英里。他们走得很顺利，船长让他的人上岸去找蛋，但一无所获。当天晚些时候，船员们回到海上，发现了一个高高的悬崖，缝隙中从上到下布满了无数的鸟儿在上面筑的巢。船员们用石头打死了二十二只鸟，一个机灵的船员从鸟巢中收集了十五只鸟蛋，然后船长催促大家回到船上，继续利用还在吹的稳定的微风。经过一段航行，他们又来到了另一个满是鸟类的悬崖，徒手用石头杀死了一百多只鸟。

回到船上后，德维尔船上的人发现刮起了强劲的西北风。冰块也开始聚集起来。他们尽量避开冰流，但他们被小块的冰块和高耸的冰板一起拉了进去。陷入水流后，他们看到了离岸边较近的开阔水域，于是向开阔水域走去。

一开始范海姆斯凯克以为德维尔的船员们遇到了冰的麻烦，就原地等待他们，但后来看到自己的伙伴们都能自由航行，他就跟在了他们后面。随着时间的推移，他们来到了一个良好的港口，在那里他们可以安全地登陆，并得到柴火来烹饪渔获。

在没有好的航行天气的情况下，他们一直闷闷不乐了三天，并试图用星盘测出太阳的高度，同时他们还在寻找更多的蛋或任何有价值的石头。7月26日，北风持续，当天空放晴时，他们终于再次出发，但前进的过程仍然很艰难。他们不得不在离岸16英里的地方航行，只为绕过一个海角。他们有风则借风，无风则靠船桨，最终在午夜顺利通过了海角，然后向陆地驶去。

他们第二天一整天都在贴近岸边行驶，并从大量的冰中划过，直到来到了一条从陆地上流出来的宽阔的小溪边。他们这时猜测（后来被证实，他们猜测正确）自己正处在科斯京角附近，并认为（后来被证实，他们猜测错误）这条小溪会一直流到新地岛东边的海里。

他们早已把任何一个人都熟悉的地形都抛在脑后,但好在航行中取得了良好的进展。范海姆斯凯克一度开到前面,然后停下来等待与船队的会合。此外他们还继续寻找鸟类,但可惜没有找到。

7月28日又迎来了一个晴朗的天气。他们继续在近岸航行,并在离米勒海文(Mealhaven)不远的地方停了下来。巴伦支的人在第一次北上考察时,曾在那里发现了埋藏的粮食袋。他们在那附近看到了两艘船,还有一些人在岸边活动。这对于他们来说,还没有走完整个新地岛,就已经重新发现了人类。

他们除了对其他人的出现感到高兴之外,同时还感到了的焦虑。很明显,在他们面前的这两艘船至少载了几十个人。这比两艘破船里的十几个病快快的船员来说,危险性要大得多。而且幸存者们无法确定新邻居的国籍。这意味着他们不知道自己会受到问候还是暴力对待。

船员们决定听从命运的安排,故逆风艰难地划着船,前往陆地寻找答案。沿岸的人放下手头的工作,手无寸铁来迎接荷兰的船只。范海姆斯凯克、德维尔和所有还能走动的船员都爬出来迎接这些陌生人。

见到他们,对方表示很吃惊并心生怜悯。这些船员都是俄罗斯人。有些人两年前曾到过瓦伊加奇海峡附近,并回忆起巴伦支对该地区的第二次考察。他们曾见证了七艘船组成的船队的辉煌,并登上了其中一艘船。当时在场的人都认出了范海姆斯凯克和德维尔。

然而，此时船队已经不在了。畅想驶向中国的骄傲的荷兰人也已经不在了。现在站在俄罗斯人面前的他们，已经被坏血病侵袭得破败不堪。俄罗斯人关切地走近他们，小心翼翼地用俄语问道船（Korabl，俄语船的意思）？他们虽然没有俄语翻译，但德维尔和范海姆斯凯克还是知道这个词。他们试图做一些手势来表示船已经被冰层困住了。俄罗斯人的回答是荷兰人理解的第一句话：船不见了（Korabl Propal，俄语船不见了的意思）？是的，范海姆斯凯克承认，船已经丧失了。

他们的对话很有限，但想起之前一起喝过酒，俄罗斯人问荷兰人现在喝什么。其中一个荷兰人去从他们的存货里取水。俄罗斯人尝了尝，摇了摇头，暗示除了这个没有其他喝的确实是一件很遗憾的事情。范海姆斯凯克希望获得任何治疗坏血病的方法，他走近他们，让他们看他的嘴，上面有松动的牙齿和病变的牙龈。俄罗斯人却误以为这个手势是饥饿的表现。其中一个俄罗斯人拿出食物来分享。他给了他们一块八磅重的黑麦面包和一些鸟肉。作为回报，荷兰人提供了船长最后的少量储备酒中的大部分和半打船用饼干。有些船员已经病得吃不下这些。

俄罗斯人邀请他们回到营地，坐在火堆旁。荷兰人在那里煮饼干粥，既获得了养分又得到了温暖。在过去的13个月的时间里，这些荷兰人看到的熊比人还多。作为人类的前哨，人口还在随着时间的推移而减少。虽然他们仍然远离世界其他地方，但仍然惊奇地发现，自己已经重新回到了人类的行列。

7月29日，俄罗斯人整理好装备出发。在起航前，他们在海滩上挖出了一桶桶鲸鱼油，并把它们装上了船。荷兰人看到他们的新朋友向瓦伊加奇岛进发，但不清楚他们的最终目的地，便跟在他们后面。由于能见度不好，而且需要靠近陆地，两艘小船很快就落后了。他们转向自己计划的路线，在两个岛屿之间照着地图航行，直到冰再次挡住了他们的去路，他们只好掉头，努力地回到岛屿上避难。

第二天，暴雨和风暴来袭，这任何出发的可能性都降低了。他们把船帆撑开，蜷缩在船内，但临时帐篷无法让他们保持干燥。由于没有为雨天准备的习惯，他们现在没有任何其他东西可以保护自己。

然而，七月的最后一天，迎来了晴朗的天空，他们趁机从所在的岛屿划到附近的另一个岛屿。在那里他们看到了两个十字架。看来之前这里好像有商人来过，但现在所有人都已经走了。

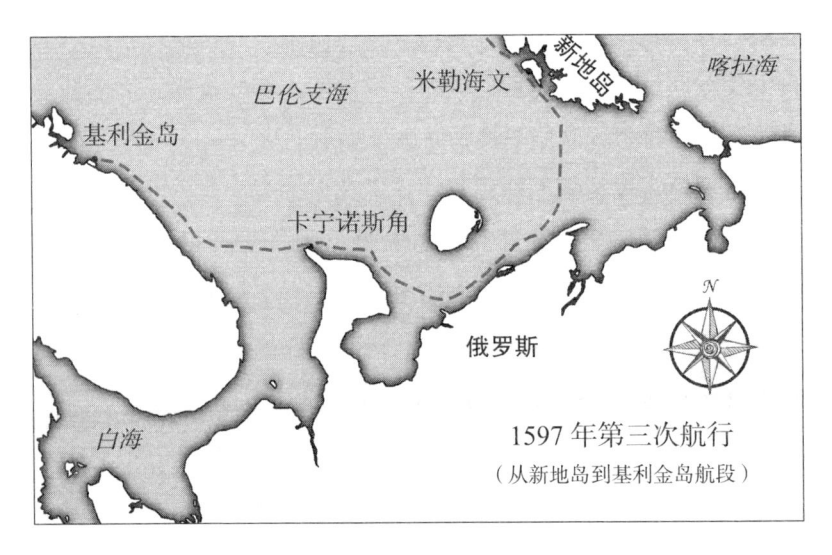

他们决定上岸，并注意到苍白的土地上有一些奇怪和令人吃惊的东西——岩荠（Spoon-Wort）。这是一种草，居然在那里大量生长。他们已经一年多没有看到水果或蔬菜了。于是，他们很快就开始吃草了。

岩荠是一种低矮的葡匐植物，叶子圆圆的，后来得了个绰号叫"坏血病草"。巴伦支航海后近一个世纪，一位英国人写了整整一本书来赞美这种坏血病草。书中描述了这种植物无数种不同的内服和外用的方式。随着时间的推移，它将成为国际上治疗坏血病的一种流行疗法。新地岛上的岩荠甚至可能是俄罗斯商人为了这样的目的而特意种植的。但无论它是如何来到岛上的，范海姆斯凯克和他的手下都把它看作是上帝赐予的礼物，并相信他们被吸引到那里就是为了找到它。在某种程度上，他们明白自己需要的是什么，将草从地里拔出来，一捧一捧地吃着。

那天早上，几乎已经虚弱得无法划船的他们，随着消化了这些草，开始感觉好些了。然而，海面又开始疯狂起来，直接威胁到船，他们不得不把船划到岛的另一边去保护。当他们把两艘小船弄回岸上时，找到了更多的岩荠，继续吃着。那些对船上的饼干不耐受的人，很快发现自己又可以开始吃饼干了。

但剩下的饼干并不能持续多久。虽然坏血病最严重的症状开始减轻，但饥饿感还是占据了上风。有的一点面包，已经发霉了。有几个人吃了自己存的最后的奶酪，除此之外，已经没有其他东西可以吃了。

8月3日，在与岩荠相处了三天之后，他们因为担心自己会在那里饿死，决定离开新地岛，向俄罗斯海岸线出发。早上船员们迎着西北风出发，但很快就遇到了克星。冰墙再次包围了他们。在几天前他们刚刚确定自己经历了最后一次逃脱后，他们再一次感到了绝望。

没有风的情况下，他们无法航行，于是只能靠划船在冰的迷宫中苦苦挣扎。经过几个小时的努力，他们才得以滑进开放海域。这里所有的冰似乎都消失了。他们已经走了大约80英里，因此需要开始再次留意大陆了。

然而，没过多久，他们又遇到了冰，严寒似乎又回来了。每当他们自认为眼下已经安全，且把旅途中诸如寒冷、无法通行的海面和饥饿等最苦涩的因素抛在身后的时候，他们又不得不一次又一次地面对它们。两艘船中的一艘似乎还可以航行，但另外一艘遇到了更大的麻烦。它们似乎找不到路了。德维尔和他的伙伴们在这艘遇上麻烦的小船上可以看到远处的开阔水域，但要想到达那里，他们必须穿过冰层的障碍。其中最主要的问题是找到一个可以进入的地方。

当他们终于成功地脱离时，路线变得更加清晰了。他们在劳累且痛苦中沿着内侧划行，直到看见范海姆斯凯克从水流的远方绕过冰层。当范海姆斯凯克向他们走来时，德维尔的船终于从冰面上挣脱了出来。他们重逢了，每一次停顿的成功都使他们离家更近一些。

8月4日，他们几乎是顺风向正南航行。当太阳爬到一天的最高点时，他们向外望去，看到了俄罗斯的海岸。他们的敞篷船已经驶离新地岛海岸约120英里，离冰港的小屋已经约700英里了。这里的陆地低矮而光秃，似乎容易被冲走，不过它暂时还在水面之上。船员们拖着船上了岸,如果能沿着岸走足够远,延绵的陆地或许会直接将他们送到自己荷兰家门口。

但是,所站的土地仍然离家很远。他们发现了一艘俄罗斯船,准备向它靠近。当他们走到旁边时,船上的船员来到甲板之上与他们交谈。荷兰人用他们的蹩脚的发音问他们是否已经到达了他们所知的位于白海东边的海角——一个被俄罗斯人称为卡宁诺斯的海角。他们在听到俄罗斯人的回答后惊愕地意识到,自己船所处的位置已经超过了他们想要抵达地方的东边约200英里。

他们此行主要是沿着海岸线航行,可以用巴伦支制作的地图进行导航。然而他们一旦离开陆地的视线,就感觉到失去了威廉·巴伦支这个首席航海家,无法准确阅读自己的仪器。他们最终在原地过了一夜。

第二天,其中一个船员去探索这个地区。他回来后,催促他的船员和他一起过去。他解释说,在内陆不远处,土地变成了绿色,有了树木,有猎物可打。船员们被迫禁食了好几天,只剩下一些发霉的面包。每个人每天只能吃到四盎司,大约一片。他们不知道自己还有多久会饿死。

8月6日,他们决定继续前进,通过他们以为是一条小溪的开口,但实际上那是一条河的入口。他们顶着风划了十二英里,直到再也动划不动了。当他们看到河对岸的陆地向北延伸,看不到尽头,这让他们看到令人绝望。

第二天,风把他们推到了河里,但他们还是向东驶回了来时的路,直到从河口再次退出。他们浪费了好几天的时间,却最终还是在退回到第一次靠岸的地方。8月8日,天气也好不到哪里去，风依然拒绝船的任何前进。两艘船只相隔一段距离。德维尔船上的船员们的绝望情绪越来越浓。他们整天被困在原地，没有食物，只能干等风向。

8月9日的情况也没有好转，一种对死亡的渴望开始生根发芽。两个人从范海姆斯凯克船上出来，向陆地进发。还有两个人从德维尔的船上出来，四人一起向内陆走了四英里。在那里他们发现了一个烽火台和一具死海象的尸体。他们把尸体拖了回来，想给人吃，但尸体臭气熏天。同船的船员们认为它肯定能毒死所有人。最后，他们还是决定不拿生命冒险。第二天依旧是个坏天气，所有人都被困在船上。天气糟糕使得船员们只能一直保持沉默，因为他们知道彼此并没有什么好消息可以分享。8月11日，范海姆斯凯克宣布他们将再次出发。格里特·德维尔被带进了船内，另一个船员被派过来接替他之前的位置。二十多岁，本该是力气最大的年纪，但德维尔已经变得虚弱不堪，无法划船。而这艘船只靠剩下的人似乎也无法前进多远。那些还能划船的人准备开始划船，一直到起了大风，他们才能扬起帆，摇起橹，再一次向岸边驶去。但他们已经顺利的航行了大半天。

在岸上意味着他们可能会有淡水，但事与愿违的是，这里的陆地上找不到任何淡水。天气依然很恶劣，他们把帆像屋顶一样覆盖在每条船上，但雷电还是困扰着他们。

8月12日，天气好转，他们再次发现海面上有一艘俄罗斯船只向他们驶来。在求得船长的允许后，船员们把船开进深水区与来客会合。范海姆斯凯克登上船想知道他们还要航行多久才能到达卡宁诺斯角，但由于语言障碍，他们其实很难得到任何明确的答复。俄罗斯人举起五根手指示意，最终荷兰船员们才明白上面会有五个十字架。俄罗斯人用罗盘向他们演示，那个地方位于他们现在位置的西北方向。范海姆斯凯克向船的深处走去，指着一桶鱼，举起一枚西班牙硬币。他们接过硬币，给了他一百多条鱼，还有一些饭饼。荷兰人不分等级地均分了所有得到的东西。终于，他们吃上饭了。

在一阵南风下，他们向西和向北航行。虽然雷雨交加，但风暴很快就消失了，他们得以继续航行。晚些时候，他们上了岸。其中两个人在寻找一个可以远眺卡宁诺斯角的有利位置，目标是从卡宁诺斯角再出发穿越开放海。侦察员发现了一座空房，并沿着海岸线看了看，他们相信自己马上要到了。船员们听到这个消息后，都很振奋，又回到自己的船上，开始沿着海岸线划去。最终，船员们发现了一艘俄罗斯船残骸和另一座房子。他们停下来调查，又发现了其他没有人居住的房子，同时在路上发现了一些岩荠，带回去和大家分享。

之后，他们迎来了从东边吹来了强风，这对于他们来说非常有利。下午，他们对已经看到的那块露出的土地充满了期待。船员们登上了彼此的船碰头商议，然后仔细地盘点并对半分了所有的蜡烛、供给和货物。每个人都收好了自己的随身物品，以防船只在横渡白海时失去对方的踪迹。他们扬起风帆，在开阔的水面上出发，准备迎接风浪对船的拍打。

接近午夜时分，一场狂风暴雨袭来。其中一艘小船为了更好地抵御风暴，收起了一些帆，但另外一艘没有。在暴风骤雨中，两艘船被分开了。他们继续航行到 8 月 14 日的早上，当天气放晴时，其中一艘船的人发现了远处的另外一艘船，但是没能追上。雾气弥漫，他们放弃了任何追赶的希望。但他们还是按计划的航线继续航行，争取在白海的远处海岸与另一艘小船会合。

他们估计，德维尔的同伴应该是向西北偏西航行，在一天的前半段时间里，都是扬帆航行。当风向转为不利时，船员们又用回了船桨。他们不时地怀疑自己的指南针是否出了故障。第二天，他们依然交替使用桨和帆继续前进，直到看到了陆地。当他们向着陆地前进时，他们发现了六艘俄罗斯船只。

他们驶上前去询问离基利金岛还有多远。虽然之前困扰他们的语言障碍同样存在，但俄罗斯人似乎说，基利金岛离他们还有一段距离。不仅如此，他们似乎还告诉荷兰人，他们依然在河口东侧的卡宁诺斯角，也就是说，他们根本就没有穿过白海。他们摊开双手，表示这个距离很远，还说他们的船太小，无法在航行中存活。

迷惑不解的船员们向他们要了一些面包。在得到了一长条面包后，他们吃得很开心。然后，他们划船离开时，感觉到自己的大脑已经有点混沌了，因为他们不肯相信自己还没有到达白海。8月16日，他们又看到了另一艘船。那艘船似乎是从他们刚刚离开的开放水域驶出的，于是船员们再次艰难地划着船向它靠近。

上船后，荷兰人问他们离基利金岛还有多远。这些俄罗斯人的回答和其他人一样，表示他们还在河口的东边，但荷兰人又一次拒绝相信。

范海姆斯凯克向俄罗斯人要了一些食物，付了钱后，又回到了自己的船上。然后，他们准备逆流而上，争取在入海口那里赶上另外一艘小船。俄罗斯人知道涨潮很快就会退去，于是派了两个人开着小船，请荷兰人回到他们的船上。他们递上一条面包，荷兰人表示感谢并付了钱，但范海姆斯凯克想立即出发。船上的俄罗斯人见荷兰人不相信他们说的话，就扔下了培根和黄油向他们招手。

当荷兰人再次爬上船后，俄罗斯人在地图上向他们展示了他们目前所在的位置，果真还在白海以东。他们拿出自己的海图，和俄罗斯人一起查看。俄罗斯人的怀疑和惊恐传染了每一个荷兰人。他们似乎一直在原地兜圈。

在意识到自己还没有找到白海，荷兰人开始害怕在没有食物的情况下，乘坐毫无安全可言的船只，穿越这么大的水面。他们想起失踪的另外一艘小船上的朋友们，在波涛汹涌的水面上航行所面临的困难，此刻就更加担心同伴们的生命了。

范海姆斯凯克买了三袋饭菜、两根半没切片的培根、一壶黄油和一小桶蜂蜜，以便他们再次找到另外一艘小船时，可以分给两艘小船的船员们。他们随着退潮选择了出发，去寻找同伴和卡宁诺斯角。当他们到达白海东岸时，他们也许会出现在那里。那天傍晚，他们一度认为自己可能已经到了，但当看到自己所处的陆地在水中的延伸时，他们发现它是向着西北方走去。他们逆着潮水缓慢前进，最终停了下来，并用培根脂肪和蜂蜜煮了一锅饭。这简直就是第十二夜的盛宴。他们依然没有看到另外一艘小船的同伴，但可以肯定的是，他们的同伴正饥饿难耐，没有饭吃。想到这里，他们的喜悦感瞬间被大打折扣。

8月17日清晨，他们与另一艘俄罗斯船交汇。船上的一个船员给他们送来了一条面包。俄罗斯人通过手势，似乎在说，看到了他们的朋友和小船。荷兰人几乎不相信，他们试图获取更多的信息，并得知了那艘小船上还有7个人。就在前一天，俄罗斯人还把面包、肉、鱼等食物卖给了那艘小船上的人。范海姆斯凯克和船员们认为自己的同伴们很可能是用罗盘来换补给品的，同时也为自己的同伴也在同一航线上至少也拥有了一些补给品而感到高兴。

他们迅速离开，希望能追上另一艘船。他们奋力划船，担心对方食物不够，无法坚持很久。将近午夜时分，他们看到岸上有水流，于是停下来，并前往陆地上收集淡水，同时还边走边收集岩荠。第二天，起锚后，他们继续沿着海岸线划。在这简陋的小船里，并没有真正的锚，只是把绳子在末端系一块石头充当锚。中午时分，他们向外望去，看到了一块突出伸入海的陆地上面隐约竖立着几个十字架。随着他们的靠近，那些十字架越来越清晰。五个十字架。终于到了卡宁诺斯角。

在没有任何靠岸可能的情况下，船员们为即将要横渡160英里的海面做着最后的准备。然而，此时他们已注意到一个水桶已经漏了，水几乎没了。因此他们必须尝试靠岸找地方，重新蓄水，但海浪太大，使得他们不得不放弃所有停下来的念头。在有利的东北风的吹拂下，他们出发了，迎着晚霞驶过了卡宁诺斯角。从晚上到第二天这艘小船一直靠着帆航行，途中用桨只划了一个半小时，就这样他们航行了整整一个晚上。第二天早晨太阳升起时，船员们听到了岸边的浪花碎裂的声音。在离开陆地的视线仅三十个小时后，他们再次看到了陆地、悬崖、山丘和山脉。

这些与在东边海面上看到的低矮地形有着天壤之别。在归途中，谁知他们最为恐惧的航道，到最后却是最容易的。

微风只能带他们到那儿，他们于是决定上岸。小船现在位于来往船只较多的海路上。船员们发现海岸边到处贴着指引方向的指示和警告。在岸边一片被贴满安全标签的避风带，他们看到一艘俄罗斯大船停泊在岸边。岸边有一串房屋。他们迅速划到它身边，放下锚石，天突然就开始下起了大雨。船员们用帆遮住船，走上沙滩，来到房屋前。那里的船员们邀请他们到自己的住处去。荷兰人作为访客们在这里受到了欢迎。他们湿透的衣服得以烘干，主人还煮了鱼给他们吃。

小屋里住着13个渔民，他们每天在两个人的带领下出海捕鱼。由于他们没有自己的东西，因此只能靠鱼和更多的鱼为生。他没有什么东西可以提供，就邀请范海姆斯凯克和德维尔在他们的小屋里过夜。范海姆斯凯克拒绝了。他说他要和自己手下呆在一起，但德维尔病得很重，当晚没有和自己的伙伴们睡在一起。和俄罗斯人在一起的还有两个萨米人、三个女人和一个孩子。他们似乎只能靠俄罗斯人提供的剩余食物充饥。

8月21日，雨从晚上一直下到第二天。范海姆斯凯克为船员们买来了鲜鱼，并用水煮了起来。这次每个人都吃到饱。每个人都感到很平静。船一直停泊在那里。随着雨势的减小，一些船员去到更远的内陆再寻找一些岩荠。在山上，他们发现两个人影向他们走来。这两人似乎对他们所在的地方是否有更多的人很感兴趣。

于是，他们向小船的方向返回，却发现看到的那两个人正在跟踪他们。当那两个人在岸边看到了他们的小船时，变得非常兴奋。德维尔的同伴们突然意识到，那正是他们另外一艘小船上的伙伴。他们刚好也在附近的某处登陆，然后偶然相遇。另外那艘小船的人很饿，但没钱买鱼，所以就用了一条裤子换取了食物。范海姆斯凯克给没吃饭的船员准备了足够吃的和水。他们可以想喝多少就有多少。

第二天，两艘船再次走到了一起。荷兰人请俄罗斯人把一袋饭菜烤成面包。当渔民打鱼归来时，他们买了四条鳕鱼并煮了。俄罗斯人给了他们更多的面包，以备不时之需。

8月23日，厨师又将一袋饭烤成面包。他们准备再次出海。范海姆斯凯克为俄罗斯人的慷慨而给了他们一笔丰厚的小费，还付给厨子一笔钱，感谢他的帮助。俄罗斯人向他们要了一些船员的火药。荷兰人给他们了，在远离熊的地方，火药似乎也没什么用处。在离开岸边之前，两艘船的船员们均分了所有剩下的饭菜。这样如果大海再把他们分开，两艘船的人都不会挨饿。他们在临近傍晚时分出海了，一直靠近陆地行驶。

第二天，他们来到了地图上标明的七座岛组成的群岛，并请遇到的渔民指路去基利金岛。渔民把他们指向西面的方向，并扔了一条鳕鱼到船上作为礼物。他们继续前进。最初他们并没有计划在基利金岛寻找回家的路，但他们后来觉得在基利金岛去沃德韦斯的路上肯定能找到一艘船带他们回家。

同一天晚些时候，在更远的海岸线上，一船渔民划着船出来询问他们的船在哪里。此时的荷兰人已经有了一定的经验，能够说船不见了（Korabl Propal，俄语船不见了的意思）。大家都明白

步履蹒跚的回家路

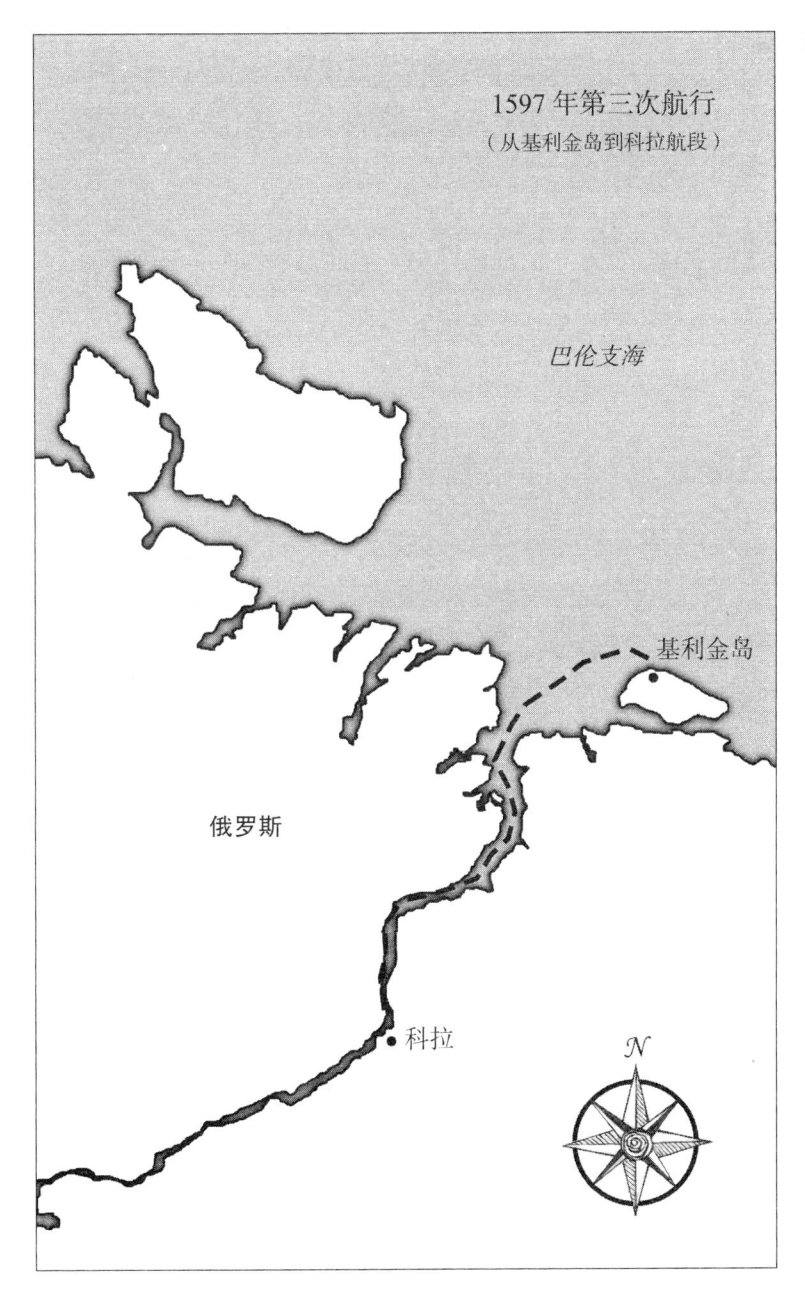

1597年第三次航行
（从基利金岛到科拉航段）

巴伦支海

基利金岛

俄罗斯

科拉

N

他们的船丢了。渔民们好像是说，不远处的科拉（Kola）有荷兰人的船。科拉是大陆上一个狭窄入海口的贸易城市。但范海姆斯凯克并没有听从，继续按照原计划，驶向沃德韦斯。

8月25日，船员们终于看到了基利金岛，并在基利金岛和大陆之间航行，到达了大陆的西端。他们在那里的一艘俄罗斯船附近抛锚。范海姆斯凯克上岸走近附近的房子。住在那里的萨米人告诉他，有三艘来自荷兰的船在科拉，当天将有两艘船起航。范海姆斯凯克回来准备出海。他认为他们可以跑到沃德韦斯去拦截那两艘船。但当他们出发时，风却把他们打回来了，显然当晚出海是不理智的。海面又变得空荡荡的，他们担心每个浪头都会把船淹没。他们驶入悬崖后，面向陆地躲避，在那里看到了一处房子，里面有三个人和一条大狗。荷兰人向房子里的主人们打听是否荷兰人的船计划当天从科拉驶出，并第三次分享了自己遭遇不幸的一些细节。

当被问及是否有人能从陆路带他们到科拉时，这三个人拒绝了他们。但他们提供了一个替代方案，即护送他们翻过山头，去找一个可能同意带他们去的萨米人。事实证明，他很愿意，于是范海姆斯凯克支付了两块西班牙元，将一名荷兰船员送到了科拉。

8月26日，天空已经平静下来。他们把船拉上岸，清空船，晾晒他们的物品，并把食物运到俄罗斯人的家里，做了一顿饭。他们意识到，从现在开始，沿途会出现足够多的沿海居民和渔民，自己不再需要囤积食物。然后，他们可以一天吃两顿饭了，还喝起了俄罗斯的格瓦斯——一种用发酵面包制成的酒精饮料。

他们还收集了蓝莓和黑莓，进一步治愈了坏血病造成的伤害。

晚上，荷兰人仍然睡在自己的两艘小船上。8月27日，北方的恶劣天气迫使他们把临时住所拖到岸上更远的地方，以防止大水把他们的船拖进水里，再甩到岩石上。搬完船后，他们中的一些人便去到俄罗斯人的住处，坐在火堆旁。当他们走后，海水咆哮起来，还是把两艘船都拉进了海里。

有两个人留在了一艘小船上，另外三个人留在了另外一艘小船上，但都却无法控制船只。他们能做到的就是尽量不让它们被砸成碎片。最终，风暴消退，船只被从海浪中救起，但在此期间，全体船员在水中度过了几个小时，而且雨还下了一个晚上，一直下到第二天。

8月28日，当天气稍稍平息后，船只终于再次可以被拉上岸，并再次被清空。雨一直在下，船员们把帆铺在船舷的上缘，为自己做一个遮挡。他们迫切想知道被派往科拉的那个人和他的萨米人陪护怎么样了，是否在那里发现了任何荷兰船。他们吃着浆果，寻找着一些迹象，时刻盯着自己的那位伙伴离开时翻过的那座山。但一天过去了，没有任何消息。

第二天清晨迎来了晴朗的天气。船员们在俄罗斯人的火堆旁煮肉吃，然后回船过夜。在回到岸边的路上，他们发现了那个被他们派出去的萨米人独自下山。他们想知道发生了什么事，并担心自己的伙伴。在被问及此行的情况时，那人递给他们一封写给范海姆斯凯克的信。

这封信的作者显然是一个很了解他们的人。作者对他们到达基利金岛和科拉感到惊讶，因为大家都认为范海姆斯凯克和巴伦支早已经死了。他对他们的到来感到"极为高兴",并且很快就会带着食物和其他任何可能需要的东西出现,并会照顾他们。邮件的署名是"扬·科内利斯·赖普"。

但是,他们不能确信这个赖普是否是前年春天和他们一起从阿姆斯特丹出发的赖普。一年多前,他们和赖普在大约 500 英里外的斯匹次卑尔根群岛分道扬镳。谁也不知道他现在在哪里?据他们所认为,他可能已经向北航行,到达中国,而且还在那里,也可能已经转身回家了,但最有可能的是已经死了。因此这也许是另一个也叫赖普的人。

但这封信的出现绝对是个奇迹。这可以证明和萨米人一起出行的船员似乎并没有遭遇什么不测。他们付给那个萨米人费用,然后得到了袜子、短裤和其他衣服,他们终于可以穿得像个荷兰人了。

船员们开始辩论这封信的作者的真实身份。范海姆斯凯克突然想起他的文件中,有一封赖普写的东西。然后,他去取来把两张纸并排放在一起,比对笔迹。船员们这才意识到这是同一个人,这个赖普就是他们的赖普,就是曾与巴伦支争吵过的赖普。就在去年所有的不幸和救赎发生之前,他们曾向他告别。

然而有些人还是不肯相信这是真的,直到第二天某时刻,岸边出现了一艘俄罗斯船。扬·科内利斯·赖普本人就在船上。他们热情互相问候,就像起死回生一样。赖普带来了一桶瑞典啤酒、葡萄酒和白酒,还有面包、肉、鲑鱼等其他食物。他们感谢上帝的怜悯,让他们都存活了下来。

他们得知,一年多前威廉·巴伦支和赖普在熊岛分开航行后，赖普又试图向正北方向驶向极点。但他们再次被冰块阻挠后，于那年夏天安全地回到了荷兰。第二年春天，他开始了对科拉的贸易任务。他并没有去寻找巴伦支、范海姆斯凯克和其他的人，因为他们被认为已经死了。现在，他们是在偶然的机会下找到对方的。

8月31日，起了一阵风，把他们从基利金岛带到科拉。赖普的船正忙着为返航运送货物，无法来找他们。他们只能从海湾的长长的入口进入科拉镇。他们感谢俄罗斯人的款待，并在告别时向对方付了钱。

他们随着夜里的涨潮继续出发，终于在第二天早上到达河口的西侧，从那里通向了科拉。在退潮时，他们抛出石头做的锚原地等待。当水位回升时，他们继续出发，然后一直不断重复着这一过程，直到9月2日早晨，他们看到了树木和建筑物，在那里停了一会儿，感觉像是再次回到了人类社会。之后，他们又继续前进了12英里，来到了扬·科内利斯·赖普所驾驶的船前，停下来参观，并与去年和他们一起驶往阿姆斯特丹的船队中的一些人喝了一杯。

一段时间后，他们终于在傍晚时分到了科拉。部分人在原地看管货物，其他人则上岸。他们回来时，给留在船上的人带去了牛奶等珍贵物。虽然这里绝不是阿姆斯特丹，且这里的文化对他们来说仍然非常陌生，但这是他们第一次感到安全。

第二天，他们把船拖上岸，并在接下来的一周里，吃了睡，睡了吃。身体也得到了些许的恢复。9月11日，在莫斯科大公国和当地代表的祝福与允许下，他们拖着自己的两艘小船进入了商人的房子。这两艘船将被永久留在那里，作为这次航行的纪念，因为从未有人见过这类船能航行 1600 英里。

9 月 15 日，除了范海姆斯凯克外，所有的人都爬上了一艘俄罗斯船。这艘船停在城镇外。它会把船员们以及他们的所有物品连带幸存的货物一起运到扬·科内利斯·赖普的船上。中午时分，这艘船起锚航行，通过了最狭窄的河段，在那里等待的赖普和范海姆斯凯克一起会合了。

9 月 18 日早上 6 点左右，赖普的船从科拉河口漂出。两天后，他们在沃德韦斯登陆。威廉·巴伦支曾告诉范海姆斯凯克，有一天他可能会回到那里，并在岸上走走。和巴伦支一起航行的其他船员，可能还需大约三个星期才能从坏血病中恢复过来，因此他们在为回家的航程积蓄力量，而扬·科内利斯·赖普则忙着生意，并安排接运更多的货物。他们于 10 月 6 日出发，航行在挪威的上方是如此的习以为常，除了船长对风向和天气的记录外，其余的一切几乎都不值得一提。跨越三个星期，他们又驶过斯堪的纳维亚半岛的最北端，下到北海，终于在 10 月 29 日到达荷兰海岸的马斯河（Meuse River）口。之后，他们继续前往代尔夫特（Delft），一路向北到海牙（Hague）和哈勒姆（Harlem），最后到达阿姆斯特丹。

他们从须德海顺着紧缩的螺旋状的河道行驶，来到港口的防御工事前。这过程仿佛是在卸下出海途中受到的苦难和忧伤的包袱。他们终于回家了。但是开始几个星期在新地岛附近失去的木匠、一月份失去的二副、克拉斯·安德里斯和他的侄子约翰，尤其是威廉·巴伦支的损失，都是无法挽回的，所以并非所有的事情都能恢复到从前。

11月1日接近中午时分，威廉·巴伦支船上的12名幸存船员抵达了阿姆斯特丹港。他们站在船的甲板上，穿着前年夏天离开时穿的衣服，脚踩着那双在北极的冬天冻得毫无用处，但到了春天又解冻了的皮鞋，看望着这座城市。他们的头上戴着在新地岛的小屋里缝制的白色狐狸毛帽子。当他们重新回到这个世界上时，手里除了帽子也再也没有其他东西了。生存的故事是他们唯一可以分享的东西。

上岸后，他们前往彼得·哈塞勒（Peter Hasselaer）的家。他是前一年为他们的船提供资助的阿姆斯特丹的货物商人。这些商人们已经相信，巴伦支和范海姆斯凯克以及所有的人早已"死的死，烂的烂"，但迎接归来船员的人们，对他们的再次出现感到惊讶万分。这个消息很快在镇上就传开了。治安官和两名镇议会成员前来接应船员，并护送他们到海军大法官法庭。

在来访的丹麦大法官以及聚集在一起吃饭的阿姆斯特丹的有头有脸的人物面前，船员们讲述了自己的故事。在他们之前还没有任何人，向北航行到过斯匹次卑尔根群岛。他们与扬·科内利斯·赖普分道扬镳后，向东航行到新地岛。然后，他们的船被冰封住了，使得整个冬天他们都被困在那里，并经历了巨大的困难和危险，也没有任何获救的希望。十个月里，他们独自在岸上与北极熊斗阵，经历了中毒、风雪，甚至在极夜中活了下来，然后不得不在饱受折磨、差点丢掉性命的情况下，坐着敞篷船寻找回来的路。回家的路比去程的路更加磨难，更加艰苦，然而他们不仅活了下来，还回来讲述了这个故事。

在之后的几个世纪里,英雄双韵体诗人亚历山大·蒲柏(Alexander Pope)在他十八世纪的诗歌《人论》(*An Essay on Man*)中提到新地岛。蒲柏指出,恶习就像遥远的北方一样,是所有人类都熟知的东西。它位于离自己有一定距离的地方。一切都是相对的,取决于你有多远或者你走多远。从苏格兰(Scotland)出发,北边意味着是奥克尼群岛(Orkney Islands),但站在奥克尼群岛上,北边则意味着遥远的新地岛。

在1704年的《书的战争》(*Battle of the Books*)中,乔纳森·斯威夫特(Jonathan Swift)讲述了一个"名为批判的恶毒神灵"。她是一个无知的女儿和妻子。她的王座在最远离任何人类文明,被放在新地岛最偏远的高地上的一个山洞里。夏洛蒂·勃朗特(Charlotte Brontë)特在1847年著的《简·爱》(*Jane Eyre*)的开篇中,同时提到了斯匹次卑尔根和新地岛,以召唤极北之地的荒凉感。儒勒·凡尔纳(Jules Verne)在1870年出版的小说《海底两万里》(*Twenty Thousand Leagues Under the Sea*)的尾声部分里,讲述了一个人困在一艘失控的潜艇中,向斯匹次卑尔根或新地岛的方向飘去。书上写道:"我已经无法判断时间的流逝了,船上的时钟已经停了下来。似乎,就像在极地一样,黑夜和白天不再遵循它们的常规路线。"

1962年,弗拉基米尔·纳博科夫(Vladimir Nabokov)出版一部小说中讲述了一名叫查尔斯·金博特(Charles Kinbote)的人,他认为自己是被流放的新地岛之王。萨尔曼·鲁西迪(Salman Rushdie)在其1990年著的小说《哈伦与故事海》(*Haroun and the Sea of Stories*)中描述了一个永恒的夜晚覆盖了世界的一部分，在他的书中写道：

> 新地岛、真达、上都：
> 我们所有的梦境都可能成真。
> 而仙境可能也非常可怕。

作家威廉·博伊德（William Boyd）将新地岛引入到他1998年发表的小说《犰狳》（*Armadillo*）中，并从中创造了一个新词"Serendipity"（这个词的意思是意外发现珍奇事物的本领）。这个词其实源于英国作家霍勒斯·沃波尔（Horace Walpole）。他从一个关于塞伦迪普（Serendip）岛（现在的斯里兰卡）的民间故事中发明了这个词。在这个故事中"英雄们总是误打误撞地发现一些珍奇事物。他们被设计为充满快乐且可以意外发现珍奇事物的人群。"

"那么，与塞伦迪普岛相对应的是什么呢？"他写道，"一个充满辛辣和温暖的南方国度。那里拥有各种蜂鸟且到处绿意盎然。人们坐落在海边，沐浴在阳光下"。"想想极北的另一个世界。那是一个由贫瘠、冰封、寒冷、燧石和小石头组成的世界。它叫新地岛。所以，"Zemblanity"一词与"serendipity"一词的意义相反。它是指发现不快乐的、不幸运事物的能力。"

在新地岛成为传奇的同时，巴伦支和自己的手下也成就了自己。到了1600年，也就是他们在新地岛的"第十二夜"盛宴之后不到四年的时间，威廉·莎士比亚（William Shakespeare）写出了关于这同一个节日的剧本。"第十二夜"同样讲述了在这个最奇怪的节日里，世界发生了翻天覆地的变化。高高在上的人被带倒了，一切都颠倒了。一对还没死透的双胞胎，其中一个女扮男装，以及围绕身份互换而嵌套的情节，导致了一场以自己的节日盛宴为中心的错误喜剧。剧中还提到了巴伦支。当一个角色赢得另一个角色的鄙视时，他被告知："你现在正驶入我夫人认为的北方，在那里你将像挂在荷兰人胡子上的冰柱一样被吊起来。"在短短几年的时间里，荷兰人在世界北部的冰雪世界的故事将跨越国界，成为国际文化的试金石。

格里特·德维尔对威廉·巴伦支的"三次北极地区航行的描述"将作为一个无与伦比的生存故事载入历史档案。他的叙述将加强北极地区的神秘感。这种神秘感甚至从两千年前皮西亚斯从马赛航行到北极圈的时代之前就已经存在了。与熊的徒手搏斗、捕猎狐狸、从坚硬的冰层中凿出庇护所，以及当事人遭受的所有苦难，使人们对这个故事无法抗拒。在一年之内，它就以荷兰文、德文、拉丁文和法文的形式出版。几个月后，意大利文版也开始出版。英文版则于1609年出版。

随着时间的推移，经过他们冬季的磨难，他们临时的岛屿家园将成为寒冷北方和一个充满无尽苦难的地方的象征。因为巴伦支和他部下的故事，新地岛将代表着不可逾越的、不透明的以及无法征服的北极。

巴伦支的远征将胜利和悲剧不可分割地联系在一起。虽然船员们并不是以科学的名义航行的，但他们的发现将改变了人们对白颊黑雁和海市蜃楼的理解，也改变了人们对他们所居住地球的地理环境的认识。他们的观察结果需要几个世纪才能被完全理解。然而，船员们的最后一次航行也将标志着北极地区将会对欧洲人永久开放，也伴随着会带来永不停息的收获和损失。

  胜利和悲剧也在船员们自己的生命上写下了小小的一笔。尽管凭借着运气、技巧和英雄气概，他们一次又一次地成功地拯救了彼此，但在新地岛上生存了一个冬天的他们，却救不了无敌的领航员，甚至连他的尸体也带不回来。但正是因为他们的活着，威廉·巴伦支才成为了不朽的人。

写在最后：新地岛的海岸

265　　当我站在船甲板上，路过俄罗斯的基利金岛时，我隐约感到威廉·巴伦支当年从这片海域航行到新地岛与现在相聚的400年间隔似乎不复存在。2019年8月，当我们十人的小团队，乘坐59英尺的船追随巴伦支的脚步时，船长米哈伊尔（Mikhail）建议我们趁机填饱肚子。他告诉我们，一旦我们离开了陆地，我们可能就不会想吃东西了。

266　　我以前从来没有在船上感到恶心过，但米哈伊尔是对的。从俄罗斯最北端的城市摩尔曼斯克（Murmansk）出发不到一天，航程就变成了一次晕船的朝圣之旅，即使对于那些不容易晕船的人来说也是如此。波浪似乎让船同时向几个方向倾斜。海浪的翻腾要到抵达远岸时才能完全停止。穿越巴伦支海时，除了在甲板上看着令人安心的地平线外，大部分时间我都在船上的其他地方，痛苦地度过了近四天。

　　近十年来，我一直希望能去新地岛看看1596年威廉·巴伦支和他的同伴们在那里越冬的小屋遗址。但到了第四天，晕船还在继续，不知道是否会持续整个探险过程，但这注定是一个不眠之夜。正在我还在想如果暴风雨来了会怎样时，船员们已经决定

写在最后：新地岛的海岸

掉头回大陆了，那我就无需担忧了。

幸运的是，当我们看到陆地时，我的恶心感就消失了。仿佛是为了挽回这段令人不安的航程，很快我就发现我们在很多方面都呼应了巴伦支的北极旅行。我们不仅是在他航行过的地方航行，且坐着几乎长度相同（排水量可能不同）的船，而且我们即将重温他的部分航程。

巴伦支在1594年抵达了由岩石和苔藓组成的前哨站。他给这取名为奥兰治群岛。格里特·德维尔写道，探险家们登上新地岛北部海岸，看到了"大约200只海象或海马……一种有意思而强壮的海中怪物"。当我们的探险队2019年到达同一岛屿时，我们发现无数的海象在同一地点躺在岸上。船员之一的萨沙（Sasha）拿出一个类似手风琴的六角风琴，开始演奏一曲令人难忘的苏联时代的华尔兹。几十只海象游出来迎接我们。它们津津有味地看着我们的表演，并对我们嗤之以鼻。

就连天空和空气也为我们重现了过去的景象。当我们驶过岛屿后回望，那些被我们称为大奥兰治（Big Orange）岛的四方高原突然变了模样。随着我们越来越多的人来到甲板上，拿起相机或望远镜，岛上平坦的表面冒出了一排排建筑的天际线。附近的一个个小石块凸起的地方，有一些像烟雾一样的东西冒了出来。最终有人认出，这令人费解的景象是海市蜃楼。这让我想起了新地岛效应。这是这种深刻的视觉位移，让巴伦支和他的手下在岛上越冬时感到困惑和不安。

幸存者们回家的一半航程似乎都涉及到与俄罗斯船员用手势进行对话。虽然我的朋友塔蒂亚娜（Tatiana）作为翻译与我随行，但我经常独自一人，因此不得不用比巴伦支的船员更不熟练的俄语进行交流。就像范海姆斯凯克和他的手下遇到的一样，我的俄罗斯船员们试图告知我各种事情，虽然我一路上都尝试着去了解，但最后都失败了。

在德维尔描述船员偷窃筑巢鸟蛋的同一悬崖，我们也能够悄悄地、慢慢地走上去，伸出手与岛上这些"居民"近在咫尺地接触。这些居民从长相有点卡通的海雀到圆滑的鼠兔。后来我们还在400多年前巴伦支小木屋所在的地方登陆。尽管自1871年小木屋被重新发现以来，这些木屋的长木头被反复移动和放回原处，但在原址上还是躺成了一个长方形，并从那里发掘出数百件文物。我在阿姆斯特丹、斯匹次卑尔根群岛和俄罗斯圣彼得堡都参观过其中的一些。毫无疑问，我错过了许多掩埋在新地岛土壤中的文物。

当我们走在回家的路上时，我们决定重走巴伦支行程中的一段，这本不在我们的初始计划路线内。就在我们离开新地岛海岸横渡巴伦支海的几个小时后，船的发动机坏了。突然间，我们就像巴伦支一样，几乎不知道要花多长时间才能到达目的地。我们不得不完全顶风航行，才勉强获得微乎其微的前进。我们继续只用风帆航行了一个多星期，并依靠气流推动我们前进。我们不止一次在没有一丝风的情况下原地不动。在一个凄凉的日子里，我们看到鸟儿在水中，用脚划着水，从我们身边滑过。

尽管巴伦支航行期间记录的许多元素一直持续到21世纪，但今天的新地岛并不完全一样。巴伦支时代在岸边乱扔的木棍、树枝和整棵树，现在已经不一样了，但这些很可能是堆在海岸线

写在最后：新地岛的海岸

真正的垃圾。被冲上岸的塑料絮状物彻底改变了景观，不过也许没有冰川和冰块消退带来的改变那么大。过去几十年来，从卫星图像中可以看到冰川和冰块逐渐减少，2006年后则急剧减少。

我们对北极的反应也不同。我们不需要鸟类或它们的蛋作为食物。我们为海象举办了一场音乐会，而不是试图杀死它们或折断它们的獠牙。虽然我们只看到了一只北极熊，而巴伦支和他的手下们却遇到了几十只。现在如果我们以任何方式杀死了它，即使是自卫，也会引起严肃的调查。我们没有必要在船外避难，还可以尽量减少我们的外出，甚至尽量避免破坏稀疏的低矮植被，因为一旦破坏可能需要很多年才能恢复。

我们各自的行程也有所不同。我们穿过巴伦支海，绕过基利金岛，直奔摩尔曼斯克港。在那里我们全体解散了，然后分道扬镳。但范海姆斯凯克和幸存者们是一直一起驶回荷兰的，然后以戏剧化的方式向聚在一起的阿姆斯特丹名流们讲述了他们的故事。

1597年11月1日的那场晚宴后，住在城里的人们回到了朋友或家人身边。那些来自其他城市的人则在当地找到了住处，直到他们能拿到回家的钱。虽然他们的工作是这次航行的引擎，为从建造船舱到划船、拖船、捕猎等一切工作提供了智慧和力量，但大多数人，回到家后，就彻底从公众视野中消失了。

然而，雅各布·范海姆斯凯克却会留在历史的舞台中。从北极回来的六个月后，他随凡尔公司（Verre Company）驶向东印度群岛。远航后，范海姆斯凯克成为了舰队的指挥官。之前的东印度群岛探险队是在1595年春天出发的，船上没有带任何水果或蔬菜来预防坏血病。但在这次航行中,荷兰人准备得比较充分。1598 年他们在同一航线上派出的船队携带了柠檬汁,因此最后只损失了 15 人。

范海姆斯凯克后来作为舰队司令驶往该地区,并在新荷兰国超新星般地发展成一个庞大的帝国时,起了有效的指导作用。在不到一个世纪的时间里,荷兰商人运送的货物超过了西班牙、法国、英国和葡萄牙等其他几个欧洲强国的总和。⑤

就像他在北极一样,范海姆斯凯克在他的南方航行中也幸存了下来,并回国参加了对西班牙的战争。这场战争前前后后持续了约 40 年。作为海军上将的他,于 1607 年率领荷兰海军在直布罗陀(Gibraltar)海峡附近对抗西班牙舰队,因被炮弹击中失去一条腿而战死。

和巴伦支一样,范海姆斯凯克成为了国家的烈士。但最终还是巴伦支的名气超过了范海姆斯凯克的名气。虽然巴伦支没有在战场上获得名声,也没有找到通往中国的贸易路线,但他自己却不知道,他为一种新式探险家埋下了种子。这种探险家的名声来源于知识和耐力的结合,而不是武力的荣耀。这仍然是一张民族主义的脸,只不过是帝国计划的柔和一面,但这是一张具有人性的脸。

随着时间的推移,威廉·巴伦支会变得越来越不真实。他的传记以及他的死亡所留下的空白,使得观众们想看到什么就呈现出什么。

然而,每一个经历了可怕磨难的著名北极探险家,每一个故事成为畅销书的北方冒险家,每一个发誓要为国家荣誉补绘地

写在最后：新地岛的海岸

图的爱国航海家，每一个用最新技术——从书籍到电报到照片到无线电广播到电话到卫星链接——记录下其探险经历的极地冒险家，都得走威廉·巴伦支最先开辟的道路。

在后来的几个世纪里，未能建立适合居住的殖民地或未能成功地进行贸易任务，都不会对无畏的探险家产生不利的影响。然而，从巴伦支时代的金钱角度来看，他的最后一次航行是一场灾难，以至于当他的妻子向荷兰议会申请寡妇抚恤金，并要求国家抚养自己和丈夫留下的五个孩子时，都遭到了拒绝。[56]

荷兰人并没有立即放弃通往中国的北极航线，但这条北极航行过了几个世纪才被发现，并且第一个找到它的并不是荷兰人。也许我们会说，由于巴伦支和他的部下没有打通通往中国的北方通道，因此大大延缓了北极的开放。然而巴伦支死后不久，北极高纬度地区由于其他原因成了商业焦点。在巴伦支死后的15年里，西欧国家分别在斯匹次卑尔根群岛的海岸建立捕鲸业。由于他们从捕鲸业中榨取了巨额利润，因此寻找北方航线的工作被打乱了。同时，北极的露脊鲸几乎灭绝了。[57]随着时间的推移，欧洲的捕猎者也会和与俄罗斯人、涅涅茨人和萨米人一样，作为季节性的游客，来到瓦伊加奇岛和新地岛南部。

北极高纬度地区还没有被征服，但它已经被渗透，而且永远无法关闭。派巴伦支北上的那个议会策划了一系列进程——这些进程已经导致了上个世纪对美洲的剥削——最终将成为对全球每个地区进行瓜分和征服的一部分。巴伦支的越冬标志着一个无法航行的世界的终结，因而也标志着一个可能逃脱殖民主义魔爪的世界的终结。

巴伦支曾抱着那里会有温暖的极地海洋的幻想。但夏日里的我此时站在岸边,从巴伦支小屋的废墟附近向外望去,同时把手指伸进水里,只能感受到水冰冷得刺骨。起风时,这块伸向大海的土地更显得破败与荒凉。巴伦支在那里的几个月里,当巨大的冰碎块堆压在岸边的时候,景色一定会更加严峻。

这片土地现在是俄罗斯的北极保护区,仍然非常的与世隔绝。不过每年都有人说要重启停运的游船,把游客带到巴伦支的小屋遗址和废弃的研究站。

荷兰的造船和航海专家近年来聚集在一起,建造了一艘巴伦支船的复制品。结合遗存的当时典型游艇的样式,以及那个时期航海叙述作品出版的原始插图,海难专家杰拉尔德·德·韦德特(Gerald de Weerdt)和机械工程师库斯·韦斯特拉(Koos Westra)指导工人们手工建造了一艘船,并复制后人保存下来的关于原船的细节。建造者们说,他们可能会尝试像巴伦支一样,将它从荷兰海岸一直开到冰港的小屋。如果他们这样做,他们希望能避开困扰巴伦支的冰。但即使面临着驾驶历史复制品的挑战,这次旅行也会比以前轻松得多。

在新地岛上等待巴伦支的命运是一个大故事的一部分。在他出发之前,这个故事已经展开了一个多世纪,并将继续许多年。巴伦支一开始的想法,认为航行到中国是可能的,即将他的船转向更北的方向,以避免之前航行失败的经验。他可能会登上世界的顶峰,找到一个开阔的极地海洋,也注定了他的航行是可行的。

然而,奇怪的是,他的假设完全正确。他所属的世界开启了现在可以减缓但不能停止的机器。各种冰雪调查不约而同的预测，到 2040 年，更甚早到 2030 年，北极的夏天就不会再有冰块了。到 2017 年 8 月，地球已经发生了很大的变化。一艘为北极航行而装备的俄罗斯天然气油轮，首次在没有破冰船护航的情况下开辟了一条从挪威行驶到韩国的北方航线。其航行时间只有航行苏伊士运河传统航行所需时间的三分之二。巴伦支曾预测，在每年最热的几个月里，开放的极地海是会短暂存在的。而地球此时将继续变暖。

这一巨大的变化将终结巴伦支和他的北极探险队开启的进程。虽然他们带回的故事，关于无人居住地以及现象的科学解释有一定的喜剧性，但他们的船只仍然踏着奔涌的浪头，释放出人类历史上强大的任何力量和持久的破坏力。

巴伦支的导师坚持认为希腊人曾描绘过的没有冰的极地海是存在的。事实证明这不是虚构的。巴伦支为之不惜一切力量去探索的开放的极地海，如今终于被证实了。只不过是他航行的时间早了 400 年。

致　谢

该本书虽以作者的名义出版，但这样一部叙事性的历史非虚构作品却包含着无数人的工作和帮助。如果说出一些人的名字，势必会遗漏其他值得一提的人。然而这里有一些关键人物却不得不提，他们在帮助本书——《未曾抵达的彼岸》(Icebound)——成书的过程中发挥了重大作用。我以不同的方式感谢每一个人。

首先是，瑞克·霍根（Rick Horgan），他让斯克里布纳（Scribner）出版社购买了本书的版权，也是将这本书变为现实不可或缺的搭档。他有一双鹰眼，能看到手稿中缺失的东西。其次，非常感谢斯克里布纳出版社的纳安·格雷厄姆（Nan Graham）看到了书稿的潜力。同样也非常感谢文字编辑和宣传团队，感谢他们帮助我把这本书推向世界。

这是我的第三本书，来自真实文学（Veritas Literary）公司的凯瑟琳·博伊尔（Katherine Boyle）担任我的版权经纪人。没有她，这一切都不会发生。

贝丝·梅西（Beth Macy）、凡妮莎·莫布里（Vanessa Mobley）、迈克尔·罗宾逊（Michael Robinson）、布莱尔·布雷弗曼（Blair Braverman）、安娜·巴德肯（Anna Badkhen）和

丹·维尔加诺（Dan Vergano）都是我的书稿或成书的早期读者。他们每个人都对改进工作提出了宝贵的建议。绘图艺术家罗伯特·伦斯福德（Robert Lunsford）对本书中的地图的改进提出了慷慨的建议。

同时译者也是这个项目的核心。吉茨克·库默（Tjitske Kummer）将扬·胡伊根·范林斯索顿的航程翻译成了英文。她还在对比分析德维尔日记的英语版与荷兰语版方面发挥了关键作用。该日记自400多年前首次以英语出版以来，还从未被重新翻译和出版过。罗伯特·纽加滕（Robert Neugarten）在很短的时间内为我翻译了有关巴伦支和扬·胡伊根·范林斯索顿的学术论文。

除此之外，有几位学者和研究人员都无比慷慨地贡献了他们的时间，愿意在休息日与我见面，并乘火车陪我去其他城市的档案室或资料馆，复印资料，同时还愿意无休止地回答我的问题。特别感谢荷兰国家海事博物馆（Netherlands' National Maritime Museum）的迪德里克·维尔德曼（Diederick Wildeman）、荷兰国立博物馆（Rijksmuseum）的扬·德·洪德（Jan de Hond），以及俄罗斯北极探险家彼得五世·博亚尔斯基（Pyotr V. Boyarsky）。他在接到通知后，与我在莫斯科畅聊了几个小时，谈论了他在巴伦支海登陆点的工作。安妮·戈德加（Anne Goldgar）是一个长期从事新地岛研究的历史学家。在早期他曾发现并指出了我的一处错误。很庆幸我没有把它写进这本书里。

在访问荷兰哈林根（Harlingen）时，我得以登上威廉·巴伦支船的复建品。在我写这本书的期间，这艘船正在建造中。天

致　谢

体导航专家迪克·休斯（Dick Huges）花了几个星期的时间通过视频与我聊天，教我学会了只用太阳和星星定位地球上位置的航行基础知识。迪克还整理了一系列在荷兰从事巴伦支航海研究的相关项目的专家会议资料，然后他花了一周时间通过网络同步给我。物理学家西布伦·范德沃夫（Siebren van der Werf）曾对历史导航表的起源进行了探索，并写了整整一本关于新地岛效应的书。他邀请我到他家里讨论。经过多年对沉船的研究和对巴伦支航行的第一手图纸的审查，杰拉尔德·德·韦德特制定了重建巴伦支船的计划，并最终把这个项目变成了现实。他带我上船，回答了几个小时的问题。还要感谢参与重建巴伦支船的机械工程师库斯·韦斯特拉。他用船的小型复制品回答了我的许多问题。

我很感谢一些州立博物馆和图书馆。同时，一些公共机构的档案馆也提供了本书所依据的许多材料。2015~2019 年，我对荷兰国立博物馆的两次拜访都特别有帮助。实际上与扬·德·洪德一起审视从巴伦支船舱中找到的遗物是一份难得礼物。看到遇难者的纽扣、鞋子和徒手工具，使得船员们在我的脑海中活了起来。荷兰国家海事博物馆的档案提供了许多资料，帮助我更好地了解那个时代的荷兰航海。

本书的核心是建立在格里特·德维尔和扬·胡伊根·范林斯索顿的自述。无数次美国国会图书馆（Library of Congress）的拜访，包括有机会拍摄到一份有 400 年历史的扬·胡伊根·范林斯索顿的作品手稿，都为翻译提供了素材，也为巴伦支的前两次航行提供了第二种观点。而这些观点并不存在于现下流行的英文描述中。同样精彩的是，我们在新地岛北端的俄罗斯北极国家公园的前哨欲望角，受到了热情的欢迎，并有机会享受到俄罗斯的桑拿浴室。

在研究和写作本书的过程中，我有幸参加了三次北极探险活动——都是去威廉·巴伦支去过的地方。第一次，是在2018年1月的极夜，我在马塞尔·斯塔林斯基（Marcel Starinsky）、崔西·克里彭（Traci Crippen）、莎拉·马歇尔（Sarah Marshall）、斯蒂娜·斯托林·安徒生（Stina Stovring Andersen）和拉斯·布伦斯（Lars Broens）的陪伴和指导下，前往斯匹次卑尔根群岛内陆进行狗拉雪橇的探险。穆舍·布莱尔·布雷弗曼（Musher Blair Braverman）是这次旅行的灵感来源，她在2017年2月慷慨地邀请我去威斯康星州并教我玩狗拉雪橇后，建议我去斯瓦尔巴（Svalbard）群岛看看狗舍。

我的第二次去斯匹次卑尔根群岛——巴伦支是第一个记录其存在的人——发生在2018年的秋天。作为北极圈驻留计划的一部分，该计划使用大船带着参与者沿着斯瓦尔巴群岛的西部海岸航行数周，并教有兴趣的乘客拖线、换帆和计算航向。我尽可能多地花时间在桅杆上，试图以和巴伦支一同航行的人的视角，来观察他航行过的地方。在那次航行中，船长马里奥·佐克（Mario Czok）、大副玛丽恩·阿赫特坎普（Marijn Achterkamp）、二副安妮特·阿赫特坎普（Annet Achterkamp）、皮特·利詹斯（Piet Litjens）、亚娜·麦克索娃（Jana Maxova）、珍妮·荣格曼（Janine Jungermann）和亚历克斯·雷内斯（Alex Renes）是不可或缺的。同样重要的还有探险队队长莎拉·杰拉茨（Sarah Gerats）以及向导克里斯汀·耶格·韦克斯萨尔（Kristin Jaeger

致　谢

Wexsahl）、阿希尔德·黑麦（Ashild Rye）和艾玛·霍特（Emma Hoette）——他们带领我们徒步旅行，提供历史背景知识，保护我们不受北极熊的伤害，并牺牲自己的舒适和安全，帮助我们渡过上涨的水流。在朗伊尔城（Longyearbyen）期间，我还见到了亚历山大·霍夫兰（Alexander Hovland），并参观了威廉·巴伦支小木屋的复制品。该小木屋在距离新地岛数百英里的斯匹次卑尔根群岛上被重建。

我的第三次探险是在俄罗斯的北极地区，从摩尔曼斯克驶向新地岛（俄语为 Novaya Zemlya）。在那里我参观了格里特·德维尔对威廉·巴伦支航行的描述中提到的最重要的地点。那次旅行是我一生中最快乐的经历之一。感谢那次航行中的其他乘客——玛尔特·拉森·哈尔（Marthe Larsen Haarr）、迈克尔·潘塔洛斯（Michael Pantalos）、阿列克谢·纽莫恩（Alexey Neumoin）、我们的厨师奥尔加·丘马琴科（Olga Chumachenko），特别是为我做翻译的塔蒂亚娜·波诺玛列娃（Tatiana Ponomareva）——陪伴我优雅而坚韧地航行了一个星期。这比我们预期停留的时间要长。感谢威卡尔（VICAAR，Victory in Arctic & Antarctic Research）公司的迈克·切尔诺贝利斯基（Mike Chernobylsky）和维克多·博亚尔斯基（Victor Boyarsky）组织了这次探险。感谢娜塔莉亚·克鲁蒂科娃（Natalia Krutikova）、亚历山大·奇恰耶夫（Alexandr Chichaev）和玛丽亚·加夫里洛（Maria Gavrilo）让我登上"改变自我"（Alter Ego）号航行。还要感谢瓦迪姆（Vadim）和亚历山大（Alexander），我们在欲望角短暂停留期间，他们是新地岛公园的巡视员。

最重要的是感谢那次探险的船员。他们每个人都是一个奇迹，也是一个礼物。米哈伊尔·特库切夫（Mikhail Tekuchev）船长，从一开始就让我尝试着学习航行和掌舵。大副安德烈·伊安努什凯维奇（Andrey Ianushkevich）——船上的机械魔法师——同样帮助我学习了绳索。他在海上和陆地上的许多善举，以至于我想不停地感谢他，反而使我们彼此尴尬。叶夫根尼·费什特（Evgeny Fershter）与北极熊打交道的经验和对巴伦支海遗址的专业知识，使得我们停留的每一站都比花在任何档案馆的时间更有成效。亚历山大·博格丹诺夫（Alexander Bogdanov）在面对每一个突发事件（发动机维修、海市蜃楼、海象群）时的辛勤工作、乐观态度以及音乐使我们安全和快乐地度过每一天。再也不能找到一个比这更令人愉快的旅行团队。

和往常一样，我对我的家人怀有最大的感激之情。帕蒂·皮泽（Patti Pitzer）、彼得·维尔加诺（Peter Vergano）和凯西·维尔加诺（Kathy Vergano）以不同的方式照顾我的孩子，承担了我在写这本书时没有时间陪伴他们的任务。我的两个孩子已经习惯了我在他们睡觉后很长时间不睡觉，以及因探险或研究旅行中消失一个月的时间。他们已经能熟练地提醒我一些我忘了处理的事情，而且已经变得很棒了，有时要甚至还会自己去觅食。而我的丈夫丹拿（Dan）仍然是那个愿意倾听每一个疯狂的想法，接受我的怪癖和偶尔的好表现，即使在我对自己失去信心时也愿意相信我的人。

尾　注

① Diederick Wildeman, "Who Was William Barents?" Original, untranslated source: "Wie was Willem Barentsz? De rol van Barentsz tijdens de reizen naar het hoge noorden in 1594 ~1597," in Leo Akveld, Remmelt Daalder, Frits Loomeijer, Diederick Wildeman, eds. *Koersvast: Vijf eeuwen navigatie op zee: Een bundel opstellen aangeboden aan Willem Mörzer Bruyns bij zijn afscheid van het Nederlands Scheepvaartmuseum Amsterdam in 2005*(Zaltbommel: Aprilis, 2005), p. 218. Translated into English for the author in December 2018 by Robert Neugarten.
② Ole Peter Grell, *Calvinist Exiles in Tudor and Stuart England*,(London: Routledge, 1996), p. 4.
③ Richard Paping, "General Dutch Population development 1400~1850, cities and countryside," University of Groningen, 2014. https://www.rug.nl/research/portal/files/15865622/articlesardinie21sep2014.pdf
④ Diodorus Siculus, *Library of History* Book II. 47. 1~6 (trans. C. H. Oldfather).
⑤ Pepijn Brandon, Sabine Go, and Wygren Verstegen, *Navigating History: Economy, Society, Knowledge, and Nature: Essays in Honour of Prof. Dr. C.A.Davids*, (Amsterdam: International Institute of Social History, 2018) p. 133
⑥ Thomas R. Rochon, *The Netherlands: Negotiating Sovereignty in an Interdependent World*, (Boulder, CO: Westview Press, 1999), p. 237.
⑦ Jürgen G. Backhaus, *Navies and State Formation*(Vienna: LIT Verlag, 2012), p. 283.
⑧ This work of Pytheas only exists in fragments quoted by others. This quote comes from Strabo, as translated by Christina Horst Roseman in *Pytheas of Massalia: On the Ocean* (Chicago Ridge, IL: Ares, 1994), p. 125.
⑨ " Proof of a 2000 kilometre polar trade route in volcanic glass dating back at least 8000 years," *Siberian Times*, March 7, 2019.
⑩ Soren Thirslund, *Viking Navigation* (Roskilde: Viking Ship Museum, 2017), p. 11.
⑪ Siebren van der Werf, "History and critical analysis of fifteenth and sixteenth century nautical tables," *Journal for the History of Astronomy* 48, no.2 (May 2017): 207~232.
⑫ Van der Werf, "History and critical analysis," p. 3.

⑬ "The Ship's Council on the Expedition of Pet and Jackman on July 27th, 1580," *Mariner's Mirror* 16, no. 4 (1930): 411.

⑭ Jan Huygen van Linschoten, *Voyagie, ofte schip-vaert, van Ian Huyghen van Linschoten, van by Noorden om langes Noorvvegen de Noortcaep, Laplant, Vinlant, Ruslandt, de Vitte Zee, de custen van candenoes, Svvetenoes, Pitzora*, (Amsterdam: Ian Evertss. Cloppenburg, 1624), preface, p. 3. Translated into English for the author in 2018 and 2019 by Tjitske Kummer.

⑮ Jan Huygen van Linschoten, *Voyagie, ofte schip-vaert, van Ian Huyghen van Linschoten, van by Noorden om langes Noorvvegen de Noortcaep, Laplant, Vinlant, Ruslandt, de Vitte Zee, de custen van candenoes, Svvetenoes, Pitzora, preface, Pitzora* (Amsterdam: Ian Evertss. Cloppenburg, 1624) p. 3. Translated into English for the author in 2018 and 2019 by Tjitske Kummer.

⑯ Ibid., preface, p. 2.

⑰ Michael Engelhard, *Ice Bear: The Cultural History of an Arctic Icon*, (Seattle: University of Washington Press, 2017), p 102.

⑱ Gerrit de Veer, *The Three Voyages of William Barents to the Arctic Regions*, (London: Elibron Classics, 2005), p. 25.

⑲ Ernest Shackleton, *South: The Story of Shackleton's Last Expedition: 1914~1917*, (Minneapolis: Zenith Press, 2016), p. 69.

⑳ Princeton University Maps Library, catalog information on Ferdinand Magellan, pulled December 1, 2019. https://libweb5.princeton.edu/visual_materials/maps/websites/pacific/magellan/magellan.html.

㉑ Diederick Wildeman, "Who Was William Barents?" Original, untranslated source: "Wie was Willem Barentsz? De rol van Barentsz tijdens de reizen naar het hoge noorden in 1594 ~1597," in Leo Akveld, Remmelt Daalder, Frits Loomeijer, Diederick Wildeman, eds. Koersvast: Vijf eeuwen navigatie op zee: Een bundel opstellen aangeboden aan Willem Mörzer Bruyns bij zijn afscheid van het Nederlands Scheepvaartmuseum Amsterdam in 2005(Zaltbommel: Aprilis, 2005), p. 218. Translated into English for the author in December 2018 by Robert Neugarten.

㉒ Gerrit de Veer, *The Three Voyages of William Barents to the Arctic Regions* (London: Cambridge University Press, 2012), p. 60, footnote one.

㉓ Elaine Fantham, "Caesar and the Mutiny: Lucan's Reshaping of the Historical Tradition in De Bello Civili," *Classical Philology* 80, no. 2(April 1985).

㉔ Diederick Wildeman, "Who Was William Barents?" Original, untranslated source: "Wie was Willem Barentsz? De rol van Barentsz tijdens de reizen naar het hoge noorden in 1594 ~1597," in Leo Akveld, Remmelt Daalder, Frits Loomeijer, Diederick Wildeman, eds. Koersvast: Vijf eeuwen navigatie op zee: Een bundel opstellen aangeboden aan Willem Mörzer Bruyns bij zijn afscheid van het Nederlands Scheepvaartmuseum Amsterdam in 2005(Zaltbommel: Aprilis, 2005), p. 218. Translated into English for the author in December 2018 by Robert Neugarten.

㉕ Ibid., endnote 5.

㉖ Fletcher Bassett, *Legends and Superstitions of the Sea and of Sailors in All Lands and at All Times*

尾　注

(London: S. Low, Marston, Searle & Rivington, 1885), p. 418.

㉗　Author interview with Peter J. Capelotti, January 2018.

㉘　William Dean Howells and Thomas Sergeant Perry, *Library of Universal Adventure by Sea and Land*(New York: Harper & Brothers, 1888), p. 23.

㉙　"Dr. Rae's Report," A letter from Rae to Charles Dickens, *Household Words,* 10, no. 249 (December 30, 1854):458.

㉚　James S. Aber syllabus for History of Geology, Emporia State University, pulled December 1, 2019. http://academic.emporia.edu/aberjame/histgeol/nansen/nansen.htm (URL inactive).

㉛　Susan Kaplan and Genevieve LeMoine, *Peary's Arctic Quest: Untold Stories from Robert E. Peary's North Pole Expeditions* (Lanham, MD: Down East Books: 2019), p. 24.

㉜　Peter J. Capelotti. *The Greatest Show in the Arctic: The American Exploration of Franz Josef Land, 1898~1905* (Norman: University of Oklahoma Press, 2016), p. 35.

㉝　Michael F. Robinson, *The Coldest Crucible: Arctic Exploration and American Culture* (Chicago: University of Chicago Press, 2006), p. 80.

㉞　Louwrens Hacquebord, "In Search of Het Behouden Huys," *Arctic*, 48, no. 3, (September 1995), p 248.

㉟　Svalbard Museum in Longyearbyen, Norway. Information pulled December 1, 2019. https://svalbardmuseum.no/en/kultur-og-historie/hvalfangst.

㊱　Canadian Museum of History. Information pulled December 1, 2019. https://www.historymuseum.ca/cmc/exhibitions/archeo/paleoesq/pea01eng.html.

㊲　Iris Bruijn, *Ship's Surgeons of the Dutch East India Company Commerce and the Progress of Medicine in the Eighteenth Century*(Leiden University Press 2009), p. 16.

㊳　Ibid., pp. 15~16.

㊴　Richard Unger, *Beer in the Middle Ages and the Renaissance* (Philadelphia: University of Pennsylvania Press, 2004), p. 130.

㊵　Sarah Bankhead, "Alcohol vs. Water: There is No Contest For 17th Century Sailor," Institute of Nautical Archaeology, March 13, 2017. Information pulled December 1, 2019. https://nauticalarch.org/alcohol-vs-water-there-is-no-contest-for-17th-century-sailors/.

㊶　Simon Worral, "A Nightmare Disease Haunted Ships in the Age of Discovery," *National Geographic*, January 2017. https://news.nationalgeographic.com/2017/01/scurvy-disease-discovery-jonathan-lamb.

㊷　Jeremy Hugh Baron, "Sailors' scurvy before and after James Lind," *Nutrition Reviews*, 67, no. 6(2009):315~332.

㊸　Rachael Rettner, "How Does a Person Freeze to Death?" LiveScience, January 30, 2019. https://www.livescience.com/6008-person-freeze-death.html.

㊹　Peter Stark, "Frozen Alive," *Outside* magazine, March 7, 2016.

㊺　Siebren van der Werf, email exchange with the author, February 18, 2020.

未曾抵达的彼岸

㊻　Heinz Mehilhorn, *Encyclopedic Reference of Parasitology: Biology, Structure, Function*, (Berlin: Springer, 2001), p. 289.

㊼　Anke A. Van Wagenberg-Ter Hoeven, "The Celebration of Twelfth Night in Netherlandish Art." *Simiolus: Netherlands Quarterly for the History of Art* 22, no. 1/2 (1993):65~96. doi:10.2307/3780806.

㊽　Hjalmar Johansen. *With Nansen in the North: A Record of the Fram Expedition in 1893~1896*, (Ann Arbor: University of Michigan Library, 1899), p. 120.

㊾　Siebren van der Werf, *Het Nova Zembla Verschijnsel: Geschiedenis van een Luchtspiegeling* (Historische Uitgeverij: 2011), and W. H. Lehn and I. I. Schroeder, "Polar Mirages as Aids to Norse Navigation," *Polarforschung* 49, no. 2 (1979):173~187.

㊿　Priscilla Clarkson, "The Effect of Exercise and Heat on Vitamin Requirements," *Nutritional Needs in Hot Environments Applications for Military Personnel in Field Operations,* Institute of Medicine, US Committee on Military Nutrition (Washington, DC: National Academies Press, 1993).

㈤　John McCannon, *Red Arctic* (New York: Oxford University Press, 1998), p. 48.

㈤　"Warming to Cap Art," *The Journal,* August 15, 2006.

㈤　Diederick Wildeman, "Who Was William Barents?" Original, untranslated source: "Wie was Willem Barentsz? De rol van Barentsz tijdens de reizen naar het hoge noorden in 1594 ~1597," in Leo Akveld, Remmelt Daalder, Frits Loomeijer, Diederick Wildeman, eds. Koersvast: Vijf eeuwen navigatie op zee: Een bundel opstellen aangeboden aan Willem Mörzer Bruyns bij zijn afscheid van het Nederlands Scheepvaartmuseum Amsterdam in 2005(Zaltbommel: Aprilis, 2005), p. 218. Translated into English for the author in December 2018 by Robert Neugarten.

㈤　J. H. G. Gawronski and P.V.Boyarsky, eds., *Northbound with Barents: Russian-Dutch Integrated Archaeological Research on the Archipelago Novaya Zemlya* (Amsterdam: Stichting Olivier van Noort, 1997), p. 92.

㈤　T. C. W. Blanning, *The Pursuit of Glory: Europe, 1648~1815* (New York: Viking, 2007), p. 96.

㈤　Diederick Wildeman, "Who Was William Barents?" Original, untranslated source: "Wie was Willem Barentsz? De rol van Barentsz tijdens de reizen naar het hoge noorden in 1594~1597," in Leo Akveld, Remmelt Daalder, Frits Loomeijer, Diederick Wildeman, eds. Koersvast: Vijf eeuwen navigatie op zee: Een bundel opstellen aangeboden aan Willem Mörzer Bruyns bij zijn afscheid van het Nederlands Scheepvaartmuseum Amsterdam in 2005(Zaltbommel: Aprilis, 2005), p. 218. Translated into English for the author in December 2018 by Robert Neugarten.

㈤　Svalbard Museum in Longyearbyen, Norway. Section on whaling history in permanent exhibition.

关于作者

安德里亚·匹策尔喜欢发掘被丢失或被遗忘的历史。她的新闻作品已发表在各种报纸和杂志上。除此之外，她还撰写过专题文章和历史纪实，并且曾经出版过诗歌以及经同行评议的学术著作。她除了是本书《未曾抵达的彼岸》的作者之外，还著有《一个漫长的夜晚：集中营的全球史》(One Long Night: A Global History of Concentration Camps, 2017年出版)和《弗拉基米尔·纳博科夫的秘密历史》(The Secret History of Vladimir Nabokov, 2013年出版)。

安德里亚·匹策尔曾在"美国92街希伯来男女协会"(92nd Street Y)和"美国史密森协会"(Smithsonian Associates)发表过关于她作品的演讲，并在"美国现代语言协会"(Modern Language Association)、"国际新闻节"(International Journalism Festival)以及"美国作家协会"(Association of Writers & Writing Programs)举办的相关学术活动上作为专家发言。除此之外，她还在美国内外讲授历史学和叙事新闻学的课程。

安德里亚·匹策尔对那些曾经为人所熟知，但已从公众记忆中消失的事件和思想非常着迷。尽管她的报道足迹遍布了四大洲——从智利、缅甸到北极,但在图书馆或是在遥远北方的船上才让她感觉最为自在。

2009年,她在哈佛大学尼曼新闻基金会(Nieman Foundation for Journalism at Harvard)创建了叙事性非小说网站"尼曼故事"版块,并担任了三年的编辑。在此之前,她是一名自由记者、音乐评论家、肖像画家、法语翻译、唱片店经理、武术和格斗教练。她曾经阻止过一辆失控的巴士,但这并不像听起来那样令人兴奋。

图书在版编目(CIP)数据

未曾抵达的彼岸 /(美)安德里亚·匹策尔著；江民彬，张鑫竹译 . —北京：商务印书馆，2022
（地平线系列）
ISBN 978-7-100-20536-8

Ⅰ.①未⋯　Ⅱ.①安⋯ ②江⋯ ③张⋯　Ⅲ.①北极—航海航线—普及读物　Ⅳ.① U612-49

中国版本图书馆 CIP 数据核字（2021）第 255493 号

权利保留，侵权必究。

地平线系列
未曾抵达的彼岸
〔美〕安德里亚·匹策尔　著
江民彬　张鑫竹　译

商　务　印　书　馆　出　版
（北京王府井大街36号　邮政编码100710）
商　务　印　书　馆　发　行
北 京 冠 中 印 刷 厂 印 刷
ISBN 978-7-100-20536-8
审图号：GS（2021）6208号

2022年2月第1版　　开本 880×1230　1/32
2022年2月北京第1次印刷　印张 9½

定价：59.00元